WitchPower – Entdecke deine magischen Kräfte

Shisha Rainbow

WitchPower

Entdecke deine magischen Kräfte

DAS HANDBUCH
DER HEXENKUNST

Ansata

MIX
Papier | Fördert gute Waldnutzung
FSC® C014496

Penguin Random House Verlagsgruppe FSC® N001967

5. Auflage

in der Penguin Random House Verlagsgruppe GmbH,
Neumarkter Straße 28, 81673 München
produktsicherheit@penguinrandomhouse.de
(Vorstehende Angaben sind zugleich Pflichtinformationen nach GPSR)

Redaktion: Diane Zilliges
Umschlaggestaltung: Guter Punkt, München,
unter Verwendung einer Illustration von © Shisha Rainbow, © Extezy / iStock / Getty Images Plus und © harmonia_green / iStock / Getty Images Plus
Satz: Satzwerk Huber, Germering
Druck und Bindung: GGP Media GmbH, Pößneck
Printed in Germany.
ISBN 978-3-7787-7584-4

www.Integral-Lotos-Ansata.de
www.facebook.com/Integral.Lotos.Ansata

*»Liebe Hexe,
ich will einen Zauber bei dir kaufen. Einen für die Liebe. Und noch einen für Glück und einen für Erfolg. Wie viel kostet mich das?«*

Warte mal! Ich denke, ich habe da was Besseres für dich! Was wäre, wenn ich dir stattdessen alles über die Hexerei so beibringe, dass du danach unabhängig und frei selbst Magie für dich und deine Liebsten wirken kannst? Denn du kannst einem Gestrandetem jeden Tag neu Fisch verkaufen – oder du lehrst ihn, selbst zu fischen, damit er sich ein nachhaltiges Leben aufbauen kann. Wissen ist immer die bessere Investition für dein Leben als reiner Konsum. Denn: Wissen ist Macht!

INHALT

AUS DEM ALLTAG EINER HEXE

Ich blickte umher, und da war nur noch dieser eine Platz frei. Gegenüber der Arbeitskollegin, bei der ich schon von Beginn an das Gefühl hatte, sie konnte mich nicht wirklich leiden. Den Umständen entsprechend duldete sie mich, immerhin liefen die Jobs als Maskenbildnerin am Set eh nie sonderlich lang, also würden sich unsere Wege in einigen Wochen sowieso wieder trennen. Mein Blick suchte umher, als sie mich anschaute. Um die Stimmung nicht unangenehmer zu machen, als sie sowieso schon war, setzte ich mich. Stille. Ein wenig Unbehagen überkam mich, aber so was musste man nun mal aushalten können. Jeder von uns kennt so eine Situation sicherlich zu gut.

Ich schloss die Augen und atmete tief ein, hörte, wie sie zeitgleich einen tiefen Zug an ihrer Zigarette nahm. »Du machst so Hexenkram, hab ich gehört«, zischte sie beim Ausatmen. Ich öffnete verdutzt die Augen und schaute sie an. Erzählt hatte ich das keinem. Der Seriosität halber sprach ich weder über Politik noch über Glauben am Arbeitsplatz. Weiß doch jeder, dass man sich damit schnell auf ein Pulverfass setzen kann. Jemand musste mich wohl gegoogelt haben, um dann zu tratschen.

»Hm«, nickte ich nur, kaum merklich.

»Und wie lange machst du das schon?« Sie schaute mich durchdringend an, wohl mit der Erwartung, diesmal eine richtige Antwort zu erhalten. Ihr Blick verriet mir nicht, ob sie an dem Thema zweifelte oder an mir. Vielleicht war es eine Mischung aus beidem. Ich lächelte leicht, in der Hoffnung, die Stimmung damit etwas zu lockern: »Tatsächlich schon mein ganzes Leben lang. Ich bin damit aufgewachsen. Meine Familie ist seit Generationen sehr spirituell.«

Sie räusperte sich etwas, ein verschlucktes Lächeln, wenn man es so interpretieren wollte. Sie drückte die Zigarette in den Aschenbecher vor sich. »Interessant. Das hätte ich ja jetzt nicht gedacht.«

Ich lehnte mich etwas zurück, in der Hoffnung, dieses unangenehme Gespräch wäre nun vorbei, wenn man es überhaupt als Gespräch betiteln konnte. Da überkam mich so ein Gefühl, eines dieser Gefühle, wie ich sie schon immer hatte, völlig ungeplant. So ein Bauchgefühl. Eine kleine Stimme, die eine Annahme in mein Ohr flüsterte.

Nicht dass ich wirklich etwas hörte, aber es war ein innerer Impuls. Ich verspannte mich etwas, überlegte einige Sekunden, ob ich wirklich aussprechen sollte, was mir da in den Kopf gekommen war. Wenn ich falschlag, würde ich die Situation noch unangenehmer machen, als sie sowieso schon war. Noch schlimmer, ich würde mich blamieren. Eventuell als etwas verrückt dastehen. Aber da mich einige hier sowieso schon für exzentrisch hielten, was hatte ich groß zu verlieren? Immerhin hatte ich mir selbst versprochen, auf dieses Bauchgefühl zu hören, denn es hatte mich noch nie im Stich gelassen, noch nie belogen. Und dennoch war ich oft so undankbar ihm gegenüber. Aus Unsicherheit. Aus genau dieser Unsicherheit, dass ich mich selbst zum Vollidioten der Nation machen könnte.

Ich atmete schwer ein. Macht Mut nicht genau das aus? Dinge zu tun, obwohl man Angst hat? Würde es einem leichtfallen, bräuchte man nicht mutig sein. Dann bräuchte das Konzept von Mut nicht mal einen eigenen Namen. Es würde einfach *machen* heißen. Ich lehnte mich also etwas nach vorn und schaute sie sanft an: »Ich denke, du solltest dich mit deinem Mann wieder vertragen. Das tut euch nicht gut.«

Sie schaute mich schockiert an. Immerhin wusste ich nicht einmal, ob sie überhaupt einen Mann hatte. Die Sekunden der Stille fühlten sich an wie ein Exekutionsmarsch zum Henker. *O Mann! Hätte ich doch nur meine Klappe gehalten!* Sie schluckte schwer. »Woher?«, fragte sie nur, und ihre Stimme ließ aufrichtige Verwunderung erkennen. »War nur so ein Gefühl«, ergänzte ich halblaut, immer noch etwas nervös. Sie fasste sich, zog sich wieder ein Stück hinter ihre grimmige Fassade zurück, aus der ich sie mit meinem Satz wohl hervorgelockt hatte. »Ja, heute früh hatten wir einen üblen Streit, wegen einer Nichtigkeit. Albern eigentlich. Vielleicht sollte ich kurz anrufen.« Sie blickte auf ihr Handy, das neben der Zigarettenpackung lag. »Hm ... hab ja noch zehn Minuten, na, dann mach ich das mal ...« Sie erhob sich und ging einige Meter abseits. Ich lehnte mich in den Stuhl zurück, schloss die Augen und legte die Hand auf meinen Bauch. *Danke.* Die nächsten Tage würden entspannter werden. Bei aller Abneigung gegen mich hatte sie nun doch etwas wesentlich Wichtigeres als Sympathie für mich entwickelt: Respekt.

Eine kleine Anekdote aus meinem Leben, die ich nutze, um mich dir als Autorin kurz vorzustellen. Ich bin Shisha Rainbow, Mystikerin in der sechsten Generation mit deutsch-australischen Wurzeln. Ich wurde in Berlin geboren und bin auch dort aufgewachsen. Meine Mom ist eine Person, die ich gern als Kräuterhexe bezeichne. Ihr enormes, sowohl okkultes als auch alternativmedizinisches Wissen sorgte schon mal dafür, das mich unser Arzt fragte, ob sie nicht früher Krankenschwester gewesen sei. Dabei ist sie einfach nur sehr belesen und erfahren. Aber meine Mom mag solche Bezeichnungen wie *Kräuterhexe* nicht sonderlich. Viele in den älteren Generationen verzichten auf diese Zuordnungen, ich hingegen fühle mich mit dem Begriff der *Hexe* und dem Pfad der westlichen Hexerei sehr wohl und auch sehr verbunden. Wenn du jetzt aber glaubst, das sei schon immer so gewesen, muss ich dich enttäuschen. Während die meisten Menschen, die familiär nicht unbedingt einen Hintergrund mit diesen Themen haben, in ihrer Pubertät eine Faszination für Themen des Okkulten, des Magischen oder allgemein Spirituellen entwickeln, war das bei mir zu der Zeit eher das komplette Kontrastprogramm. Denn du musst bedenken, wenn du in einer Umgebung aufwächst, die dich nicht nur unglaublich mündig erzieht, sondern latent irgendwie auch immer in dem Bewusstsein, dass du selbst für alles verantwortlich bist, dann ist das so ziemlich das Letzte, was man als Teenie hören will. Der Lieblingssatz meiner Mutter war immer: »Alles, was du denkst, ist!« Und mal abgesehen davon, dass ich nicht die geistige Auffassungsgabe meines jetzigen Ichs besaß, um diesen Satz wahrhaftig zu begreifen, machte er mich unglaublich aggressiv. *Ach so, also alles ist meine Schuld, ja? Dass die Leute in der Schule scheiße zu mir sind oder die Kinder in Afrika hungern? Samma, hackts bei dir? Du bist doch gestört!* Also, meine rebellische Phase richtete sich gegen die Glaubensstruktur meiner Familie. Das waren natürlich alles Bekloppte! Und ihre Freunde erst! Ich wollte von diesem ganzen Schmarrn nichts wissen. Peinlich war das. Und erst recht sollte niemand, der mich kannte, irgendwas davon erfahren, dass meine Familie einen an der Waffel hatte. Immerhin war ich die einzige Normale. Also … dachte ich zumindest.

Bis so viele Dinge passierten, dass selbst ich mich meiner Skepsis und Antipathie stellen musste. Ich bemerkte, dass es definitiv mehr zwischen den Zeilen des Lebens zu entdecken gab, als wir bisher rein rational und wissenschaftlich erklären können. Ich bemerkte, dass viele der Thesen, die in meiner Familie geäußert wurden, bei genauerer Betrachtung gar nicht so verrückt klangen und dass sich viele Dinge in der Praxis als recht erfolgreich erwiesen – wenn ich mich nur traute, sie zu probieren. Je mehr die Unsicherheit und der Unglaube wichen, desto eindeutiger wurden die Ergebnisse. Aber eine gute Sache hatte meine rebellische Phase mit sich gebracht: Eine gesunde Form der Skepsis war Teil meiner Persönlichkeit geworden. Ich denke, sie schützt mich bis heute davor, allzu wunderlich zu werden.

Ich betrachte die Welt im Spektrum der Ganzheit. Mit 33 Prozent Biologie, 33 Prozent Psychologie und mittlerweile 33 Prozent Magie. Ich denke, dass ist eine ausgewogene und gesunde Herangehensweise an die Welt. An die Welt mit all ihren Fakten und Thesen, Theorien, aber auch Mysterien und Rätseln. Egal, was passiert, die kindliche Neugierde des Unverstandenen möchte ich mir beibehalten und dich mit diesem Buch dazu einladen, deiner eigenen Neugierde nachzugehen. Und wer weiß? Vielleicht entdeckst du die ein oder andere magische Tätigkeit, die sich für dich als ebenso erfolgreich erweist wie für mich damals. Ich wünsche es dir. Denn was macht das Leben lebenswerter und die Welt interessanter als ein paar kleine Wunder? Letztendlich glauben wir alle nur an das, was wir selbst erfahren haben, darum musst du deine eigenen Wunder erfahren und nicht meinen Geschichten lauschen. Andere können dir viel erzählen, wenn der Tag lang ist.

Jetzt weißt du das Nötigste über mich als Autorin, meinen kleinen Werdegang, meine Einstellung, mit der ich die Welt betrachte, und was meine Werte sind. Aber viel wichtiger als meine Person ist der Inhalt der noch kommenden Zeilen.

Was ist der Sinn dieses Buches?

Dieses Buch will dir als Grundlagenwerk dienen, um dir als angehender Hexe alles mitzugeben, was du wissen musst, damit du dich ausprobieren und am besten direkt loslegen kannst. Natürlich wird es hier und da Überschneidungen zu anderen Grundlagenbüchern der Hexerei geben, denn alles andere wäre auch unverantwortlich. Immerhin sind es die Grundlagen, davon sollte hier nichts fehlen, nur weil manches in einem anderen Werk so ähnlich schon einmal niedergeschrieben wurde. Was aber sicher ist: Du wirst in diesem Buch essenzielle und sehr wichtige Ergänzungen finden, die in anderen Büchern bisher nicht festgehalten wurden. Darum betrachte dieses Werk als komplett und umfassend. Du kannst damit deine ersten Versuche als angehende Hexe machen.

Außerdem habe ich das Bestreben, dieses Buch so zu gestalten, dass es dir als magisches Nachschlagewerk dient und somit einen Mehrnutzen hat. Ich finde es schade, wenn du dieses Buch nur einmal lesen und danach nie wieder in die Hand nehmen würdest. Mit meinem magischen Glossar werde ich diese Gefahr hoffentlich geschickt umgehen. Dort immer wieder reinzuschauen ist absolut hilfreich.

Zu guter Letzt ist es mir bei alldem ein persönliches Anliegen, dieses Werk zu einer sehr modernen Ergänzung der magischen Praktiken werden zu lassen, frei nach dem Motto »Classic meets modern magick«. Magick schreiben wir übrigens mit ck, um uns von *magic*, also den magischen Tricks von Showzauberern, abzugrenzen. Denn wir reden hier von echter Magie. Von der echten Beeinflussung der Welt um dich herum, durch die Arbeit mit allen dir zur Verfügung stehenden Energien.

FRAGEN ÜBER FRAGEN

Bevor wir gemeinsam direkt mit dem praktischen Teil durchstarten, hast du sicherlich einige Fragen im Kopf herumschwirren, die ich dir gleich hier beantworten will. Und selbst, wenn du sie dir bisher nicht gestellt hast, können dir die folgenden Antworten sicherlich hilfreich sein.

Was ist Magie? Und wie wirkt sie?

Wenn Hexen von Magie sprechen, dann meinen sie damit die Beeinflussung aller Dinge in und um sich herum durch die Fokussierung und Ausrichtung aller Energien. Aber was bedeutet *Energien* in diesem Kontext? Wissenschaftlich betrachtet bedeutet der Begriff *Energie* von seinem griechischen Ursprung her erst einmal so viel wie »wirkende Kraft«. Dabei kann Energie nicht zerstört werden, sie kann lediglich von einer Form in eine andere umgewandelt werden. Soll heißen: Alle Energie, die es gibt, war schon immer da und wird immer da sein, sie wird sich nur immer wieder neu verwandeln und ordnen. Nichts geht verloren, nichts wird auf der Ebene der Energie von Grund auf neu geschaffen. Zugleich ist alles in stetiger Bewegung, denn Moleküle und Atome kennen keinen Stillstand. Alles bewegt sich, und deshalb gibt es im Grunde nichts Festes. Letztendlich ist ein fester Gegenstand nur eine Illusion, darauf zurückzuführen, dass wir die Bewegungen der kleinsten Moleküle schlichtweg nicht wahrnehmen können.

Jetzt haben wir also zwei wissenschaftlich bestätigte Grundlagen. Die eine besagt, dass Energie nicht zerstört werden kann, und die andere, dass alles in stetiger Bewegung und miteinander verbunden ist. Allein durch diese zwei Theorien ist es schon nicht mehr so abstrakt, die Welt und alles darum herum als ein großes Ganzes zu betrachten. Als eine große Ansammlung von Energien, die in allem miteinander verbunden sind. Und wir sind ein Teil davon. Ein Teil des großen Ganzen mit einem individuellen Bewusstsein. Ist der Gedanke da so abwegig, dass dieses individuelle Bewusstsein auf das große Ganze einen gewissen Einfluss haben kann? Sicher nicht – und sogar nachweislich ist das möglich. Du kannst jetzt losziehen und einen ganzen Wald abfackeln, was einen immensen Einfluss auf das große Ganze haben kann. Ebenso kannst du ein Krankenhaus erbauen und vielen anderen Individuen so das Leben retten, was ebenso einen großen Einfluss haben kann. Das sind die Dinge, die du im physischen Inkrafttreten offensichtlich beeinflussen kannst.

Was ist aber, wenn ich dir sage, dass dieses Inkrafttreten schon mit den kleinsten Impulsen anfängt? Dass schon ein Gedanke nicht nur klar der Beginn jeder aktiven Sache ist, sondern auch schon direkt Energie ins Universum freisetzt. Denn nichts anderes sind Gedanken, es sind elektrische Ströme in deinem Gehirn, in dem sich Milliarden Nervenzellen miteinander unterhalten. Und da reden wir noch gar nicht von deinen Emotionen. Diesen Impulsen, diesen Druckwellen, die durch deinen ganzen Körper zischen. Denken wir einmal kurz an Wut, dieses brodelnde Gefühl in dir, was dich geradezu zwingt, in Aktion zu treten, damit die fokussierte Energie in irgendwas umgewandelt wird und ausbrechen kann. Unser ganzes Leben lang ballern wir unsere Energien raus: durch Worte, Taten, Gedanken, Gefühle, ja einfach durch unser pures Sein. Und nur bedingt können wir die Speicher wiederauffüllen. Mit der Zeit wird der Akku, den unser Körper darstellt, immer leerer. Aber letztendlich ist das auch nicht weiter tragisch, denn wirklich sterben kannst du nicht. Alles, was es gibt, gab es schon immer auf die ein oder andere Weise. Du wirst also im Kleinsten nur neu verteilt. Somit gibt jedes deiner Gefühle, jeder deiner Gedanken und jede deiner Aktionen eine einmalige energetische Signatur raus, die für immer ihre Wirkung im Kosmos entfalten wird. Es ist also durchaus sinnvoll, bedacht und weise zu wählen, wie du deine Energien hinausgibst. Immerhin machen sie dich irgendwie unsterblich.

Wenn du nun aber um dieses Konzept weißt, wird dir schnell klar, wie wir Hexen uns vorstellen, dass Magie wirkt. Wenn ich einen Zauber wirke, ein Ritual vollführe und dabei über einen längeren Zeitraum meinem Ziel, meinem Wunsch oder meiner Sache nicht nur meine Aufmerksamkeit schenke, sondern meine Gedanken, meine Worte, meine Gefühle und meine Taten darauf ausrichte, verändere ich die energetischen Strukturen um mich herum. Nehmen wir dafür ein Sachbeispiel aus meinem Leben, um das Abstrakte in das Greifbare zu ziehen. Als ich jünger war, hatte ich oftmals so meine Probleme, Anschluss zu finden. Ich verstand mich seit Kleinkindtagen sehr gut mit Jungs, Mädchen jedoch fanden mich anscheinend nicht so toll. Nicht, dass ich nicht wollte, aber ich akzeptierte es irgendwann einfach, dass es schwierig war. Als ich dann jedoch in die Pubertät kam, wurde es auch mit den Jungs schwierig. Also wünschte ich mir nichts mehr als eine beste Freundin. In all meiner Verzweiflung wirkte ich einen Zauber – einen Zauber, der so sehr aus der Reinheit meines Herzens stammte und meinem Wunsch entsprach, eine Freundschaft zu führen, die tief und echt war. Am liebsten mit einem anderen Mädchen, das mich verstand. Ich fühlte mich so einsam.

Eine Woche später fand an meiner Schule ein Tag der offenen Tür statt. Ich traf dort ein Mädchen, und es funkte direkt zwischen uns. Ich kannte so was nicht, aber ich wusste sofort, dass ich mit ihr verbunden war. Und es war merkwürdig, immerhin wollte ich mich nicht aufdringlich verhalten oder irgendwie merkwürdig rüberkommen. Ich nahm mich ihrer etwas an, redetet mit ihr und zeigte ihr die Schule. Es war nicht einmal sicher, ob sie wirklich hierherwechseln würde. Aber wir verstanden uns einfach zu gut. Als sie ging, schwang so etwas wie Trauer mit, wusste ich doch nicht, ob ich sie jemals wiedersehen würde. Einige Wochen später stand sie plötzlich in meiner Klasse, ich konnte meinen Augen kaum trauen. Sie war wirklich hierhergewechselt und dann auch noch meiner Klasse zugeordnet worden. Ich konnte mein Glück kaum fassen. Und wie du dir vorstellen kannst, wurden wir wirklich gute Freundinnen, die besten sogar. Nach etwas mehr als einem Jahr sagte sie mal einen Satz, der mich in allem noch mehr bestätigte:

»Als wir uns kennengelernt haben, damals, du weiß schon ... Ich wusste einfach sofort, dass wir beste Freunde werden, da war ich mir hundertprozentig sicher. Ich wusste es einfach.«

Egal, wie sehr ich bemüht war, aus rein wissenschaftlicher Sicht habe ich keinen Einfluss auf solche Faktoren. Ich kann mich natürlich mit Worten und Taten bemühen, Freunde zu finden, aber ich kann nicht beeinflussen, was für Dinge um mich herum passieren, oder? Ich denke aber, mit Magie ist das möglich. Natürlich kannst du dies als Zufall abtun, aber die Sache ist die: Ein Zufall ist etwas, was man nicht vorausgesehen hat, was nicht beabsichtigt war, was unerwartet geschah. Sobald eine Struktur oder eine Kausalität in den Dingen zu erkennen ist, können sie per Definition kein Zufall mehr sein. In meinem Leben sind einfach zu viele »Zufälle« passiert, die mir zu klar die Struktur meiner Gedanken, Emotionen, Handlungen und Wünsche im Kontext des Geschehens aufzeigten, als dass ich noch an Zufälle glauben könnte. Ich halte diese Dinge nicht für Zufall, ich schreibe mir die Macht zu, mein Leben mehr beeinflussen zu können, als mir aktuell wissenschaftlich zugeschrieben wird. Und dieses Wissen, diese Erfahrungen meinerseits möchte ich dir hier mitgeben. Und dazu die Möglichkeit, solche Sachen selbst zu erfahren. Ich hege keinen Anspruch auf Richtigkeit, keinen Anspruch auf absolute Wahrheit, aber ich möchte dir die Chance geben, es anhand meiner Erfahrungen selbst zu versuchen. Es auszuprobieren, für dich zu entdecken. Und wer weiß, was du dabei für dich ganz im Stillen für Erkenntnisse erlangst.

Was ist Hexerei?

Deine eigenen Energien und die in deinem Umfeld kannst du auf verschiedenste Weisen ausrichten. Es gibt etliche spirituelle Pfade, und ich bin mir sicher, der für dich richtige wartet nur darauf, von dir entdeckt zu werden. Und vielleicht ist es ja die Hexerei, weswegen du dieses Buch überhaupt erst in die Hand genommen hast. Aber was genau ist Hexerei? Wie unterscheidet sich der Weg der Hexe eventuell von anderen Pfaden?

Ich denke, die große Eigenheit der Hexerei besteht allem voran darin, dass wir aktiv Magie wirken, dass wir Zauber erstellen und Rituale nach teilweise alten Traditionen durchführen. Hexerei zeigt ein breites, sehr individuell gelebtes Spektrum, aber ich denke, diese aktiven Tätigkeiten sind das Aushängeschild der Hexerei. Sie sind das, was es für Außenstehende so interessant macht. Magie kann schon im Kleinsten erfolgen, Energie kann jederzeit neu ausgerichtet werden, aber gerade die Hexerei geht sehr bewusst und sehr explizit mit bestimmten Methoden, Techniken sowie Bewusstmachung um. Sie lässt etwas Unsichtbares greifbar werden, was einem gerade am Anfang die Arbeit unglaublich erleichtern kann. Denn wenn du dir selbst mit Unglauben, Zweifel oder Abneigung im Weg stehst, können deine Energien kaum erfolgreich ausgerichtet werden. Glücklicherweise lassen wir uns dahin gehend leicht austricksen, denn wenn wir etwas *machen*, dann haben wir den Glauben, es wird etwas *geschehen*.

So viel zum Thema Energien und deren mannigfaltige Ausrichtungsmöglichkeit. Zu Hexerei gehört aber in aller Regel etwas mehr. Dafür schauen wir uns mal den Begriff der Hexe an und was er eigentlich bedeutet. Im Kern lässt er sich als »Zaunreiterin« übersetzen, und dabei ist gemeint, dass sich Hexen zwischen den zwei Welten bewegen. Also der weltlichen und uns bekannten physischen Welt und der nicht sichtbaren astralen Ebene. Eine Welt, die vor unserem Auge verborgen liegt, aber für viele von uns sehr wohl erfühlbar ist. Hexen glauben in aller Regel an diese Welt und daran, dass andere Wesen oder so etwas wie ein Jenseits existiert. Für diese andere Welt gab es im Laufe der Geschichte viele Begriffe, ob Jenseits, Walhalla, Astralwelt, Parallelwelt oder der in der Hexerei geläufige Begriff der Anderswelt. Egal wie, sie beziehen sich alle auf das Konzept, dass es eine Existenz fernab von unserer gibt, die auch gern als feinstofflich bezeichnet wird. Viele Hexen, wenn auch nicht alle, treten mit dieser Welt in Kontakt, sei es durch bestimmte Medien, die sie nutzen, durch eine Trance, in die sie treten, oder durch Zeichen aus der physischen Welt, die sie deuten lernen.

Viele von ihnen glauben auch an Entitäten. Der Begriff Entität ist ein Regenschirmbegriff für alle möglicherweise existierenden Wesenheiten aus den verschiedensten Kulturen und Epochen. Das können Fabelwesen sein, Märchenkreaturen, Götter, Dämonen, Engel oder Geister jedweder Art. Viele von uns arbeiten mit diesen Entitäten, um unsere Energien zu verstärken und unsere Zauber mächtiger zu machen. Wir haben also zwei wichtige Aspekte, welche die Hexerei von anderen spirituellen Pfaden klar differenziert:

1. Für eine energetische Wirkung wird mit kleinen Zaubern bis hin zu aufwendigen Ritualen gearbeitet. Ganz *bewusst* Magie zu wirken und magischen Praktiken nachzugehen ist also ein *essenzieller* Bestandteil der hexischen Tätigkeit.
2. Hexen glauben an eine feinstoffliche Welt, zu der sie in aller Regel auch versuchen, Kontakt aufzunehmen und mit den Wesen dort zu arbeiten, um ihre Macht zu steigern und ihre magische Wirkkraft zu verstärken.

Was bedeutet es, eine moderne Hexe zu sein?

Das ist nach der Definierung des hexischen Pfades eine weitere, logisch daraus resultierende Frage. Meines Erachtens sollte sich jeder Glaube, jede Religion, jedes Konzept immer zeitgleich mit der Gesellschaft und so mit dem Zeitgeist mitentwickeln. Das sorgt für gesunde Gedankenstrukturen und ansprechende und gut umsetzbare Möglichkeiten, seinen Glauben und seine Weltansicht auch immer entsprechend den eigenen Lebensumständen ausleben zu können. Eine Hexe zu sein bedeutet, den Kosmos als großes Ganzes zu verstehen und anzunehmen und die eigene Rolle darin bewusst wahrzunehmen. Eine Hexe zu sein bedeutet, seine Macht zu erkennen, Verantwortung für sich, sein Leben und auch bis zu einem gewissen Grad für sein Umfeld zu übernehmen. Eine Hexe zu sein bedeutet, die beste Version von sich werden zu wollen und zu versuchen, im Einklang mit der eigenen Existenz auch dem Kosmos dienlich zu sein. Eine Hexe zu sein bedeutet, sich seiner selbst bewusst zu werden, mit allen Anteilen, auch denen, die wir lieber nicht sehen wollen. Eine Hexe ist nicht perfekt, aber eine Hexe ist bereit, auch da hinzusehen, wo es ungemütlich sein kann. Und eine moderne Hexe passt all das alte Wissen auf ihre Lebensumstände an. Sie lässt sich nicht von alten Dogmen einkerkern. Sie interpretiert frei, übersetzt großzügig und ist mutig auszuprobieren, Ungewohntes zu erleben und vielleicht ganz neue Wege und Möglichkeiten zu entdecken. Eine moderne Hexe vereint alles, was eine traditionelle Hexe ausmacht, und übersetzt es in unsere moderne Zeit, auch wenn einige alteingesessene darüber die Augen rollen werden und meinen, es besser zu wissen. Nur weil du etwas immer schon so gemacht hat, heißt es eben nicht, dass es keine andere Möglichkeit gibt, zum selben Ergebnis oder gar einem besseren Ergebnis zu kommen. Du musst nur offen dafür sein, Neues auszuprobieren, und darfst dich von der Meinung Fremder und somit irrelevanter Personen in deinem Leben nicht verunsichern lassen. Hätte ich das getan, dann würde ich wohl jetzt nicht dieses Buch schreiben, und du könntest diese Zeilen nicht lesen. Und wer weiß, vielleicht wäre dir damit wirklich was entgangen. Sei mutig, und mach es trotzdem. Folge deinen Impulsen. Denn in dir schlummert eine Hexe, und sie möchte endlich erwachen. Sie wartet auf deine Erlaubnis, mit dir zusammen dein volles Potenzial zu entfalten.

Kann jede und jeder Hexe sein?

Oft fragen mich junge Männer, ob sie auch eine Hexe sein können oder wie der Begriff für sie lautet. Solltest du dazugehören, kann ich dich beruhigen: Hexe ist ein geschlechtsneutraler Begriff, den du als Mann ebenso nutzen kannst. Manche, die sich am feminin geprägten Wort etwas stören, nennen sich sonst auch Hexer, aber letztendlich ist das nicht notwendig. Das Wort »Hexe« ist unabhängig von deinem Geschlecht oder deiner Geschlechtsidentität. Hexe zu sein und den Pfad der Hexerei zu beschreiten beschreibt mehr eine Lebensentscheidung, die du bewusst triffst, als etwas, das dir angeboren ist. Natürlich können dir bestimmte Fähigkeiten, Talente, Neigungen oder Prädestinierungen, die innerhalb der Praxis der Hexerei liegen, innewohnen, aber als Hexe wirst du so wenig geboren, wie du eine lange hexische Ahnenreihe haben musst, um eine werden zu können. Dass in manchen Zusammenkünften von Hexen der elitäre Gedanke vertreten ist, nach dem nur sie in all ihrer Besonderheit Hexen sein können und andere, die sich einfach dazu entscheiden und keine Erbschaft verzeichnen oder kein großes Aufnahmeritual eines Covens vorzeigen können, keine richtigen Hexen sind, ist gleichsam lächerlich wie schockierend problematisches Gedankengut. Jeder kann eine Hexe werden, so auch du. Du kannst dich bewusst und aktiv für diesen Lebenspfad entscheiden. Das kannst du nicht nur, das musst du sogar, wenn du eine Hexe sein willst. Immerhin sollte niemand in einen Glauben oder eine Lebensweise gedrängt werden. Dies muss immer eine freiwillige Entscheidung sein. Und eine Entscheidung zeichnet aus, dass du essenzielles Wissen über andere Optionen hast, um abwägen zu können.

Falls du also mal auf jemanden treffen solltest, allen voran im Internet, der dir erzählen will, aus welchen Gründen auch immer du keine richtige Hexe bist, sie aber natürlich im Gegensatz zu dir schon (wie sollte es auch anders sein?), dann investiere einfach keine weitere Zeit in einen solchen Austausch. Menschen, die es nötig haben, sich aufzuwerten, indem sie andere abwerten, haben den Grundsatz der Spiritualität und somit auch einem wichtigen Bestandteil der Hexerei nicht verstanden: Selbstreflexion und die Aufarbeitung des eigenen Egos. Und immerhin bist du nicht dafür da, irrelevante Leute um dich herum zu erziehen, die nicht zuhören wollen. Spar dir deine Energie für dich und die Menschen, die sie wert sind und sie auch entsprechend wertschätzen. Eine Hexe zu sein bedeutet eben auch, dass du auf deine Energien achtest, weißt, wohin sie gerichtet sind und wen du damit nährst. Es ist also auch sehr wichtig, klare Grenzen zu setzen, auch im energetischen Sinne. Aber dazu kommen wir gleich, denn jetzt folgen die absoluten Grundlagen der Hexerei.

ABSOLUTE GRUNDLAGEN DER HEXEREI: RITUELLE REINIGUNG

Das mit der Hexerei ist so eine Sache, denn es gibt Dutzende Pfade, die alle sehr individuell sind. Du wirst mit der Zeit herausfinden, wohin du gehörst. Jeder von uns hat einen einmaligen energetischen Fingerabdruck, eine andere Weise, Dinge zu sehen, zu interpretieren und Abläufe zu vollführen. Darum ist jede Hexe, so wie jeder Mensch, einzigartig.

Dennoch gibt es etwas, das sich Grundlagenwissen nennt, und in diesem Kapitel will ich dir eine der absoluten Grundlagen der Hexerei vorstellen: den Umgang mit Miasma und die rituelle Reinigung. Gern können wir uns über vieles streiten, wir können diskutieren, uns lyrisch ergießen und Dinge unterschiedlich interpretieren, diese Grundlagen jedoch lege ich einer jeden angehenden Hexe wärmstens ans Herz. Denn sie sind die Grundfeste deiner Sicherheit, damit du verstehst, was du da tust und worauf du dich einlässt, und lernst, damit richtig umzugehen. Denn seien wir ehrlich, gerade am Anfang wirst du schnell überfordert sein und bist wahrscheinlich dankbar für jeden Leitfaden, den dir eine erfahrene Hexe zuteilwerden lässt. Deswegen möchte ich dir diesen Leitfaden hier leicht verständlich darbieten. Keine großen Wörter! Na ja gut. Manchmal vielleicht. Aber wenn sie vorkommen, erkläre ich sie dir auf jeden Fall! Denn um das eine oder andere Fachwort werden wir nicht komplett herumkommen. Aber ich möchte mit diesem Buch Hexerei für jeden zugänglich machen, denn Fakt ist: Jede und jeder kann eine Hexe sein. Und somit auch du!

Also lass uns loslegen, die wichtigsten Grundlagen lernen und noch vieles mehr, damit du direkt in diese neue, magische Welt eintauchen kannst!

DAS KONZEPT VON MIASMA

Oftmals hören wir von energetischer Reinigung, aber weißt du überhaupt wirklich, wieso man diese durchführen soll? Tatsächlich lese ich zumeist gar nichts darüber, aber bevor du lernst, wie du etwas machst, finde ich es als ersten Schritt erst mal essenziell zu verstehen, warum. Denn wenn du das Warum verstanden hast, dann verstehst du die Notwendigkeit und kannst auch bestimmte Gefühle oder Eindrücke, die du in diesem Zusammenhang öfter hast, direkt besser begreifen. Du kannst dieses unangenehme Bauchgefühl besser zuordnen, das du gelegentlich hast, wenn du in einen Raum kommst, jemanden triffst oder jemand deine Räumlichkeiten benutzt hat. Und du kannst gezielt agieren, um dich wieder besser zu fühlen.

Was ist Miasma?

Du hast bestimmt schon mal von negativen Energien gehört, von schlechten Schwingungen oder niederen Frequenzen. Es gibt dafür eine Vielzahl an Bezeichnungen in der spirituellen Szene, aber sie beschreiben alle im Grunde dasselbe Konzept: Anhaftungen, die man nicht unbedingt haben möchte.

Miasma liegt diesem Konzept zugrunde. Man könnte sagen, Miasma ist der Urkern all dieser Begriffe. Aber was genau ist Miasma denn nun eigentlich? Unter Miasma verstehen wir eine in allen Religionen und Glaubensrichtungen vorkommende Form der rituellen Verschmutzung. Dieses Konzept beschreibt also, dass es bestimmte Aktivitäten, Situationen, Handlungen und biologische Funktionen gibt, die dich in einen Zustand der Unreinheit versetzen und deine Fähigkeit beeinträchtigen, bestimmte religiöse oder magische Handlungen erfolgversprechend auszuführen. Das klingt übel und wertend, aber ich kann dich beruhigen: Die Entstehung von Miasma ist etwas ganz Natürliches und nichts, was dich auch nur annähernd in Panik versetzen müsste.

Was verursacht Miasma?

Für die Entstehung von Miasma gibt es drei große Aspekte. Da wäre das Miasma, das durch weltliche Verschmutzung entsteht, das Miasma durch emotionale Verschmutzung und das Miasma durch spirituelle Verschmutzung. Je nachdem wie du dein Leben führst, können bestimmte Aspekte dieser Dreiteilung mehr oder weniger in deinem Leben auftreten.

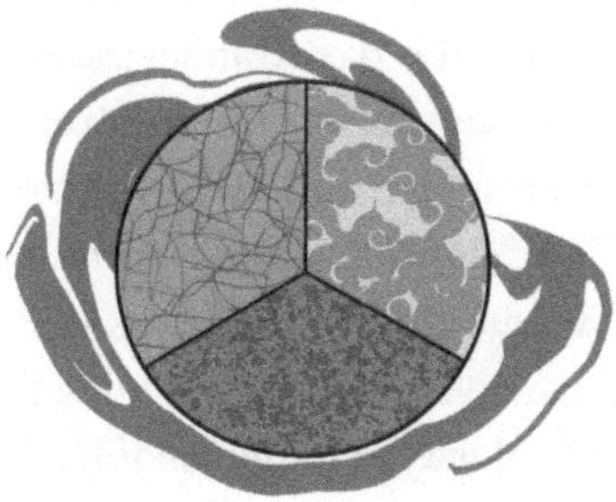

Wie entsteht weltliches Miasma?

Die Entstehung von weltlichem Miasma ist mannigfaltig und von Kultur zu Kultur mit leichten Unterschieden zu betrachten. Jedoch gibt es einige Tätigkeiten und Dinge, die zumeist als schmutzig empfunden werden. Dazu zählt verdreckte und verschwitzte Kleidung sowie Schuhe. Alles, was mit Körperausscheidungen, Blut, Schweiß und Co. zu tun hat und was man nicht tagelang an sich herumtragen möchte. Ebenso das Arbeiten mit kranken oder toten Menschen, das Selbst-Erkranken und dabei Ansteckend-Sein oder zum Beispiel das Fahren in öffentlichen Verkehrsmitteln. All diese Dinge sorgen für weltliches Miasma. Da sich die meisten von uns dabei schon unwohl und unsauber fühlen, hat es sich nicht umsonst als zum guten Ton gehörend eingebürgert, sich regelmäßig von diesen physischen Anhaftungen zu befreien und sich zu reinigen. Nach einem langen, anstrengenden Tag im Büro oder in der vollen Stadt und der Fahrt in der U-Bahn würdest du wohl nicht direkt Brote für dich oder andere schmieren, ohne dir vorher die Hände zu waschen, oder? Also, mir graust es bei der Vorstellung zumindest, bei den ganzen Keimen, die ich von den Haltegriffen im Bus mitgenommen haben dürfte. Und warum solltest du als Hexe deinen Göttern oder Geistern Opfergaben mit ähnlich schmutzigen Händen anbieten?

Wie entfernst du weltliches Miasma?

Weltliche Verschmutzung beinhaltet unter anderem schmutzige Kleidung, den Toilettengang oder das Kranksein. Entsprechend liegt die Antwort für die Reinigung vom weltlichen Miasma auf der Hand: Bei Krankheit sollte man gesunden und die Bakterien und Viren entsprechend bekämpfen, bei Schmutz sollte man sich oder die Dinge waschen, sie reinigen oder die Ortschaft oder Räumlichkeit entsprechend aufräumen. Das Ganze lässt sich mit gesundem Menschenverstand recht gut erweitern. Egal wie, eine regelmäßige Hygiene von Körper, Wohnung, Kleidung und den Dingen, die du benutzt, ist glücklicherweise etwas, was sich bei den meisten von Kinderbeinen an schon geprägt hat. Entsprechend solltest du bei der Reinigung vom weltlichen Miasma nicht allzu viele Probleme haben.

Wie entsteht emotionales Miasma?

Auch hier haben wir wieder eine Vielzahl an Faktoren. Wichtig zu wissen für dich ist, dass uns auch Emotionen verunreinigen können. Sei es, dass dir ein Autofahrer den Weg abgeschnitten hat und du vor Wut kochst, denn am liebsten würdest du ihm den Hals umdrehen. Oder dein Haustier ist sehr krank, und du hast Bauchschmerzen vor Sorge. Egal wie, Emotionen begleiten uns den ganzen Tag, und ob sie uns Kraft geben oder an unseren Kräften zehren, hängt sehr von ihrem Auslöser ab.

Alle Emotionen, die dafür sorgen, dass du dich unwohl fühlst, unkonzentriert bist und deine Aufgaben nicht mehr richtig erledigen kannst, erzeugen emotionales Miasma. Natürlich denken wir da zuerst an negativ konnotierte Emotionen, aber das muss nicht zwangsläufig sein. Auch wenn man zum Beispiel extrem verliebt ist, lässt die Konzentration auf andere Dinge oft zu wünschen übrig, und das kann einen im Alltag echt einschränken. Aber allen voran eine Sache lässt uns alle in unserer modernen Zeit konstant in emotionalem Miasma baden: Stress. Ein Zustand, an den wir uns fast schon gewöhnt haben, so sehr, dass sich die meisten von uns ohne Stress fast schon apathisch fühlen. Das führt natürlich zur nächsten Frage.

Wie entfernst du emotionales Miasma?

Und da kommen wir bei einem recht komplexen Thema an. Herrin seiner Emotionen zu werden ist, glaube ich, das Fach, das in der Schule fehlt. Wie gehe ich mit meinen Emotionen um? Wie gehe ich mit den Emotionen anderer um? Wie verarbeite ich Emotionen? All das sind Fragen, die in der Psychologie schon seit Jahrzenten untersucht und mit verschiedensten Therapiearten beantwortet werden. Ich kann jedem eine Therapie sehr empfehlen, egal ob schwere Trauma aufzuarbeiten sind oder man im Alltag einfach besser mit Emotionen und Gedanken zurechtkommen möchte. Das Wichtigste dabei ist nur, dass man die richtige Therapieform für sich findet und natürlich auch den richtigen Therapeuten, der zu einem passt. Das kann darüber entscheiden, ob die Therapie einen im Leben und mit sich selbst weiterbringt oder man im Grunde nur seine Zeit verschwendet. Therapie jedoch ist nur so wirksam wie das, was man aus der Zeit zwischen den Terminen macht. Das heißt, man muss sich selbst helfen. Keiner kann einen retten. Es gibt in der spirituellen Szene wirklich viele Wege, die auch mir sehr geholfen haben und natürlich nicht immer »Therapie« heißen müssen. Neben Achtsamkeitsübungen und verschiedensten Formen der Meditation gehört auch die allseits beliebte Schattenarbeit und die Heilung des inneren Kindes dazu. Auch Themen wie Familienrückführung, astrales Reisen, luzides Träumen oder das Öffnen des Dritten

Auges und das Finden des höheren Ichs spielen hier hinein. Es gibt sehr viele Methoden, Techniken und Möglichkeiten, und ich bin mir sicher, dass auch für dich etwas dabei ist, was dir für deine Heilung und den Umgang mit all deinem Sein, all deinen Emotionen und all deinen Erlebnissen helfen kann. Mit geklärten Emotionen wird nicht nur dein Leben leichter, sondern auch die Magie wirkungsvoller.

Wie entsteht spirituelles Miasma?

Nun sind wir bei der spirituellen Verschmutzung angekommen. Wenn wir von Spiritualität reden, ist es vorerst wichtig, die genaue Bedeutung des Wortes zu verstehen, die in den letzten Jahren stark verwaschen wurde. Per Definition ist Spiritualität die Suche nach oder die Überzeugung von einer nicht rational erklärbaren Annahme. Es ist auch das Erleben der eigenen Wirklichkeit, die über die materielle Welt hinausgeht.

Also, wichtiger Punkt: nicht rational erklärbare Wirklichkeit. Soll heißen: wissenschaftlich bisher nicht nachgewiesen. Das Gute an der Wissenschaft ist: Sie gewinnt immer an Wissen hinzu. Und die Wissenschaft ist kein Feind der Spiritualität. Spiritualität ist eine Ergänzung der Wissenschaft. Viele Thesen aus der Spiritualität basieren auf wissenschaftlichen Erkenntnissen und führen diese eben mit einem Gedankenspiel, mit Annahmen – die man Thesen nennt – weiter. Die Frage, ob du diese für *glaubwürdig* hältst, beschreibt den Kern schon: Glauben. Du kannst daran glauben oder eben nicht. Denn über Glauben kann man nicht streiten, jeder hat ein Recht auf seinen eigenen.

Nun ist es aber so, dass schon seit Jahrhunderten die Wirkung von spirituellen Methoden von der Wissenschaft immer wieder belegt wurde. Ob das nun die Hexen der damaligen Zeit waren, die wir heute Medizinerinnen nennen würden, oder ob es verrückten Visionäre waren, die von Dämonen besessen waren und die wir heute Ingenieure nennen würden. Denn sobald etwas bewiesen ist, verliert es seinen Glanz, und schon nach einiger Zeit wird das Thema so behandelt, als wäre es nie anders gewesen. »Haha, total albern, dass sie den Frauen im Mittelalter einen Pakt mit dem Teufel vorwarfen, obwohl sie einfach nur mit Tinkturen Menschen geheilt haben! Kannst du dir das vorstellen?« Ja. Kann ich. Denn immerhin würden mir die meisten Leute heute auch den Vogel zeigen, wenn sie wüssten, was ich so mache, was ich so treibe. Dinge, von denen ich felsenfest überzeugt bin, und wer weiß, in ein paar Hundert Jahren sind sie dann bewiesen und genauso langweilig normal wie die heutige Kräuterheilkunde. Und dann wird vielleicht jemand sagen: »Wusstest du, dass die damals die modernen Hexen für verrückt erklärt haben, nur weil sie dachten, dass sie mit ihren Energien, Emotionen und Gedanken die Ereignisse um sich herum beeinflussen können? Verrückt, oder? Dabei weiß doch jeder, dass das funktioniert.«

Okay, jetzt lassen wir das alles hinter uns und widmen uns der Frage, wie nun spirituelles Miasma entsteht. Kurzum: Es entsteht bei allen spirituellen Praktiken, allem energetischen Arbeiten, bei allen astralen Reisen und bei allem, wo du in die höheren Bewusstseinseben gehst. Es hat erst mal keine gute oder schlechte Wertung. Wir Menschen neigen dazu, immer alles in diese zwei Kategorien einteilen zu wollen. Damit wir Gefahren einschätzen können, ist das eine ganz natürliche Sache. Darum sollten wir uns dessen einfach nur bewusst sein und uns ab und zu gezielt in Richtung Neutralität bewegen.

Spirituelles Miasma entsteht unter anderem auch durch den Kontakt zu Toten oder Sterbenden, durch das Begehen einer Gräueltat, durch das magische Arbeiten und Praktizieren, insbesondere wenn man Schadensmagie wirkt oder selbst davon betroffen ist. Diese Form von spirituellem Miasma betrifft aber nicht nur dich als Person, sondern wie auch bei der weltlichen Verschmutzung kann es zusätzlich deine Utensilien, Kleidung, Haustiere oder Dinge, mit denen du arbeitest, betreffen.

Wie entfernst du spirituelles Miasma?

Du hast jetzt die Grundlage von spirituellem Miasma verstanden, und nun willst du es natürlich auch loswerden. Dadurch ist dir spätestens jetzt sicherlich klar geworden, wie wichtig eine regelmäßige energetische Reinigung ist. Bevor ich dir alle Methoden vorstelle, die dir hierbei weiterhelfen, möchte ich noch mal verdeutlichen, dass ein miasmischer Zustand bei uns allen auf natürliche Weise vorkommt. Und sich auch teils auf natürliche Weise wieder löst. Für magisch Praktizierende jedoch ist es sinnvoll, bewusst damit umzugehen und diese Zustände ebenso bewusst zu lenken, damit die Arbeit, die wir vollbringen wollen, umso mehr von Erfolg gekrönt ist. Denn je sauberer du deine Arbeit vollführst, desto besser wird dein Ergebnis. Und »sauber« meine ich im Kontext von Miasma fast schon wörtlich. Also lass uns loslegen. Zur Prävention, Auflösung und dem Hinausleiten von Miasma möchte ich dir nun sieben Techniken der rituellen Reinigung vorstellen. Ich nenne sie die Big 7, da sie die absolute Grundlage einer jeden guten Hexenausbildung darstellen.

RITUELLE REINIGUNG: DIE BIG 7

Die Big 7 sind jene Werkzeuge, die dir in jeder magischen Lage helfen können. Denn gerade am Anfang werden dir Fehler unterlaufen, Zauber werden nach hinten losgehen, und du wirst die ein oder andere Entität anlocken, die du vielleicht gar nicht dahaben willst. Das ist okay! Du bist in der Lernphase. Keiner erwartet Perfektion. Aber darum gebe ich dir die Big 7 als die wichtigsten Hilfsmittel an die Hand, damit du präventiv für Sicherheit sorgen kannst und, wenn doch mal was schiefgehen sollte, weißt, wie du den verzapften Mist wieder korrigieren kannst. *Learning by doing* ist die Devise! Das gilt auch für die Hexerei. Deswegen solltest du klein anfangen, damit du in deinem eigenen Tempo lernst, gescheit damit umzugehen. Immerhin tauchst du ja auch nicht in deiner ersten Tauchstunde zwanzig Meter tief, um am Boden der See dann zu bemerken, dass es dir zu dunkel ist, du panisch wirst und die Kontrolle verlierst. Lass uns Stück für Stück in die Tiefe gehen.

Die Big 7 – No. 1: Cleansing

Cleansing bedeutet zu Deutsch so viel wie Reinigung, und genau das ist damit gemeint, nur dass wir hier von einer energetischen Reinigung sprechen. Du kannst dir das ein wenig so vorstellen wie einen Wischmopp, den du über die Fliesen gleiten lässt, um diese zu reinigen. Ist halt gut für den groben Dreck, lässt auch alles schön strahlen, wenn es aber hartnäckige Flecken gibt, brauchst du eventuell härtere Geschütze, um diese zu entfernen. Cleansing ist die gröbste und am meisten genutzte energetische Reinigung. Sie steht sozusagen ganz oben auf deiner Liste der magischen Möglichkeiten und sollte eine deiner ersten Amtshandlungen als angehende Hexe sein.

Wofür wird Cleansing verwendet?
Da diese Frage sicherlich gleich als Nächstes aufkommt, werde ich dir ein paar Beispiele nennen, damit du ein besseres Gefühl dafür bekommst. Du kannst mit Cleansing leichte energetische Anhaftungen von Räumen, Kleidung, Werkzeugen, Gegenständen oder der Aura von dir oder anderen Lebewesen entfernen. Manche machen das täglich, andere einmal die Woche. Einige handhaben es nach Gefühl, aber grundsätzlich ist dies eine sehr gängige und häufige Praxis, die auch fernab der Hexerei von vielen Spirituellen anderer Fasson betrieben wird.

Wie wendest du Cleansing an?
Es gibt einige gängige und einfache Methoden, die du nutzen kannst. Ein paar leicht umzusetzende fasse ich dir hier knapp und effektiv zusammen:

Rauchreinigung, Räuchern: Dazu zählen Dinge wie das Abräuchern deiner Altarwerkzeuge oder das Ausräuchern deiner Wohnung mit einem Räucherstäbchen, von denen es schier unendlich zur Auswahl gibt. Das Räuchern dürfte in unserer westlichen Kultur, aber auch bei den Asiaten die weitverbreitetste Methode zur täglichen Reinigung von Räumen sein. Wichtig ist, dass der Rauch berührt, was er reinigen soll, sonst macht es wenig Sinn. In einem Raum biete es sich an, den Rauch durch kreisende Bewegungen gleichmäßig zu verteilen und dabei durch das Zimmer zu gehen. Fenster können dann natürlich gern geöffnet werden. Du musst nicht dauerhaft im Rauch sitzen. Ist auch nicht unbedingt förderlich für die Lungen.

Mondwasser: Mondwasser ist gerade bei der jüngsten Generation an heranwachsenden Hexen ein beliebtes Mittel zur energetischen Reinigung, da es zeitgleich auch eine ladende Wirkung haben kann. Kommt natürlich sehr auf die Mondphase an und die damit verbundenen Eigenschaften, aber das schauen wir uns bei der »Magie der Gezeiten« später noch genauer an. Am beliebtesten ist wohl der Vollmond. Du nimmst dir eine gläserne, durchsichtige Flasche und füllst etwas Wasser ein. Das kann Regenwasser sein, Quellwasser oder, wenn nichts anderes da ist, ganz gewöhnliches Leitungswasser. Am Abend des Vollmondes lässt du es ein paar Stunden vom Licht des Mondes laden. Je mehr direkte Strahlen, desto besser. Klar hast du darauf nicht immer Einfluss – wenn es zum Beispiel stark bewölkt ist, kommt kein direktes Mondlicht zu dir. Aber stell dir das Ganze wie einen Akku vor, je klarer der Mond darauf scheint, desto schneller lädt die gute Kiste. Dann kannst du das Wasser auch gern schon nach einer Stunde wieder wegräumen und ins Dunkle stellen, damit sich die Mondenergie nicht mit den Energien der Sonnenstrahlen mischt.

So hast du dein eigenes Mondwasser geschaffen, das gerne zum energetischen Reinigen und Laden für alles Mögliche benutzt werden kann. Ob Kristalle, Schmuck, Altarwerkzeug oder sonstige Dinge, die dir passenderweise dazu einfallen. Dafür wäschst du das Objekt deiner Wahl sozusagen darin. Alternativ kannst du auch ein mit Mondwasser befeuchtetes Tuch nutzen, um Wasser zu sparen. Aber wie auch beim Rauch sollte es die Fläche des Objekts einmal gänzlich berühren. Wenn das Wasser von vornherein trinkwassertauglich ist, kannst du es natürlich auch zu dir nehmen, um hier und da leichte Sorgen wortwörtlich wegzuspülen und dir einen extra Energiekick zu geben.

Allerlei: Es gibt noch viele weitere einfache Methoden, das Cleansing in deinen Alltag zu integrieren. Du kannst das Ausstreuen von Salz an der Eingangstür etablieren, um Energien dort beim Ein- oder Austreten abzustreichen. Unterstützend kannst du dafür auch noch zusätzlich eine Glocke an die Tür hängen. Du kannst deine Aura mit dem befreienden Ton einer zu dir passenden Klangschale regelmäßig reinigen oder aber die erstarrten Energien in deiner Wohnung durch das Durchfegen mit einem Hexenbesen zerschlagen. Dieser wird im Übrigen auch gerne als *Besom* oder *Witches Whisk* bezeichnet. Der Witches Whisk beschreibt meistens eine kleinere Variante für den Altar, während der Besom optisch einem Reisigbesen ähnelt, aber zumeist aus Ästen einer schützenden Baumsorte besteht und allein zum Zerschlagen von Energien hergestellt wird. Er hat dabei in aller Regeln keinen klassisch reinigenden Effekt, wie man ihn sonst von einem Besen erwarten würde.

Die Big 7 – No. 2: Purification

Purification bedeutet zu Deutsch auch so viel wie »Reinigung«, und nun wird klar, wieso ich seit jeher die englischen Begriffe den deutschen vorziehe: Sie geben eine deutlichere Differenzierung. Manchmal übersetze ich Purification als Tiefenreinigung. Denn genau das ist sie. Sie reinigt in der Tiefe. Wenn also Cleansing unser Wischmopp war, ist Purification der Hochdruckreiniger, der auch den harten Dreck wegbekommt. Mit Purification lassen sich hartnäckigere energetische Anhaftungen und sogar schwächere Formen von Entitäten beseitigen.

Wofür wird Purification verwendet?

Es ist der nächststärkere Schritt der energetischen Reinigung, wenn Cleansing allein keine große Wirkung erzielen kann. Wichtig dabei ist zu bedenken, dass Cleansing wie auch Purification alle dir anhaftenden Energien je nach ihrer Hartnäckigkeit lösen kann, jedoch nicht für das von innen heraus entstehende Miasma geeignet ist. Wenn du also das Gefühl hast, in deiner Wohnung herrscht eine raue Stimmung oder eine Entität hat sich angehaftet, die nicht da sein sollte, kannst du es mit diesen beiden Methoden versuchen. Sollte aber das Chaos aus dir selbst heraus kommen, dürfte es sich um emotionales Miasma handeln, und dann kannst du zwar das, was du »ausdünstest«, damit wegbekommen, aber nicht dauerhaft die Ursache beseitigen. Das ist wichtig zu verstehen, damit du immer weißt, welches Mittel, welche Technik, welche Methode du wann einsetzen kannst.

Wie wendest du Purification an?
Auch hier gibt es natürlich wieder viele verschiedene Möglichkeiten, und einige möchte ich dir an die Hand geben, damit du direkt effektiv durchstarten kannst. Wichtig ist im Grunde: Es muss ballern. Also ballern im Sinne von: alle unnötigen Energien rausballern. Immerhin soll es eine wesentlich stärkere Reinigungskraft gegenüber dem vergleichsweise seichten Cleansing bieten.

Tiefenrauchreinigung: Sicherlich hast du mal vom Begriff *Smudging* gehört. Ich werde hier nicht genau darauf eingehen, da diese Technik eine der heiligen Methoden der Ureinwohners Amerikas ist und ich mir ihre Kultur nicht aneignen werde. Lass dir jedoch gesagt sein, dass zu Smudging mehr gehört, als nur etwas Weißen Salbei zu verbrennen und damit durch die Gegend zu wedeln. Es handelt sich dabei immerhin um eine jahrhundertealte Tradition, die durch einen bestimmten, jeweils stammestypischen Ablauf geprägt ist. Etwas, auf das wir also keinen Zugriff haben, sofern wir nicht explizit eingeweiht werden.

Eine Alternative zu Smudging bieten dir die großen, dicken Räucherbündel, die du entweder kaufen oder selbst zusammenstellen kannst. Empfehlenswert sind dabei schützende und heilende Kräuter, die du getrocknet zu einem Bund zusammenschnürst (eine Übersicht über passende Kräuter findest du später in diesem Buch). Das Ganze wird und soll ordentlich Rauch erzeugen, um wirklich alle Anhaftungen und somit alle energetischen Anker an dir, möglichen anderen, deinen Gegenständen oder deiner Wohnung loszulösen. Es ist also ratsam, Feuer- und Rauchmelder auszustellen und Tiere sowie Kinder nicht in der Wohnung zu haben, solltest du diesen Reinigungsangriff in deinen vier Wänden durchführen wollen. Bedenke, dass diese Methode ordentlich Qualm produziert und somit etwas ist, was man nicht unbedingt regelmäßig macht, sondern dann, wenn es nötig ist.

Asperging: Dabei handelt es sich um energetische Reinigung mit geheiligtem Wasser. Die Heiligung kann ganz klassisch vom Papst sein, immerhin wird das Wasser ja abgefüllt verkauft, oder aber du heiligst dir dein Wasser selbst, eventuell mit deinen eigenen Göttern. Eine Möglichkeit wäre zum Beispiel, einen Liter Wasser zu nehmen, etwas Bergkristallsalz hinzuzugeben, darüber ein Lorbeerblatt anzuzünden und folgende Worte zu sprechen:

»Salz der Erde,
Oh, schütze mich,
Schicke allen Überschuss weit fort,
Weit, weit weg von mir, weit weg von diesem Ort,
Und auch Unerwünschtes lenke ich ab,
Mit Apollos Lorbeerblatt.«

Und dabei lässt du das Blatt in das Wasser sinken. Das Gute ist, dass du etwas von diesem wundervollen Zauberwasser auch in dein Putzwasser geben kannst, und während du Fenster, Kacheln, Böden und Spiegel reinigst, kannst du damit gleichzeitig einen Schutzschild erstellen.

Salbung: Diese Methode ist sowohl für Personen als auch für Räume geeignet. In beiden Fällen wird geweihtes Öl, das mit entsprechenden Kräutern hergestellt wurde, verwendet. (Später findest du hier noch einige Empfehlungen für Kräuter. Ich lass dich nicht auflaufen, keine Sorge.) Wenn du die Salbung an einer Person durchführen willst, empfiehlt es sich, das Öl an den Handgelenken, Schläfen, der Halsschlagader und dem Dritten Auge aufzutragen. Bei Letzterem macht es auch Sinn, dies mit einem bedeutungsschwangeren Symbol zu kombinieren. Gut geeignet ist zum Beispiel ein Sonnenkreuz oder eine Spirale. Wenn du diese von außen nach innen aufträgst, sorgt das für einen besseren Energiefluss nach innen, andersherum sorgt es für ein erleichtertes Ableiten von Energien, was wir im Fall der Purification natürlich bevorzugen. Wir wollen ja alle Anhaftungen raus und weg von uns haben. Andere gute Orte, um mit dem Öl zu salben, sind auch noch der Solarplexus, die Innenseite der Ellbogen, die Kniekehlen, die Knöchel, der Nacken und der untere Rücken.

Für das Innere von Gebäuden oder Räumen kann das Öl auf die Wände aufgetragen werden. Achte dabei in jedem Fall darauf, dass es keine dauerhaften Spuren hinterlässt. Teste es notfalls an einer wenig sichtbaren Ecke aus. An der Wand kannst du das Öl auch in Form des beliebten Pentagramms oder Pentakels auftragen. Natürlich gehen auch andere Symbole, die für einen erheblichen Schutz stehen und mit denen du dich verbunden fühlst.

Andere sehr empfehlenswerte Orte für das Auftragen des Öls sind das Innere jeder Tür und jedes Fensterrahmens. Für eine nahtlose Purification von Räumen solltest du die Eckpunkte, an denen Boden, Decke und Wände zusammenlaufen, punktuell beträufeln. Das Gleiche gilt für die Eckpunkte der Fenster und Türen. So eine schützende Tiefenreinigung sollte man direkt nach dem Einzug machen und sie einmal im Jahr auffrischen. Gerne an einem der beliebten heidnischen Feiertage.

Die Big 7 – No. 3: Banishing

Banishing bedeutet zu Deutsch so viel wie Verbannung. Es kann vorkommen, dass sowohl Cleansing als auch das schwerere Geschütz der Purification nicht stark genug sind, um energetische Verhärtungen, Anhaftungen oder komplexere Entitäten zu entfernen. Die Stunde des Banishing.

Wofür wird Banishing verwendet?
Wenn Cleansing und Purification nichts nützen, dann kommen wir zur ultimativen Waffe, die wirklich nur genutzt werden sollte, wenn sie benötigt wird. Das liegt allen voran daran, dass diese Praktik wesentlich komplexer ist als die vorherigen und du schon etwas Erfahrung im Allgemeinen haben solltest, damit dein Vorhaben auch von Erfolg gekrönt ist. Für erfahrenere Hexen oder allen voran Coven, die regelmäßig gemeinsam Hochmagie wirken, sind Bannungsrituale oft ein Bestandteil der komplexeren Zeremonien. Für den Anfang jedoch fangen wir erst mal klein an.

Neben dem Banishing, das ich hier beschreibe und das den Fokus auf das Vertreiben von hartnäckigen Entitäten legt, gibt es auch Banishing-Rituale und -Zauber, die darauf abzielen, bestimmte Verhaltensweisen, Emotionen oder gar Menschen aus deinem Umfeld zu vertreiben oder zumindest deine Bindung an sie zu lösen. Dies wird auch als *baneful magick*, also »bannende Magie« bezeichnet. Es gibt hier also einige Subkategorien. Im Laufe dieses Buches findest du den ein oder anderen Zauber dazu.

Wie wendest du Banishing an?
Im Folgenden gehe ich wie schon erwähnt auf die Entfernung einer hartnäckigen Entität ein, da dies ein Thema ist, nach dem ich immer wieder gefragt werde. Ich hoffe, du wirst diese Technik nie benötigen, aber falls doch, weißt du ja jetzt, wo du nachschlagen kannst. Ich möchte dich allerdings bitten, das Buch erst komplett zu lesen, bevor du die kommenden Rituale in Erwägung ziehst. Der Vollständigkeit halber möchte sie jedoch in diesem Kapitel niederschreiben. Falls du nicht an Entitäten als solche glaubst, kannst du diesen Abschnitt komplett überspringen, er wird dir dann ohnehin befremdlich vorkommen.

Stufe 1: Bitten zu gehen *(licence to depart)*: Hierbei handelt es sich um die mildeste Form des Banishings. Dabei geht es allen voran darum, freche Entitäten mit einem harten Ton loszuwerden. Das heißt, du musst unverblümt vermitteln: »Dies ist nicht der richtige Ort für dich, und es ist somit Zeit für dich, nun von dannen zu ziehen!« Du kannst alternativ auch empfindliche oder leicht reizbare Entitäten mit einer liebevollen Geschenkgabe hinfortwerben: »Es ist Zeit für dich weiterzuziehen, und ich wünsche dir das Beste an deinem neuen Ort. Nimm diese Gaben als Geschenke des Abschieds an.« Die Opfergabe kann dabei auch wirklich ausgefallen sein. Hilfreich ist es hierbei, zumindest ein bisschen was über die Entität zu wissen. Was sie begehrt oder mag. Diese Methode sollte man aber nicht wählen, wenn man schon befürchtet, dass später härtere Mitteln notwendig sind – da die Entität dann schon weiß, dass du sie loswerden willst, wird es später umso schwerer.

Stufe 2: Klassisches Verbannen *(Banishing)*: Für eine erfolgreiche Verbannung brauchst du entweder den Namen der Entität oder zumindest die Art, wie zum Beispiel ein Kobold, Succubus oder Vendigo. Du solltest bei dieser radikalen Methode mit so etwas wie den vier Erzengeln, den Wächtern der Elemente, deinen Ahnen oder bestimmten Gottheiten arbeiten. Also mit irgendeiner externen Energie, die dich während des Prozesses schützt und unterstützt. Alternativ gehen auch vier andere Menschen, die dich bei deinem Ritual unterstützen. Da es mir wichtig ist, dass du erst das ganze Buch gelesen hast und am besten auch schon etwas Übung im Umgang mit der Hexerei hast, packe ich den Ablauf eines expliziten Banishing-Rituals erst gen Ende dieses Buches in die kleine Zaubersammlung.

Stufe 3: Falle stellen *(Trapping)*: Hierbei handelt es sich um die härteste Form der Verbannung, da sie einem Gefängnis gleicht. Dafür musst du jedoch das Anliegen der Entität kennen. Was ist ihr Begehr? Angst? Wollust? Blut? Träume? Oder vielleicht sogar einfach etwas Aufmerksamkeit, schöne Worte oder Seelenheil? Womit könntest du die Entität locken? Dieser Sache solltest du dir sicher sein. Auch dafür findest du in der kleinen Zaubersammlung eine explizite Anleitung.

Stufe 4: Exorzismus: Das ist wohl die krasseste Herangehensweise an eine Entität, vor allem da sie voraussetzt, dass ein Lebewesen von ihr besessen ist. Als Exorzismus wird eine Praxis bezeichnet, mit der vermeintlich besessene Menschen oder andere Lebewesen von bösen Geistern befreit werden. Oftmals wird diese Praktik auch als Teufels-

oder Dämonenaustreibung benannt. Der Exorzist versucht, durch eine Beschwörung mit der dämonischen Entität in Kontakt zu treten und diese zum Verlassen des besetzten Körpers zu zwingen. Da mit diesem Konzept und den mit dem Exorzismus verbundenen Methoden jedoch gerade in diversen religiösen Gemeinschaften viel Schindluder getrieben wurde und kaum einer von uns dies jemals wirklich benötigen wird, werde ich auf die Techniken dazu hier nicht näher eingehen. Sie gehören definitiv nicht in ein Grundlagenbuch. Dennoch wollte ich die Begrifflichkeit der Vollständigkeit halber nicht unerwähnt lassen.

Die Big 7 – No. 4: Warding

Warding bedeutet zu Deutsch so viel wie »Abwehr« und ist in der Hexerei ein recht breit gefasster Begriff, der jedwede Form der Magie beschreiben kann, die eine Person, einen Ort oder eine Sache vor parasitären Energien und Entitäten schützen soll. Parasitär bedeutet in dem Kontext, dass sie dich energetisch runterziehen, müde machen, leer saugen oder einfach dafür sorgen, dass du dich unwohl fühlst. Also alles, was wir als negativ empfinden. Ich versuche jedoch, die Begriffe negativ und positiv bei der Beschreibung von magischen Eigenschaften so gut wie möglich zu meiden, da sie sehr unspezifisch sind und eigentlich immer nur eine gesellschaftliche Prägung widerspiegeln, die zudem stark kulturell bedingt ist.

Wofür wird Warding verwendet?
Warding ist die Aufstellung einer energetischen Abwehr nach der Reinigung eines Ortes, eines Objekts oder einer Person, einschließlich dir selbst. Warding verhindert, dass die gerade von dir vertriebenen und unerwünschten Energien danach einfach wieder zurückkehren. Du weißt, dass Warding mal wieder nötig ist, wenn sich deine Ritualgegenstände oder dein Zuhause ungeschützt anfühlen. Wenn unangenehme Energien leichten Zugang haben. Viele Junghexen machen nämlich den Fehler, zwar die Energien bei sich zu reinigen, zu lösen und zu beseitigen, aber dann keinen entsprechenden Schutz aufzustellen. Und dann glauben sie, dass ihre energetische Reinigung nicht erfolgreich war. Jedoch konnte die entfernte Energie oder Entität lediglich ohne größere Mühen ungehindert zurückkommen. Also, wie du siehst, ist dies ein wichtiger weiterführender Aspekt der schon erklärten Punkte.

Wie wendest du Warding an?
Nun weißt du, wie wichtig das Ganze ist, und gleich wirst du merken, dass es eine schnelle und einfache Sache ist, deinen Schutz direkt nach der Reinigung schwuppdiwupp hochzuziehen. Das Warding solltest du regelmäßig erneuern, am besten immer direkt nach einer Purification. Mach es nach Gefühl oder wenn du eine Angabe brauchst, dann einmal im Monat oder wenigstens immer in einem Ritual zu den großen Festtagen (siehe »Magie der Feste & Feiertage«).

Klassisches Warding: Eine Methode, die du direkt mit der schon beschriebenen Art der Purification kombinieren kannst, ist die Salbung mit Öl. Indem du deine Türrahmen, Türgriffe und Fensterrahmen mit einer schützenden Ölmischung salbst und eine Salzlinie über deine Türrahmen und direkt in die Fensterspalten legst, errichtest du eine schützende Abwehr innerhalb deiner Räumlichkeiten. Ebenso kannst du auf deinem Grundstück auch Eisennägel in die Ecken schlagen. Eisen gilt schon seit jeher als Abwehrmittel gegen aufdringliche Geisterwesen.

Eine moderne Alternative: Gerade bei der neusten Generation der Hexen ist eine magische Methode besonders beliebt, die *Spelljars*. Sie werden auch manchmal *Witchbottles* genannt oder auf Deutsch Hexengläschen. Ihre Tradition geht weit in alle Kulturen und Zeiten zurück, wo diese magische Praktik in sogenannten Bellarminen durchgeführt wurde. Mittlerweile ist das magische Interesse daran wieder neu entflammt, und sie wurde in ihrer Umsetzung unserer Zeit angepasst. Es gibt natürlich schier unendlich viele Rezepte für diese Art der Hexerei, und als eine moderne Variante des Wardings will ich dir Folgendes hier vorstellen.

Zutaten

- **als Gefäß:** Du kannst es ganz traditionell mit einem Tonkrug machen, jedoch nutzen die meisten von uns mittlerweile kleine Glasgefäße, die man leicht verstauen, verstecken oder unterbringen kann. Es sollte einen Korken als Verschluss haben.
- **als Grundlage:** Hexensalz, Bergkristallsalz oder Meersalz. All diese Salze haben einen stark schützenden sowie reinigenden Effekt. Insbesondere Hexensalz ist eine stark schützende magische Zutat, die von vielen Hexen daheim hergestellt wird. Im Kapitel mit meiner kleinen Zaubersammlung findest du eine Rezeptur dafür.
- **als Stein:** Schwarzer Turmalin oder Obsidian. Turmalin gilt als stärkster Schutzstein unter den Heilsteinen und wird aufgrund dessen von vielen Hexen auch gern am Körper getragen. Auch Obsidian hat eine starke Energie abwehrende Wirkung.
- **als Kraut:** Salbei oder Basilikum. Salbei gilt als stärkstes Schutzkraut weltweit, bekannt ist dabei vor allem der Weiße Salbei, aber der ist vom Aussterben bedroht und nicht zwingend notwendig. Man kann ohne Probleme auf heimische Sorten zurückgreifen. Basilikum hat im Grunde jeder Haushalt, und er kann alternativ gut für Schutz- und Reinigungszauber eingesetzt werden.
- **als Extra:** ein paar Tropfen Essig oder frische Zitrone. Essig gilt als starker Abwehrstoff in der Magie, durch seine beißende Eigenschaft hält er alles fest, was deiner Meinung nach nicht zu dir durchdringen soll. Alternativ dazu ist etwas frisches Zitronenfleisch beliebt, da es die Energien direkt einmal durchfiltert. Bedenke aber, dass bei der Zugabe dieser Extras dein Spelljar aufgrund der darin ent-

haltenen Flüssigkeiten nicht ewig halten wird. Aber bei Abwehrmethoden ist es sowieso generell sinnvoll, sie regelmäßig zu erneuern.

Es ist nun wichtig, alle Zutaten mit einer Intention, also auch gern mit einer wörtlichen Ansage, in das Gefäß zu geben. Dann wird der Zauber aktiviert. Dafür nutzt du etwas Siegelwachs in schwarzer oder weißer Farbe und sprichst folgende Worte, während du das flüssige Wachs auf den Korken der geschlossenen Flasche tropfen lässt:

»Alles mir Schadende,
was mich müde macht,
alles, was nicht förderlich ist,
was mich hält wach in der Nacht,
wird festgehalten, neutralisiert und abgewehrt,
denn nichts hier und an mir gibt es, das noch nährt.«

Es steht dir natürlich frei, auch deine eigenen Worte zu nutzen, um den Zauber zu aktivieren. Ich bin sowieso der größte Fan davon, andere stetig zu ermutigen, die Magie so früh wie möglich ganz individuell auszuleben und zu gestalten.

Wenn du am Ende dein Spelljar mit Siegelwachs verschließt und dabei mit dem Zauberspruch aktivierst, ist der Zauber gewirkt. Du kannst das Spelljar, wenn du dich als Person damit schützen willst, dann am Körper tragen oder, falls du dein Heim damit schützen möchtest, es bei dir vergraben. Wenn du in der Stadt wohnst, bietet sich ein Pflanzentopf an, den du vor deine Haustür stellst und in dessen Erde du das Spelljar versteckst. Austauschen solltest du es auch dort hin und wieder.

Wie du siehst, ist so ein Spelljar einfach gemacht, dennoch würde ich dir raten, den Aufbau eines magischen Rituals, den ich dir im Kapitel »Magie sicher und erfolgreich wirken« beschreibe, zu beachten und den hier gezeigten Zauber entsprechend darin einzubinden.

Die Big 7 – No. 5: Shielding

Shielding bedeutet zu Deutsch so viel wie »Abschirmung«. Shielding ist eine erweiterte Technik des Wardings, die sich jedoch allein auf dich als Person bezieht. Es ist somit eine Technik zum effektiven Selbstschutz. Meines Erachtens ist es die meistvergessene Grundlage und selbst für Menschen fernab der Hexerei eigentlich die wichtigste.

Wofür wird Shielding verwendet?

Wenn du jemand bist, der sehr sensibel und feinfühlig durch die Welt geht, beeinflussen dich die Energien, die Menschen und ihre Emotionen um dich herum noch mehr, als es sowieso schon üblich ist. Du wirst dich oft sehr müde und ausgelaugt fühlen, weil du immer mitfühlst und vor allem immer alles mitkriegst. Gerade dann ist es umso wichtiger, dass du dir einen guten Schild aufbaust, damit dein Akku nicht ständig leerläuft. Erfolgreiches Shielding, das auch eine Weile hält, bedarf einiges an Übung, deswegen ist es wichtig, dass du es so früh wie möglich lernst. Ich bin der Meinung, dass es auch eine Technik ist, die jeder nicht magischen Person im Alltag helfen würde. Allein schon, wenn man in der Schule von unliebsamen Leuten umgeben ist, auf der Arbeit von nervigen Kollegen oder wenn man in der Stadt durch große Menschenmassen geht. Tausend Energien, tausend Eindrücke, tausend Stricke, die an einem zerren könnten.

Wie wendest du Shielding an?
Bevor du einen Schutz aufbaust, ist es wichtig, dass du dich reinigst, alles wegbekommst von dir, was nicht zu dir gehört und nicht aus dir selbst stammt. Immerhin willst du irgendwelche unnützen Fremdenergien ja nicht in deiner Schutzhülle miteinschließen, oder? Wenn du dich gereinigt hast, dann solltest du deinen Schutzschild aufbauen, damit sich dir Fremdenergien nicht mehr so schnell anhaften können. Vorsichtig ist immer besser als Nachsicht, meinte Mutti schon.

Klassisches Shielding: Eine der klassischen Methoden, um einen Schutzschild um sich herum aufzubauen, ist die folgende. Du hältst deine Hände etwa zehn Zentimeter voneinander entfernt und stellst dir vor, wie du Energie in der Mitte sammelst. Wenn du eine körperliche Sensation wie ein Kribbeln, Schauer, Wärme oder etwas anderes in deinen Handflächen spürst, ist das ein Zeichen für deinen Erfolg. Dies kann am Anfang etwas dauern. Dann lässt du deine Hände über deine Arme wandern und stellst dir vor, wie du einen Schutzfilm über deine Haut ziehst. Wie einen kleinen energetischen Panzer. Zwischendrin kannst du deine Hände immer mal wieder ausschütteln und neu laden, um dann weiter über deinen Körper zu fahren, überall, wo du eben hinkommst. Für die Stellen, an die du nicht herankommst, konzentriere dich darauf, wie der Schutzfilm sich dahin ausbreitet und schließt, sodass am Ende dein ganzer Körper eingedeckt ist.

Dieses Ritual zum Shielding kannst du noch erweitern, indem du deine Hände wieder lädst und noch eine Schutzschicht um dich herum, um deine Aura, bildest. Streich mit deinen Händen etwas durch die Luft, und stell dir dabei bildlich oder einfach mit deinen anderen Sinnen vor, wie du dich in einen energetischen Ball hülst. Doppelt hält eben besser, und seine Aura zusätzlich auch noch mal zu schützen ist immer eine gute Idee. In der spirituellen Lehre ist deine Aura übrigens eine energetische Wolke, die deinen Körper umgibt und aus der sich verschiedene Dinge über dich, deine Persönlichkeit und deine Stimmung herauslesen lassen. Für manche Menschen ist dies als Farbspektrum sichtbar.

Eine moderne Alternative: Wenn du deinen Schutzschild unterwegs auffrischen willst, dann habe ich eine ganz moderne Methode für dich, die für mich einen wahren Segen darstellt. Ich brauche Musik. Egal wohin ich gehe, ich trage meine Kopfhörer und träume mich in eine andere Welt, raus aus der Bahn, dem Bus oder vom Beifahrersitz. Musik ist tief mit meinen Emotionen verknüpft, und es gibt kaum einen stärkeren Schutzschild, den man aufbauen kann, als die enorme Energie der Emotionen. Gibt es einen Song, der dich so richtig berührt? Das muss nicht sentimental sein, es kann auch Freude oder gar Wut sein. Ich arbeite gern mit Wut, denn Wut, das sind pure Flammen, intensiv und so mächtig, wenn man mit ihr zu arbeiten weiß – also im Grunde wie mit jeder Emotion. Es fällt uns oft nur schwer, manche davon richtig zu kanalisieren. Das ist aber wichtig. Also nutze eine Emotion, die du nicht nur gut erzeugen kannst, sondern bei der du auch mächtig bist, sie auszurichten. Alles andere wäre kontraproduktiv, aber du wirst dich schon kennen und wissen, was dir liegt. Denn da ist jeder anders.

Ich schmeiße also einen aggressiven Song ein, power mich richtig hoch, ich spüre mein Blut kochen, ich lebe diese Emotion. Ich liebe sie. Sie ist machtvoll, kraftvoll, wertvoll, und dann erschaffe ich mit ihr eine Barriere um mich herum. Ich spüre, wie diese Energie aus jeder meiner Poren alles Unnütze hinausdrückt und sich dann wie ein Schutzschild um mich herum verhärtet. Und glaub mir, wenn ich es so richtig fühle, wurde ich noch nie angesprochen. Nicht ein Mal. Und das auf den belebten Berliner Straßen als attraktive Frau. Ich glaube, ich wirke dann einfach nicht so zugänglich. Gut so. Denn ich will geschützt sein, vor allem, was mir schaden könnte.

Wut erzeugt natürlich eine sehr abweisende Barriere. Du kannst aber im Selbsttest auch einfach mal mit den verschiedenen Emotionen rumprobieren. Jede Emotion bringt andere Eigenschaften für deinen Schild, die wiederum auch sehr von deinem energetischen Fingerabdruck abhängen. Deine Wut ist anders als meine, und auch deine Freude ist aufgrund deiner einzigartigen Geschichte anders geprägt als meine, wenn auch die Grundlage der Emotion dieselbe sein mag. Ich nutze immer die Emotion, die mir in dem Moment am hilfreichsten erscheint. Und meistens will ich draußen in der großen Stadt vor allem eins: meine Ruhe.

Die Big 7 – No. 6: Centering

Centering, zu Deutsch »Zentrierung«, ist der energetische Vorgang, mit dir selbst in Einklang zu kommen. Wenn du zentriert bist, fühlst du dich ausgeglichen und entspannt. Ein Zustand, den du aktiv erzeugen musst, denn in unserer schnelllebigen Welt haben wir uns alle an Stress als Normalzustand gewöhnt.

Wofür wird Centering verwendet?
Während du eine E-Mail schreibst, klingelt schon das Telefon, und dann fällt dir ein, was du alles noch sonst bis morgen zu erledigen hast. Du machst fünf Dinge gleichzeitig und hast das Gefühl, trotzdem nicht voranzukommen. Wie sollst du das alles nur schaffen? Multitasking ist zum Mindestanspruch geworden. Fast so, als wärst du eine süße Gummiente auf einer dieser Schießbuden. Eigentlich willst du nur entspannt deine Runden schwimmen, aber ständig schießt dir etwas wortwörtlich dazwischen, und im schlimmsten Fall zieht es dich ganz aus der Bahn. Das Gegenteil davon ist das Centering. Wenn du dich zentrierst, trittst du in Kontakt mit deinem wahren Selbst, mit deinem höchsten Bewusstsein. Du blendest die Einflüsse, die Reize und all die Fremdenergien aus und besinnst dich auf dich zurück. Auf

deine Kraft, deine Macht, deine Energien, dein Sein. Wer bist du ohne all das Tohuwabohu um dich herum?

Wie wendest du Centering an?
Centering bietet uns den Gegenpol zu unserem stressigen Alltag. Sich zu entspannen ist Arbeit. Sich zu entspannen, das müssen die meisten von uns erst wieder üben, da es uns sogar unnatürlich erscheint. Das Gute jedoch ist, je stärker du dich mit dir selbst verbindest, umso stärker verbindest du dich auch mit der Welt um dich herum, da du sie endlich sortiert, strukturiert und klar wahrnehmen kannst. Das bedeutet auch, dass dein magisches Wirken umso stärker ist, da es viel fokussierter und klarer stattfindet. Bewusster eben. Es gehört aber auch ein gutes Gefühl zu sich selbst und eine Portion Ehrlichkeit dazu, sich einzugestehen, dass man unausgeglichen und eben nicht zentriert ist.

Klassisches Centering: Entspannung ist Arbeit! Und ich schreibe dir dies so eindrücklich, weil ich das gern früher gewusst hätte. Die meisten denken, Entspannung ist genau das Gegenteil von Arbeit, aber nein, leider müssen wir aktiv Zeit, Mühe und Geduld hineinstecken, um einen entspannten Zustand zu erreichen. Klingt paradox, ist aufgrund unseres Gesellschaftskonzepts aber irgendwie auch ganz logisch. Alles, was man nicht kennt, was man nicht gewohnt ist, ist am Anfang Arbeit. Aber: Es wird weniger müheselig, sobald die Gewohnheit Einzug gehalten hat. Also kommen wir zur klassischsten aller Centering-Methoden: der Meditation.

Meditieren ist entgegen der Annahme vieler nicht »Nichtstun« oder »Nichtdenken«. Letzteres ist für die meisten fast unmöglich, denn unser Gehirn arbeitet nun mal immer. Gehen wir also mal weg von Klischees und unrealistischen Vorstellungen. Es gibt mittlerweile schier unendlich viele Meditationsformen und ich bin mir sicher, dass auch für dich eine dabei ist. Egal, ob du von Natur aus eher ruhig, hibbelig oder unkonzentriert bist. Da es zig klassische Meditationsarten im Internet oder in Büchern zu finden gibt, die sich vor allem auf neurotypische Menschen beziehen, möchte ich die Chance hier wahrnehmen, eine Meditationsmethode für neurodiverse Menschen anzubieten. Für die, die Schwierigkeiten haben, zur Ruhe zu kommen, sich länger auf eine Sache zu konzentrieren oder die Gedanken still zu halten: die Neuro-Meditation.

Auch mir liegt das klassische Meditieren nicht, also suchte ich nach einer Methode, die für mich funktioniert, die mir hilft, zurück zu mir zu finden. Und dabei bemerkte ich, dass ich das gut mit positiven Denkmustern kombinieren kann. Denn wenn ich sowieso schon denken würde, da nichts zu denken kein realer Zustand ist, dann wollte ich wenigstens, dass diese Gedanken mir in meinem Leben weiterhelfen würden.

Willst du es probieren? Dann schnapp dir ein paar Karteikarten, und bereite das Ganze mit mir vor. Am Anfang reichen fünfzehn bis zwanzig Stück. Auf jede einzelne schreibst du Sätze, die du gern öfter hören würdest, die deine Seele braucht, die du brauchst. Das können ganz banale Dinge sind: »Ich bin liebevoll«, »Ich bin stark«, »Ich bin mutig«, »Ich bin genug«, »Ich werde geliebt«. Alles, was deine Seele heilt und dir zeigt, dass du dir selbst eine gute Freundin bist. Wenn du deine Karten fertig hast, setzt du dich bequem in deinen Raum. Ich mache das gern im Schneidersitz. Dann schließt du kurz die Augen, atmest zwanzigmal intensiv und bewusst aus und ein. Dann öffnest du die Augen und liest die Karten langsam, ganz langsam durch. Im Stillen oder laut, wenn du das für deinen Fokus brauchst. Du kannst diese Übung zu Beginn gerade mal drei Minuten machen – unterlegt von einem Song deiner Wahl. Was Entspanntes wäre gut, das dich nicht mit dem Text ablenkt, vielleicht sogar ohne Text.

Nach und nach kannst du die Dauer steigern, bis du bei fünfzehn Minuten angekommen bist. Ich habe einfach immer neue Karten hinzugefügt und diese immer langsamer gelesen. Mir hat es wirklich geholfen, mein Gehirn auf positivere Sätze in Bezug auf mich selbst zu konditionieren. Für die meisten von uns ist es zum Alltag geworden, sich tagtäglich selbst kleinzureden. »Ach, ich bin so dumm, habe ich das wieder vergessen?« Es sind die Kleinigkeiten, die in ihrer Menge viel ausmachen. Ich kann es also nur jedem empfehlen, diesem inneren Schema etwas entgegenzusetzen.

Eine moderne Alternative: Wenn die ruhige Variante, selbst mit meiner Methode wirklich so gar nichts für dich ist oder du einfach

Abwechslung in deinem Centering benötigst, dann kann ich dir noch diese aktive Alternative anbieten. Sie ist sozusagen das Kontrastprogramm zum Meditieren. Statt ruhig in sich hineinzuschauen, wollen wir uns hierbei komplett auspowern. Wir fahren den Körper damit herunter und machen den Geist frei, spätestens im Nachgang.

Was ist die körperlich anstrengendste Sache, die dir Spaß macht? Also, ich hasse Joggen, das fliegt für mich schon mal komplett raus. Vielleicht Eislaufen oder Kickboxen? Breakdance? Tango? Hot Yoga? Finde irgendwas, was dir Freude bereitet und wofür du auch die Möglichkeit hast, also zeitlich, finanziell und örtlich. Keine Ausreden, eine Sache wirst du schon finden! Und dann power dich so richtig aus. Ich meine jetzt nicht damit, dass du fünf Runden gemütlich über das Eis schlitterst. Nein, gib Gas, dreh komplett auf, sofern du gut fahren kannst, damit du ins Schwitzen kommst. Es muss anstrengend sein, der Atem soll dir schwer werden. Natürlich sollst du es nicht übertreiben und dir eine Zerrung holen, aber du musst schon ordentlich Energie raushauen.

Und danach schmeißt du dich nur noch auf die Matte und bist froh, dass du es durchgezogen hast. Und während du da so liegst, dein Körper angenehm erschöpft ist, dein Atem schwer, ein breites Lächeln, da gehst du in dich. Wer bist du? Was sind deine Ziele? Wohin willst du deine Energien ausrichten? Wie fühlst du dich? Was musst du loslassen, damit du dich jetzt wohlig erschöpft und ausgeglichen fühlst? Richte dein Inneres neu aus. Sprich dir gut zu. Dein Körper steht dir mit überschüssiger Energie jetzt nicht mehr im Weg, jetzt ist es nur noch dein Geist, und den wollen wir einmal kurz zentrieren. Das muss keine fünfzehn Minuten dauern. Da reichen auch ein oder zwei Minuten. Geh in dich, und nutze diesen kleinen ruhigen Nachgang deiner körperlichen Eskapade, während dein Puls langsam zur Ruhe kommt. Und dann steh auf, und fühl dich wie neugeboren, und, na ja … geh vielleicht duschen.

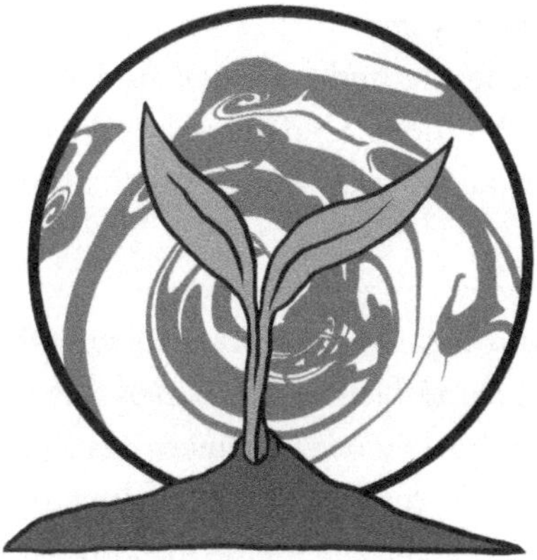

Die Big 7 – No. 7: Grounding

Beim Grounding, also zu Deutsch »Erdung«, manchmal auch Earthing genannt, stellst du eine Verbindung mit der Erde her, um unerwünschte Energien von dir zu entfernen und in die Erde abzuleiten. Mehr ist eben nicht immer mehr, und was nicht zu dir gehört oder du nicht mehr brauchst, gibst du so zurück in die Natur.

Wofür wird Grounding verwendet?

Wenn du dich mit Mutter Erde im wahrsten Sinne des Wortes verbindest, schließt du den energetischen Kreislauf des Lebens. Nicht umsonst bestehen viele spirituelle Praktiken darauf, dass wir barfuß sind. Ebenso ist das Erden in der Hexerei ein essenzieller Bestandteil nach Zaubern und Ritualen, um überschüssige Energien abzuleiten, die man zuvor zusammengesammelt hat. Denn dieser Überschuss – und mag er noch so sinnvoll geladen sein – kann einen letztendlich auch in die Bredouille bringen. Denn wozu brauchst du diese Energien noch, wenn sie für das Ritual, das du durchgeführt hast, zu viel waren und nicht benötigt wurden? Letztendlich brauchst du sie nicht, und wenn du sie behältst, könnten sie dich trotz ihrer gewinnbringenden Ausrichtung negativ beeinflussen. Dich hibbelig oder nervös machen, überdreht und unkonzentriert. Gib darum zurück, was nicht dir gehört. Gier ist keine sinnvolle Tugend, auch nicht in der Hexerei. Mehr ist in diesem Fall nicht mehr.

Wie wendest du Grounding an?
Vorweg erst mal: Jede Methode, bei der du die Erde tatsächlich berührst, ist eine gute Methode. Und dabei spreche ich von Lehm, Sand, Wiese, Matsch. Was auch immer dir Mutter Natur eben so in deiner Nähe bieten kann.

Klassisches Grounding: Die absolute Idealvorstellung ist natürlich, dass du mit beiden Handflächen den Boden unter dir berührst, dabei kannst du liegen, hocken oder in einer sitzenden Position sein. Je nachdem, was für dich körperlich am angenehmsten ist. Schließ deine Augen, und konzentriere dich auf deine Atmung. Atme ein, spüre, wie die überschüssige Energie durch deinen Körper fließt und durch deine Hände und Füße geht. Entspann dich, atme aus und leite die überschüssige Energie aus dir heraus. Du solltest sogar ein leichtes Kribbeln an den Stellen spüren können. Atme ein, fühle den Herzschlag der Erde, während deine Wurzeln ihren Kern erreichen. Atme aus, und gib die überschüssige Energie entlang deiner Wurzeln ab. Gib der Mutter diese Energie, lass sie sie dir nehmen, um sie zu nutzen, wie sie es für richtig hält. Atme wieder tief ein, und heb deine Arme zum Himmel. Fühle, wie sie zu Zweigen voller Blätter werden, die nach der Sonne greifen. Atme weiter, und setz die Übung fort, bis du dich stabil, stark und ausgeglichen fühlst und wieder vollkommen erwacht bist. Dann bist du geerdet.

Eine moderne Alternative: Wenn du wie ich in einer der vollsten Städte der Welt lebst, dann ist das gar nicht so einfach, mal eben nach einem Ritual mit nackten Füßen in den Park zu gehen. Aber da sich die Magie mit der Gesellschaft mitentwickelt, gibt es natürlich auch dafür moderne Lösungsansätze. Ich halte mir für das Grounding eine ganze Menge unkomplizierter Hauspflanzen. Unkompliziert deshalb, weil in mein Atelier kaum natürliches Licht dringt und es sich um einen zugigen Altbau handelt. Also nicht unbedingt die idealen Voraussetzungen für anspruchsvolle Pflänzchen. Aber es gibt ja auch die bescheideneren. Und ihre Anwesenheit bietet mir einen entscheidenden Vorteil. Mal ganz abgesehen davon, dass sie mit ihrer bloßen Existenz mehr als nur Sauerstoff filtern und die Energien höher halten können, ist die

Erde, in die sie gepflanzt sind, eine gute Basis, um sich zu grounden. Ja, okay, die Füße steck ich jetzt nicht rein, aber über die Hände zirkuliert genauso viel Energie. Es dauert dann eben einen Moment länger und fühlt sich vielleicht nicht ganz so befriedigend an, wie wenn man sich gemütlich auf die blanke Erde legt. Aber als Stadthexe muss man sich eben den Gegebenheiten anpassen.

MAGIE UND IHRE WERTE

Schon ganz zu Beginn deiner Reise wirst du von den Begriffen »weiße« und »schwarze Magie« hören, und zugleich wirst du Leute darüber streiten sehen, dass Magie keine Farbe hat. Ich will dir das Konzept dahinter näher erläutern. Begriffe werden entwickelt, um bestimmte Konzepte einem einfachen Wort zuzuordnen, das erleichtert die zwischenmenschliche Kommunikation. Wichtig sind also weniger die Worte an sich und die »Farben« als vielmehr, was die magische Community darunter versteht, worauf sie sich geeinigt hat, was damit beschrieben wird. Es geht nicht um Farben, sondern vielmehr um moralische Werte, die damit vermittelt werden. Während also weiße Magie alles beschreibt, was schützender, helfender und heilender Natur ist, definiert schwarze Magie alles, was manipulativ, schädlich und selbstgefällig ist. Man könnte sich also auch auf die Begriffe Schutzmagie und Schadensmagie einigen. Da diese von Hollywood & Co. aber nicht so propagiert wurden, wurden es stattdessen eben die Begriffe weiße und schwarze Magie. Klingt wohl eingängiger. Also sei's drum.

In der Mitte befindet sich dann noch die graue Magie, das ist im Grunde das, was die meisten von uns im Alltag als Hexen nutzen. Graue Magie ist alles im Spektrum, das nicht komplett selbstlos ist, aber eben auch nicht schädlich oder aktiv manipulativ Dritten gegenüber. Wir könnten sie auch als Neutralmagie bezeichnen, da ihre Gegensätze sich neutralisieren. Und da es gerade am Anfang etwas verwirrend sein kann, wo das eine anfängt und das andere aufhört, gebe ich hier eine Übersicht für das grundlegende Verständnis. Sie verspricht keine Vollständigkeit, sondern beinhaltet die wichtigsten Aspekte, um in dir ein Grundgefühl für diese Thematik aufzubauen.

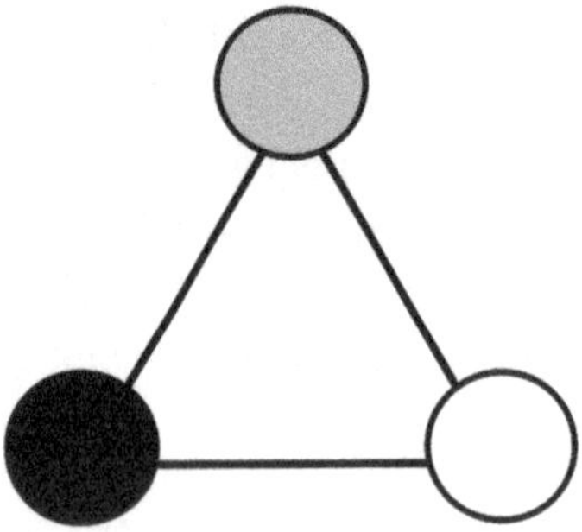

Weiße Magie/Schutzmagie

Alle Magie, die selbstlos und als Hilfe für Dritte gewirkt wird, ist weiße Magie. Ebenso alles magische Wirken, das mit Schutz zu tun hat und dabei nichts an andere zurücksendet, sondern lediglich Angriffe und Absichten neutralisiert. Schutz- und Heilzauber können auch auf dich selbst bezogen sein, jedoch bezieht sich das meiste eher darauf, anderen damit zu helfen.

Zur weißen Magie gehören:

- Heilzauber
- Schutzzauber
- Glückszauber
- heilende Energiearbeit
- Gesundheitszauber

Graue Magie/Neutralmagie

Alle Zauber, die dir selbst nützlich sind, sind zumeist graue Magie. Denn wenn sie nicht überlebenswichtig sind, sind sie nicht zwingend notwendig, und wenn sie nicht für Dritte sind, dann sind sie auch nicht selbstlos. Wobei man hier auch anmerken muss, dass alle Magie unter graue Magie fällt, die auch für Dritte nicht zwingend notwendig ist. Wenn du jetzt also für deine Freundin einen unspezifischen Liebeszauber wirkst, damit sie einen neuen Partner findet, dann ist das genauso graue Magie, wie wenn du den Zauber für dich selbst wirkst. Der Bärenanteil, den Hexen seit jeher an Magie wirken, ist graue Magie, und das ist meines Erachtens absolut legitim. Den Menschen macht das Ego aus, und ein Ego hat Wünsche, die nun mal über die reine Selbsterhaltung hinausgehen. Daran sehe ich nichts Verwerfliches, solange dabei niemand zu Schaden kommt oder genötigt wird.

Zur grauen Magie gehören also:
- Erfolgszauber
- Schönheitszauber
- Wohlstandszauber
- Anerkennungszauber
- unspezifizierte Liebeszauber
- Zauber in Bezug auf Materielles
- Schutzzauber mit Rücksendung zum Angreifer

Schwarze Magie/Schadensmagie

Neben dem Offensichtlichen wie Verwünschungen, Verhexungen und Verfluchungen ist Schadensmagie auch in banaleren Dingen zu finden, die dem ein oder anderen sauer aufstoßen werden. Wenn ich mir allein das Internet ansehe, gefüllt mit Liebeszaubern, die spezifiziert eine ganz bestimmte Person dazu bringen sollen, einen zu beachten und zu lieben, schaudert es mir. In keinem Wort wird erwähnt, dass dieses »bringen« eher mit »zwingen« betitelt werden müsste. Alles, was anderen schadet, ihren freien Willen manipuliert, sie zu etwas zwingt, nötigt, sie negativ körperlich, psychisch oder spirituell beeinflusst, ist schwarze Magie. Und das oft von ihrer feinsten, selbstgefälligsten und bösartigsten Sorte. Versteh mich nicht falsch, es gibt sicher den ein oder anderen, der seine Strafe verdient hat, aber man kann auch graue Zauber wirken, die nur dann zuschlagen, wenn es das Universum als angemessen betrachtet, dieser Person eine Lehre zukommen zu lassen. Sich selbst als Göttin der Justitia aufzuspielen halte ich immer für ein gefährliches Spiel. Vor allem, da solche Sachen ohne nötige Erfahrung, großes Wissen, entsprechende Vorkehrungen und Schutz wirklich sehr häufig, sehr gern und sehr wahrscheinlich ganz böse nach hinten losgehen können.

Auch wenn ich fernab von dem bin, was man eine schwarzmagische Hexe nennt, bin ich sicher auch keine Heilige. Wer mich und somit auch Geschichten über meine Mutter schon aus dem beliebten Internet, fernab dieses Buches, kennt, weiß, dass ich meine Mutter gerne mit folgenden Worten beschreibe: *moralisch flexibel*. Sie würde dich sicher ein paar andere Zeilen hier lesen lassen als ich, aber ich sehe meine Verantwortung darin, dir ganz eindringlich zu erklären, dass jede deiner Handlungen Konsequenzen hat. Und die können sehr einschneidend sein, wenn du dich so explizit in das Leben Dritter einmischst. Und selbst wenn deine Rachefantasien gerechtfertigt sind, kann so was dennoch böse enden, wenn du nicht genau weißt, was du da auf magischer Ebene lostrittst. Letztendlich sorgt das Leben immer für Ausgleich in der ein oder anderen Form. Alles in der Natur, ja jedes Molekül strebt nach Ausgleich. Wenn du dich also in diesen Ablauf einmischst, mit deinen freien Energien, mit deiner Aktion, deiner Reaktion, dann musst du wissen, dass du damit immer etwas in Bewegung bringst. Das ist ja auch das Schöne am Sein. Du kannst Dinge verändern – aber du musst immer mit den Konsequenzen deines Handelns leben. Ob du es am Ende willst oder nicht. Und das muss dir ganz klar bewusst sein. Aus dieser Verantwortung wirst du dich niemals herauswinden können. Das ist beängstigend, aber zeitgleich auch beruhigend, denn es gilt für uns alle. Auch für den Menschen, dem du vielleicht die Pest an den Hals wünschst. Also pass auf mit deinen Wünschen, sie könnten schneller wahr werden, als dir lieb ist.

Zur schwarzen Magie gehören also:

- Täuschungen
- Manipulationen
- spezifizierte Liebeszauber
- Verwünschungen, Verhexungen & Flüche
- Zauber von Tod, Krankheiten, Unfällen & Unglück
- Auslösen von physischen oder körperlichen Schäden

Die Übergänge sind fließend. Natürlich kann ein Zauber in Bezug auf Materielles auch weiße Magie sein, wenn du ihn zum Beispiel für die arme Nachbarsfamilie wirkst, die kaum das Mindeste hat. Wenn du ihn aber wirkst, um dir die neuste Konsole zu organisieren, fällt das ganz klar in graue Magie. Ich denke, grundsätzlich lassen sich die Kategorien mit etwas gesundem Menschenverstand und einem moralisch gut ausgeprägten Kompass sehr leicht selbst einsortieren. Wenn dieser Kompass fehlt, stoßen meine Erklärungsversuche hier sowieso auf Granit. Moral ist eben auch sehr von Erziehung, Umfeld, Gesellschaft und psychischer Gesundheit geprägt und beeinflusst. Also fahren wir letztendlich wohl am besten mit dem alten, aber weisen Spruch: Was du nicht willst, was man dir tu, das füg auch keinem andrem zu!

DIE GESCHICHTE DER HEXEREI

Du hast ja schon gelernt, dass Hexe ein geschlechtsneutraler Begriff ist. Alternativ nennen sich manche auch Hexer. Aber was genau bedeutet dieses Wort eigentlich?

EIN PAAR BEGRIFFE UND IHRE BEDEUTUNG

Du wirst im Bereich der Magie einem Meer an Begriffen begegnen, die dich am Anfang vielleicht mit Fragezeichen zurücklassen werden. Damit du gut vorbereitet bist, habe ich deswegen extra ein Hexika – das hexische Lexikon – am Ende dieses Buches angelegt. Aber gleich hier findest du ganz wesentliche Begriffe etwas ausführlicher erklärt.

Der Begriff der Hexe

Der Begriff »Hexe« kommt vom Wort *hagazussa*, was so viel bedeutet wie »die alte Weise, die auf dem Haag lebt« (ein Haag ist dabei ein Berg oder Hügel). Dennoch ist der Begriff der Hexe geschlechtsneutral, geschichtlich aber sehr weiblich geprägt. Das soll die Männer unter euch nicht aufhalten, diesen Begriff auch für sich zu verwenden. Wir benutzen ihn, um damit unseren westlich magisch geprägten Pfad zu beschreiben. Eine Hexe wird auch als Zaunreiterin bezeichnet, da sie zwischen den Welten wandelt, zwischen der Anderswelt und der hiesigen, und sich bewusst Zugriff zu den feinstofflichen Ebenen verschafft. In der feinstofflichen Ebene existieren die Energien, Frequenzen und Schwingungen, von denen ständig geredet wird.

Der Begriff des Magiers

Der Begriff des Magiers ist vor allem dadurch geprägt, dass wir damit Menschen bezeichnen, die einem Publikum Täuschungen, Illusionen und Zaubertricks vorspielen. Hierbei handelt es sich um einfache bis komplexe Täuschungen, die den Betrachter denken lassen, es ginge etwas Übernatürliches und Magisches vor sich. Magier sind also unsere profanen Brüder, die wundervolle Shows vollführen und die Massen faszinieren.

Der Begriff des Zauberers

Ähnlich wie der Begriff des Magiers wird »Zauberer« auch für die Vollführer von Zaubershows verwendet. Den Begriff nutzen wir aber eher für die Beschreibung einer Figur in einem Buch oder einer Serie, die magische Fähigkeiten besitzt, wie zum Beispiel Merlin der Zauberer. Hier findet also eine Trennung zur fiktionalen Welt statt.

Es gibt noch viele weitere Begriffe, die einen bestimmten magischen Pfad beschreiben. Während die klassische Hexe vor allem die Traditionen der europäischen und westlichen Kultur beschreibt, gibt es viele weitere Namen aus anderen Kulturkreisen. Zum Beispiel die Druiden, die den magischen Pfad der Briten und Iren beschreiben, die Brujería des spanisch geprägten Pfades oder im nordischen Schamanismus Völva oder Seidmann. Natürlich gibt es auch den sehr bekannten afrikanischen Schamanismus mit den entsprechenden Akteuren, dazu die Priester des Voodoo und Hoodoo, und im Nigerianischen gibt es auch noch die Santería. Wie du siehst, haben wir hier sehr viele Begriffe, zu viele, um sie alle zu nennen. Sie sind jeweils geprägt von ihrer Kultur, haben verschiedene Traditionen, aber eine Sache verbindet sie alle: der Glaube an das magische und energetische Wirken.

DIE ETAPPEN DER MAGIE

»Magie« kommt vom griechischen Wort *magea*, das von *magoi* abgeleitet wird. Die Magoi waren eine Kaste persischer Priester, die der Astrologie zugetan waren, diesen Bereich studierten und dabei auch Wahrsagerei betrieben. Aber Persien bildete damals nur eines von etlichen Ländern, in denen magische Künste praktiziert wurden. Durchweg jede Kultur gebar eine Form des Mystizismus. Das Erschaffen von Götterbildern und mythischen Geschichten, das Deuten der Sterne und das Kommunizieren mit Verstorbenen durch ein Medium, also einen Menschen, der fähig war, Zugriff auf die andere Welt zu erhalten – das alles durchzieht wie ein roter Faden die Menschheitsgeschichte.

Der Göbekli-Tepe-Tempel – 11 000 Jahre alt

Nahe der türkischen Stadt Sanliurfa wurde einer der ältesten Tempel der Menschheitsgeschichte entdeckt, so viel älter als alle anderen, dass Historiker und Archäologen mehr als nur überrascht waren. Vor allem in Anbetracht der architektonischen Meisterleistung. Zum Vergleich, die Pyramiden sind nur 4500 Jahre alt, und bis heute ist man sich immer noch nicht zu 100 Prozent einig, wie sie überhaupt gebaut werden konnten, wenn auch es mittlerweile gute Ansätze dafür gibt. Die Pyramiden gelten nicht umsonst als eines der sieben Weltwunder.

Aber der Göbekli-Tepe-Tempel ist mehr als doppelt so alt und wurde in einer Zeit gebaut, in der die Menschen eigentlich noch Jäger und Sammler waren und unseres Erachtens zu primitiv, um solch ein Unterfangen zu stemmen. In der Epoche waren sie gerade in einer Umbruchphase von der Altsteinzeit zur Jungsteinzeit.

Der Tempel besteht aus mehreren Steinkreisen. In seinem Zentrum erheben sich zwei Steinpfeiler. Sie zieren eingeritzte Bildern, die nun endlich halbwegs entziffert werden konnten. Laut aktuellem Forschungsstand sollen sie einen Kometeneinschlag darstellen, der vor etwa 13 000 Jahren stattgefunden hatte und eine enorme Wandlung der Lebensumstände mit sich brachte. Eine entsprechende Analyse des Sonnensystems bestätigt diese These. Dieses prägende Ereignis wurde dabei auf 10 950 vor Christus datiert. Ein Zufall dieser Verknüpfung scheint sich auszuschließen. Denn ein Kometeneinschlag dieser Größe soll der Grund für eine eintausend Jahre anhaltende Kältezeit gewesen sein. Und die Menschen scheinen trotz ihrer noch recht primitiven Lebensweise als umherziehende Nomaden ihre Geschichten weitergetragen und dann in diesem heiligen Tempel verewigt zu haben. Das dort dargestellte Ereignis sollte dann alsbald der Grund dafür sein, dass die Menschen sesshaft wurden und begannen, im einfachen Maßstab Getreide anzubauen. Nach und nach versammelten sie sich in kleinen Siedlungen und legten den Grundstein für unsere heutige Zivilisation.

Man kann nur sagen, dass dieses Heiligtum aus ältester Zeit viele Rätsel aufwirft und auch nicht bestimmt werden kann, welchem Glauben, welchen Göttern oder welchen religiösen oder magischen Tätigkeiten dieser Ort gewidmet war. Es lässt sich allerdings vermuten, dass aufgrund des enormen Alters hier die Urwurzeln des Schamanismus vermutet werden dürfen. Letztendlich kann man annehmen, dass die Erkenntnis, dass der Göbekli-Tepe-Tempel von Jägern und Sammlern gebaut wurde, so absurd erscheint, als würde jemand aus Klopapier ein funktionierendes Auto bauen. Aber dennoch, irgendwie haben sie es geschafft. Vielleicht mit Magie? Wer weiß.

Der Schamanismus – 10 000 Jahre alt

Schamanismus kann als die älteste präreligiöse Tradition der Energiearbeit und der alternativen Heilmethoden angesehen werden. Mit geschätzten zehntausend Jahren Geschichte ist es nicht verwunderlich, dass er sich über die ganze Welt verbreitet hat und Teile davon auch noch heutzutage in vielen Kulturen und Religionen wiederzufinden sind. Der Schamanismus ist damit wohl die älteste spirituelle Praxis der Welt, die nicht auf dem Glauben an bestimmte Götter beruht, sondern auf Animismus. Dieser Begriff beschreibt die Annahme, dass alle, ja wirklich alle Dinge (auch dein Tisch!) beseelt sind. Somit sind lebendige wie scheinbar unlebendige Objekte in der feinstofflichen Welt gleichermaßen mit Lebensenergie versehen. In Anbetracht der Tatsache, dass der klassische Schamanismus vor allem durch die indigenen

Völker geprägt wurde, vor allem sibirische, indische, indianische und südamerikanische, haben wir es genau diesen Völkergruppen zu verdanken, dass wir heute auf dieses Wissen zugreifen dürfen. Denn der Schamanismus hat nur überlebt, weil diese Menschen ihn tief verborgen in ihrer Kultur, oft heimlich und im Stillen, immer weitergeführt haben. Denn seit Jahrhunderten müssen die Praktizierenden des Schamanismus gegen Unterdrückung und Ausrottung ankämpfen, insbesondere lange Zeit in der Kolonialisierung. Die Kolonisten betrachteten diesen Glauben als primitiv und stumpfsinnig. Doch selbst unter Androhung des Todes ließen es viele dieser Stämme, dieser Völker und dieser wundervollen, starken Menschen nicht zu, sich ihrer Kultur berauben zu lassen. So konnte sich der Schamanismus in viele Stammeskulturen hineinbewegen und dort vielfältige Traditionen, Überzeugungen und Rituale ausprägen.

Und genau hier wären wir wieder beim Thema, denn schon immer haben Schamanen Magie gewirkt, Energien manipuliert und Rituale vollzogen. Darum ist es nur fair zu erwähnen, dass viele magische Elemente der heutigen Religionen Blaupausen dieser Methoden sind. Sehr, sehr viele unser heutigen, auch hexischen Praktiken haben ihren Ursprung irgendwo in den Tiefen des schamanischen Wissens. Wie du also erkennen kannst, stammen die Urwurzeln des Schamanismus ganz klar von den indigenen Völkern Asiens und Amerikas ab. Die westliche Version davon, der heute sehr beliebte nordische Schamanismus, entstand erst viel später. Während der indigene Schamanismus über zehntausend Jahre auf dem Buckel hat, wirkt der nordische mit seinen tausend Jahren fast noch jung.

Das alte Mesopotamien – 6000 Jahre alt

Als die Zivilisation begann, entwickelten sich nach archäologischen Beweisen zunächst in Mesopotamien religiöse Ansätze, bei denen magische Aspekte im Fokus standen. Sumerische und akkadische Beschwörungstexte konnten nachweisen, dass in Babylonien und Mesopotamien ein bestimmter Beruf namens *āšipu* oder *mašmaššu* existierte. Beides kann mit unserem Wort »Exorzist« übersetzt werden.

Die Völker Mesopotamiens splitteten sich in Sumerer, Akkader, Babylonier und Assyrer auf. Alle entwickelten ihren eigenen Vielgötterglauben, um die Kräfte hinter den magischen Mächten zu beschreiben. Sie gehören damit zu den ersten Kulturen, die eine Religion mit dem Kernzentrum des magischen Konzepts erschufen und damit den Urquell aller daraus folgenden Vielgötterglauben.

Die mesopotamische Magie kann dabei in vier Kategorien aufgeteilt werden:

- **Schwellenmagie:** Durch diese wurde ein Mensch oder ein rituelles Objekt transformiert und in einen anderen Status versetzt.
- **defensive Magie:** Durch sie wurde ein Übel, das jemanden bedrohte, sich anbahnte oder schon angegriffen hatte, abgewehrt und entfernt.
- **aggressive Magie:** Durch diese gewann die Zielperson an Überlegenheit, Stärke, Vorteil, Manipulationsgeschick oder auch Attraktivität.
- **Hexerei:** Sie galt als eine illegale und aggressive Form der Magie, durch die schlichtweg Schaden verursacht wurde.

Die große Mehrheit der überlieferten Texte zu Ritualen konnte in die ersten beiden Kategorien eingeordnet werden. Dabei tauchte das Motiv von Reinheit und der Übergang zur Unreinheit wiederholt als Schwerpunkt auf. Auch hier war die energetische Reinigung ein essenzieller Bestandteil der magischen Praxis. Was wiederum zeigt, dass dies schon immer die Grundlage von allem war.

Zu dem, was als Hexerei angesehen wurde, gibt es leider so gut wie keine Nachweise, auch nicht darüber, welche Konsequenzen es nach sich zog, wenn man diese verbotene Kunst ausübte. Man kann es nur anhand der vielen Rituale gegen Hexerei deuten, welche die Exorzisten dieser Zeit anwandten, dass eine große Angst davor herrschte. Wenn auch der Begriff der Hexerei hier seine Urwurzel im Bösen hatte, was später auch so von den Christen propagandiert wurde, wurde er mit der Zeit so umgeformt, dass wir heute in der Hexerei alle Richtungen der Magie vertreten haben und das Wort selbst nur einen Schirmbegriff für den magischen Pfad darstellt.

Wir wissen nun also, dass in Mesopotamien eine der ersten Hochkulturen entstand. Das macht man unter anderem an der Entwicklung einer Schrift oder einer Vorstufe davon fest, einem Wirtschaftssystem mit Hierarchien und einer Einteilung der Gesellschaft in verschiedene Kasten. Zudem bildeten alle Hochkulturen größere Ansiedlungen mit Bauten, zu denen meist zentral ein Tempel für die Religionsausübung gehörte.

Das alte Ägypten – 5000 Jahre alt

Das Konzept einer magisch basierten Religion gelangte von Mesopotamien auch nach Ägypten. Das alte Ägypten war die nächste Hochkultur, etwa dreitausend Jahre vor Christus. Also vor ein bisschen mehr als fünftausend Jahren. Geschichtlich betrachtet bildete sich das alte Ägypten recht schnell als eine weitere Wiege und Brutstätte des magischen Wirkens aus. Der Vielgötterglauben dort ist selbst heute noch sehr präsent und bekannt, wohingegen die Mesopotamier, obwohl sie älter sind, in unserer heutigen Zeit nicht wirklich im Fokus stehen. Die meisten wissen noch nicht einmal, dass der Ursprung dort liegt und nicht bei den Ägyptern. Das mag vor allem an den ägyptischen Göttern liegen, deren Namen sich wie ein viraler Hit ausbreiteten. Die Ägypter erschufen mit ihnen eine mächtige Religion ihrer Zeit, die sich mehrere Tausend Jahre halten sollte.

Verwunderlich ist es also kaum, dass auch sehr viele Elemente der heutigen Magie tatsächlich aus den uralten Praktiken der Ägypter stammen. Im alten Ägypten war Magie unter dem Begriff *hike* geläufig, was so viel wie »Wanderung« bedeutet. Dabei lässt sich diese Wanderung auf die Bewegung und Ausrichtung der Energien beziehen, die bei der Wirkung von Magie dazugehören. Dabei handelte sich vor allem um gesprochene Formeln, die genau so wie vorgeschrieben rezipiert werden mussten, mit bestimmten Gesten, zu bestimmten Zeitpunkten, an einem bestimmten Ort oder unter besonderen Bedingungen, damit sie funktionierten. Die Magie und der Glaube daran zogen sich durch alle Schichten. Trotzdem gab es kein allgemeines Wort für eine magisch praktizierende Person. Sicher ist nur, dass Magie die Domäne von Priestern und anderen war, die auch heilige Bücher studierten.

Das magische Judentum – 4000 Jahre alt

Das Judentum ist in unserer kleinen Historie interessant, da es die Grundlage des darauffolgenden Christentums bildet, das einen wichtigen Einfluss auf die noch heute prägende Sicht auf die Hexerei in der Allgemeinheit hat. Vor viertausend Jahren gab es Kanaaniter, aus deren Religion sich letztendlich das Judentum bildete. Vor etwa 3500 Jahren nahm dann eine Gruppe kanaanäischer Nomaden den edomitischen Gott Jahwe (Yahweh, JHWH), den Gott des Krieges und der Stürme, in ihr Pantheon auf und beanspruchte ihn als ihren Schutzpatron. Mit der Zeit wurde er zum allmächtigen Gott des Judentums.

Vom Judentum selbst kommen wir dann schnell zu einer interessanten Lehre, und zwar der Kabbala. Das ist eine Sammlung hebräischer Mystizismen, die sich mit verschiedenen Thematiken wie heiliger Geometrie, heiligen Zahlen, aber auch Wörtern, Buchstaben und der Schrift befassen. Auch das Thema der Seelenwanderung ist darin enthalten. Das Buch der hermetischen Kabbala entstand im 13. Jahrhundert in Spanien und fasste jüdisches Gedankengut und uralte magische Vorstellungen zusammen. *Kabbala* bedeutet so viel wie »erhalten«, ein anderer Name für sie ist jedoch *Torat HaSod*. Hier kommen wir nämlich zu einem wichtigen Punkt, denn dieser Begriff wird oft fälschlicherweise mit »die geheime Lehre« übersetzt, während er eigentlich »*die* Lehre des Geheimen« bedeutet. Eine völlig andere Bedeutung. Denn eine geheime Lehre versteckt sich, während es vielmehr darum geht, dass die Lehre das Versteckte und Verborgene erforschen will. Dennoch ist die allgemeine Vorstellung, dass die Lehre der Kabbala im Verborgenen weitergetragen wird, schon berechtigt. Denn magische Geheimnisse zu lehren ist auch nicht ganz ungefährlich. Darum wird die Kabbala vom Meister nur an auserwählte Schüler übertragen, die sich als vertrauensvoll und würdig erweisen. Und so wird es von Kabbalisten seit jeher gehandhabt. Darum wurden Botschaften, Notizen und Aufzeichnungen immer verschlüsselt. Damit sollte verhindert werden, dass die Lehren an Popularität gewinnen und durch das stetige Weitertragen unerfahrener Leute verwässern und verfälscht werden.

Das magische Heidentum – 3000 Jahre alt

Da sind wir nun, tausend Jahre vor Christus, und jetzt prägten sich die wohl heute noch interessantesten Glaubensrichtungen, die der Griechen und Römer und dann die der Kelten im nordischen Raum. Denn bis heute ist der Vielgötterglaube dieser drei heidnischen Religionen sehr beliebt und erlebt gerade ein neues Erwachen. In der griechisch-römischen Zeit wurden die Götter gebührend und ausgelassen gefeiert, und es wurden viele Geschichten von ihnen erzählt. Meist ging es darum, wie sie vom Olymp herabblickten und ihre magischen Kräfte einsetzten, um denen zu helfen, die sie verehrten, und die zu behindern, die sich von ihnen abwandten. Selbiges galt für das germanische sowie skandinavische Volk. Denn all diese Kulturen ehrten die gleichen Dinge – die Sterne, Planeten, den Mond, die Sonne, Tiere, Bäume, Pflanzen und die Gezeiten mit all ihren Eigenschaften. Vielleicht spielten die heidnischen Kelten sogar die wichtigste Rolle für unsere heutigen Interpretationen der europäischen Hexerei. Denn viele der heidnischen Feiertage sind von ihrer Kultur übernommen und wurden später vom Christentum gekapert, um die Heiden zu einer Konvertierung zu zwingen.

Jedoch, und das ist vielen nicht bewusst, verfassten die Kelten kaum schriftliche Aufzeichnungen, sodass wir uns eher nur auf mündliche Übertragungen verlassen können. Dennoch, und das ist wohl ein kleiner Trost, wurde eine Reihe von Relikten gefunden, die darauf hindeuten, dass religiöse Riten vor allem auf Waldlichtungen, an Ufern und auf den Spitzen von Bergen durchgeführt wurden.

Die tief spirituellen Kelten waren sehr künstlerische, musikalische und feine Bauern sowie tapfere Krieger. Für sie war der Tod nur ein weiterer Teil des Lebenszyklus. Je nach Region und Gruppierung gab es verschiedene Überzeugungen für das Leben nach dem Tod. Der nordische Schamanismus, der heute so beliebt ist, wurde ebenfalls von jenen Überzeugungen geprägt. Die Völva, der Seidmann oder der Fjölkunnigur sind alles Bezeichnungen magisch Praktizierender. Dann gab es aber auch noch die Druiden, welche die keltischen Riten überwachten. Das Wort »Druide« bedeutet übersetzt so viel wie »der, der die Eiche kennt«. Es wurde überliefert, dass es wohl bis zu zwanzig Jahre hartes Studium bedeutete, um sich Druide nennen zu dürfen. Druiden waren dabei nicht nur Priester, sondern auch Richter, Lehrer, Astrologen, Heiler, Barden und Botschafter.

Die Zeit des Christentums – 2000 Jahre alt

Weltweit beginnt hier die offizielle Zeitrechnung. Alles wird in »vor« und »nach Christi« berechnet. Was schon das krasseste Statement überhaupt ist. Wir berechnen unser Leben nach dieser Weltreligion. Die Lehren von Magie und Hexerei erfuhren hier einen einschneidenden Wandel, der teilweise noch heute seine Auswirkungen zeigt. Aber schauen wir uns diesen Teil der Geschichte etwas genauer an, diesen Teil der Geschichte Europas. Er bildet eine wichtige Grundlage für jede westlich geprägte Hexe.

Wir waren gerade noch bei den Heiden in Rom, die sich aber mit der Zeit in eine christliche Kultur verwandelten und die Welt um sich herum kräftig missionierten. Die Römer wurden mit ihrer Streitmacht schnell zur dominierenden Partei in Europa, und als sich das Römische Reich in den Norden und über die Alpen ausbreitete, nahm die Zahl der Gläubigen des Heidentums und somit auch der magisch Praktizierenden rasant ab. Der Vielgötterglaube sollte nach Jahrtausenden nun der monotheistischen Religion des Christentums weichen. Ein Gott, der alle verband. Ein Gott, sonst keiner.

Um den rapiden Wandel zu verstehen, musst du wissen, dass die Menschen seit sehr langer Zeit vom Heidentum geprägt waren und das Christentum gerade erst in den Kinderschuhen steckte. Es folgten dreihundert Jahre Aufbauarbeit für das Christentum, wobei es sich immer weiter ausbreitete. Dann folgte im 4. Jahrhundert eine entscheidende Schlacht um einem entscheidenden Herrscher im römischen Imperium. Konstantin schlug seinen ärgsten Rivalen, sodass er sich die Macht über die Länder nur noch mit Licinius teilen musste. So weit, so gut. Licinius, der den heidnischen Bräuchen zugewandt war, sah sich nun gezwungen, mit Konstantin, einem frommen Christen, zu verhandeln. Sie verabschiedeten das Mailänder Toleranzedikt. In diesem ließen sie festschreiben, dass der christliche Glaube dem heidnisch-römischen Glauben gleichgestellt wird. Und damit sollte sich alles verändern. Doch Konstantin besiegte bald auch Licinius, und in der Folge wurde das Christentum als offizieller Staatsglaube verkündet.

Aber wie das mit den Menschen und ihren Gewohnheiten so ist, lassen sie sich diese nicht so einfach nehmen. Die Menschen blieben ihren Bräuchen treu. Bald also wurden Druiden und Leute, die diese aufsuchten, zum Tode verurteilt. Feste und Riten der Heiden wurden in christliche Versionen umgewandelt, um den Heiden ihre spirituelle Basis abzuerkennen. Ebenso wurden Ritualplätze zerstört und Kirchen darauf gebaut, sodass die Heiden keine Festplätze mehr hatten. Zwang und Einschränkung standen für jeden auf der Tagesordnung, der nicht willig war zu konvertieren.

Nach der Erhebung des Christentums zur Staatsreligion trieb die christliche Kirche die Ausrottung anderer Lehren immer weiter voran. Jeder, der nicht dem Christentum zugewandt war, wurde als Häretiker oder Ketzer verurteilt. Schwere Fälle der Häresie oder Ketzerei wurden entsprechend mit dem Tode bestraft.

Vom frühen Mittelalter an bis etwa zum Jahre 1230 wurde der negative Blick auf »bösartige Hexerei« immer weiter geschürt. In den darauffolgenden Jahrhunderten wurde Hexerei in einem extremen Maße unter die Lupe genommen. Die grausame Hexenverfolgung durch die Inquisition, angetrieben vom und begründet im christlichen Glauben, dürfte für dich zumindest ein Begriff sein. Es starben dabei Millionen unschuldige Menschen – und um Hexerei im wirklichen Sinne ging es dabei gar nicht. Durch die rein männlichen »Forscher« und die patriarchalischen Strukturen nutzte die Kirche ihre Macht aus, um Frauen als von Grund auf verdorben und triebhaft zu deklarieren. Von Natur aus würden sie somit zu Hexerei neigen. Und da Hexen, ebenso wie Ketzer, nach Auslegung der Kirche einen Bund mit dem Teufel geschlossen hatten, wurden sie zum Tode verurteilt. Zumeist wurden vorab unmenschliche und irrationale Tests durchgeführt, die brutal, folternd und abartig waren. Sollte ein Mensch, wie auch immer, diese überleben, wurde er auf den Scheiterhaufen verbrannt. Denn sein Überleben der Tests wurde als dämonisch gewertet. So oder so kam man also kaum aus der Nummer raus, wurde man einmal der Hexerei beschuldigt. So konnten gerade Männer unliebsame Frauen leicht loswerden oder sie sich noch mehr hörig machen. Die Macht des Mannes wurde so nochmals vervielfacht.

Unzählige Menschen, zum allergrößten Teil Frauen, wurden bei dieser unmenschlichen Verfolgung hingerichtet, ja geradezu abgeschlachtet. Es handelte sich dabei auch oftmals um selbstbewusste Frauen, die ihrer Zeit voraus und somit den Männern unheimlich waren. Sie verließen sich auf ihre Intuition und erlernten selbstständig unter anderem ein massives Wissen in der Kräuterkunde und Heilmedizin, das ihnen von den Ärzten, zu der Zeit natürlich allesamt Männer, nicht vergönnt wurde. Diese starken und mutigen Frauen passten einfach nicht in das Weltbild der Kirche. Der Mann sollte seine Frau besitzen, sie sich als Haushälterin und Gebärmaschine halten. Dabei sollte sie ihrem Mann natürlich auch sexuell hörig sein und keinesfalls selbstbestimmt handeln dürfen.

Diesen Wahn zur Hexenverfolgung gab es in der gesamten Zeit bis 1750 immer wieder, teilweise sogar länger. Als 1487 der »Hexenhammer« erschien, war dies das perfekte Instrument der Inquisition, um komplett am Rad zu drehen. Die Inquisition war eine vom Papst persönlich errichtete Garde an Männern, die Ketzer verfolgte, um sie auszurotten. Durch die nächsten Jahrhunderte stieg und sank die Menge der ermordeten Frauen in Wellen. Die Verfolgung erlangte ihren Höhepunkt zu Zeiten des Dreißigjährigen Krieges im 17. Jahrhundert und reichte von Europa sogar bis in die heutige USA mit den bekannten Hexenprozessen von Salem, den *Salem Witch Trials*.

Die moderne Hexerei – heute

Im 19. Jahrhundert bekamen die Hexerei und das Okkulte einen richtigen Aufschwung, der bis heute weiter anwächst. Mit der Aufklärung rückte die Religion etwas in den Hintergrund und auch die Betonung auf einen Rechtsstaat, der keine heilige Schrift als Grundlage hat, sondern ein unabhängiges Rechtssystem, kam uns hier in der westlichen Welt sehr zugute. Ein Luxus, den viele Länder so noch nicht besitzen. So entwickelte sich auch die bis heute bekannteste und am weitesten verbreitete Religion, die Hexerei als Grundlage hat: Wicca. Im kommenden Kapitel werde ich Religion im Kontext der Hexerei näher beleuchten, und du wirst auch mehr über diesen so weitverbreiteten Begriff lernen.

Während also Magie und Hexerei früher tief in einigen unterschiedlichen Religionen verankert waren und einen Aspekt davon darstellten, ist es heute möglich, die Hexerei komplett abgekoppelt von Religion und dem Glauben an Götter überhaupt auszuleben. Wie du nun schon weißt, ist eine moderne Hexe jemand, der aktiv magische Rituale und Zauber praktiziert, eine tiefe spirituelle Verbindung aufweist, wie zum Beispiel ein Medium oder eine Weissagerin, und oftmals mit heidnischen Göttern arbeitet. Aber vor allem Letzteres ist kein Zwang mehr. So oder so ist es die magische Praxis und der Glaube an eine feinstoffliche Welt, was eine moderne Hexe ebenso wie die traditionelle Hexe prägt.

Aber wie genau unterscheiden sich die traditionelle und die moderne Hexe? Das ist eine gute Frage! Die Überschneidungen sind enorm, immerhin feiern wir teilweise dieselben Feiertage, benutzen dieselben Rituale und verehren, wenn wir es wollen, die gleichen Götter. Aber hier kommt ein wichtiger Aspekt dazu: Mit der Entwicklung der Gesellschaft entwickelt sich immer auch die Praxis der Gläubigen mit. Sollte sie zumindest, ansonsten können wir leider das häufige Problem betrachten, dass die Strukturen und Glaubenssätze einiger Religionen dem aktuellen Wissensstand und Weltbild gute hundert Jahre hinterherhinken. Das führt dann zu einem sehr angespannten Verhältnis zwischen stark religiösen Leuten und Atheisten sowie Agnostikern. Diesen Fehler begeht die Hexerei jedoch nicht, die neuste und jüngste Generation heranwachsender Hexen bezieht ihren neuen Lebensstil mit ein. Die Zauber, Rituale und Feste werden auf die Gegebenheiten der jetzigen Zeit und der modernen Möglichkeiten flexibel angepasst, ohne dass man das Gefühl haben muss, alte Traditionen zu verraten. Da wird die Waldkreuzung mal schnell zur Straßenkreuzung, der fließende Bach, um etwas fortzuspülen, zur Toilettenspülung, oder das gefaltete Blatt, dass man an eine Eiche hämmern soll, eben zu einem Twitter-Tweet, den man so in den Äther gibt. Das ist alles vollkommen legitim, gleichsam wirksam, wenn gut gemacht, und vor allem mit Respekt vor der Praxis der anderen zu behandeln. Die Zeit entwickelt die

Gesellschaft, und ein Glaube sollte sich immer zeitgemäß mitentwickeln. Auch die Anhänger älterer Pfade sollten neuen Interpretationen den nötigen Respekt entgegenbringen. Und umgekehrt.

Keine von uns hat die Weisheit mit Löffeln gefressen, und sollte dir das jemand über sich erzählen, dann renn! Selbstdarsteller dieser Sorte tun nichts anderes, als deine Energien zu sich zu ziehen und dich im schlimmsten Fall mit ihrer Selbstgefälligkeit einzunehmen, zu verwirren und zu verunsichern. Wer dir ernsthaft mit etwas helfen möchte, wird es immer liebevoll, sanft und mit Rücksichtnahme machen. Und in der Hexerei immer mit der Anmerkung, dass es neben der eigenen eben auch andere, alternative Methoden, Techniken und Möglichkeiten dafür gibt. Auch dieses Buch solltest du so betrachten. Es bietet dir zwar einen grandiosen Startpunkt auf deiner Reise und handfestes Wissen aus erster Hand, geprüft und von mir als gut befunden. Dennoch ist es nur ein Auszug aus etlichen Möglichkeiten, die sich noch auf deinem Weg offenbaren können. Also bleib immer offen für neue Erkenntnisse, bleib neugierig, und behalte dir den Tatendrang bei, dich immer weiterzuentwickeln.

Letzen Endes besteht das Leben aus 33 Prozent Wissenschaft, 33 Prozent Psychologie und 33 Prozent Magie, wie ich immer zu sagen pflege. Ich denke, die Welt so zu betrachten ist gesund und lässt uns nicht wunderlich werden oder zu sehr in abstruse Fantasien abdriften. Der Respekt und die Balance von wissenschaftlichen Fakten und persönlichen, nicht beweisbaren Erfahrungen, die den eigenen Glauben stärken, ist eine wichtige Grundlage, wenn man sich mit Themen wie der Magie beschäftigen möchte.

HEXEREI UND RELIGION

Hexerei ist keine Religion. Du kannst sie jedoch in deine Religion einbinden oder eine Religion annehmen, die auf dem Konzept der Hexerei basiert. Magie jedoch, also das energetische Wirken, ist eine Tätigkeit, der ohnehin jede und jeder nachgeht, bewusst oder unbewusst. Das ist auch der Grund, wieso jeder Hexerei erlernen kann. Es ist nur einer von vielen Pfaden, um sich dieser Macht anzunehmen, sie lenken zu lernen und sie auszubauen. Menschen, die den Glauben an die Magie oder das Übernatürliche in ihrer Kindheit nicht abtrainiert bekommen haben, haben es später natürlich wesentlich leichter, sich des magischen Wirkens anzunehmen, da sie weniger Blockaden aufweisen und eher im Einklang mit diesen Konzepten sind. Im Idealfall natürlich. Es kann also eine wirklich gute Grundlage sein, mit Eltern aufzuwachsen, die dem Kind schon die magischen Praktiken näherbringen. Es kann auch praktisch sein, die Magie den eigenen Kindern zu zeigen, wobei man respektieren sollte, wenn die Kinder davon nichts wissen wollen. Ich hatte immerhin auch eine rebellische Phase und bin der schließlich wieder entwachsen. Aber selbst, wenn nicht, wäre ein anhaltendes Desinteresse an der Magie mein gutes Recht gewesen. Niemand sollte seinen Kindern einen Glauben aufzwingen. Egal, welcher das letztendlich ist. Glaube ist etwas sehr Persönliches und sollte keine indoktrinierte Zwangsherrschaft beinhalten.

GLAUBE UND RELIGION

Beim Glauben als auch bei der Religion geht es nicht um eine Debatte darum, wer recht hat. Leider scheinen das viele Gläubige und Religiöse ebenso wie Agnostiker und Atheisten regelmäßig zu vergessen. Es geht vielmehr darum: Wie fühle ich mich am wohlsten? Wie kann ich die beste Version von mir selbst sein? Was bereichert mein Leben? Was fühlt sich für mich richtig an?

Und da das Thema Glaube regelmäßig in der Kontroverse steht und mit Religion oder auch Sekten oftmals in einen Topf geworfen wird, schauen wir uns diese Begriffe mal genauer an.

Glaube: Das Wort bedeutet im ursprünglichen Sinn so viel wie »begehren« oder »lieb haben«. Entsprechend heißt es auch, auf das zu vertrauen, was sich für dich als wahr erwiesen hat. Damit muss nicht unbedingt etwas Göttliches oder Übergeordnetes gemeint sein. Wir glauben ja auch an bestimmte Menschen oder haben bestimmte Meinungen oder Werte, die nicht immer aus reinen Fakten bestehen. Somit glauben wir an etwas. Entsprechend glaubt im Grunde jeder Mensch an irgendetwas, ohne direkt einer Religionsgemeinschaft anzugehören.

Religion: Das Wort bedeutet so viel wie »Rückbindung« kann aber auch als »Ehrfurcht vor Gott« oder »Gottesfurcht« verstanden werden. Und da kommt vor allem das Konzept des Glaubens an etwas Übergeordnetes ins Spiel. Ehrung und Huldigung sind hierbei wichtig. Dies kann sich auf jederlei Entitäten beziehen, egal ob Götter, Geister oder andere Wesenheiten, die als heilig und wichtig betrachtet werden. Was angebetet wird, ist dabei sehr unterschiedlich und durch die Sagen, Mythen und Geschichten der jeweiligen Kultur geprägt.

Im System einer Religion folgen Menschen einem festgelegten Glauben, der bestimmte Dinge und Taten einfordert und in einer Gemeinschaft gelebt wird. Oft gibt es auch eine heilige Schrift oder heilige Texte wie die Bibel, den Koran oder die Tora. Die Gläubigen einer Religion bilden eine Religionsgemeinschaft, die sich aber oftmals selbst uneinig ist, da heilige Schriften je nach Zeitalter immer anders interpretiert und ausgelegt werden.

Sekte: Das Wort bedeutet so viel wie »Partei«, »Lehre« oder »schulische Richtung«. Es bezeichnet damit eine Anhängerschaft, die religiös, philosophisch oder politisch geprägt sein kann. In aller Regel handelt es sich bei Sekten um abgespaltene Gruppierungen einer religiösen Gemeinschaft. Die negative Konnotation des eigentlich neutralen Wortes kam vor allem durch die kirchliche Einfärbung, um damit Abtrünnige der christlichen Kernreligionen zu entwerten. Heutzutage werden mit den Begriffen »Sekte« oder »sektenhaft« vor allem Gemeinschaften beschrieben, bei denen die Anhänger durch starke Manipulation, Unterdrückung, Zwang oder falsche Versprechungen in hierarchischen Strukturen gefügig gemacht werden.

Christentum

Es ist für dich wahrscheinlich nicht sonderlich überraschend, dass Christentum und Hexerei jetzt nicht auf Anhieb Hand in Hand gehen. Historisch gesehen werden die beiden sogar als polare Gegensätze betrachtet.

Das Christentum ist nach seiner eigenen Ansicht natürlich nur das Gute, von Gott Gelenkte und die Hexerei das Böse, vom Teufel Angetriebene. So weit, so schlecht. Es gibt entsprechend viele Verse in der Bibel, die Hexerei, Wahrsagerei, den Vielgötterglauben, Tier-, Menschen- und andere Opfer bis zum Äußersten verurteilen. Da die Schriften, Interpretationen und Anhänger jedoch schon seit Beginn des Christentums selbst widersprüchlich sind, ist es wichtig zu wissen, dass Christentum und Heuchelei von Anfang an zwei Seiten derselben Medaille waren. Das liegt vor allem daran, dass wir Menschen dazu neigen, zwei Dinge derselben Sache mit zweierlei Maß zu messen, wenn wir mit einer davon persönlich verbunden sind.

Trocken betrachtet ist die Bibel ein großes Buch der Zauberei. Jesus hat Kranke geheilt, Wasser in Wein verwandelt und Dämonen ausgetrieben. Jesus ist somit der Inbegriff von weißer Magie, ein Heiler sondergleichen. Aber auch das heutige Weihen, Taufen und die Reinigungen in der Kirche geschehen durch magische Riten. Ja, selbst das Gebetswort »Amen« ist ein Zauberwort für »So sei es!«.

Dennoch lehnt die Bibel widersprüchlicherweise die Hexerei ab – zumindest für den Gläubigen, für die in dieser Schrift vorkommenden Charaktere gilt natürlich wieder was anderes. Das hielt christlich geprägte Hexen dennoch nicht davon ab, darüberzustehen und ihren religiösen Glauben in ihre magische Praxis miteinzubeziehen.

In den letzten Jahrzehnten ist die Zahl der christlichen Hexen geradezu explodiert. Das liegt wohl vor allem daran, dass man heute nicht mehr befürchten muss, von den Anhängern der eigenen Religion verbrannt zu werden. Zumindest nicht in unseren westlichen Sphären. Es gibt mittlerweile viele Hexen, die ihren Glauben unter folgenden Regeln mit ihrem Christentum vereinbaren können:

- Tue ausschließlich Gutes mit deinen Kräften.
- Nutze nur weiße Magie (Schutzmagie) für das höhere Wohl.
- Verehre nur den christlichen Gott.
- Halte dich an die Gebote.

Judentum

Auch in den jüdischen Gemeinden wächst das Interesse an der Hexerei und den damit verbundenen alten magischen Praktiken, die aus diesem Glauben stammen, immer mehr. Denn das Judentum und die daraus erwachsenen kabbalistischen Stränge sind seit jeher tief mit der Hexerei verwoben. Schon in den alten Schriften wurden Edelsteine für Rituale beschrieben, ebenso wie magische Artefakte. Edelsteine sollen zum Beispiel aufgrund ihrer Eigenschaften gemäß dem Midrasch schützen und heilen. Auch wurde unter anderem angenommen, dass Saphir das Sehvermögen stärkt. Viele jüdische Rituale haben ihre Wurzeln in der Abwehr von Dämonen, Geistern und anderen Fabelwesen. Der Brauch, bei einer Hochzeit Glas zu zerbrechen, soll dabei böse Geister abschrecken, damit Braut und Bräutigam in ihrer gemeinsamen Zukunft nicht verletzt werden. Oder die Mesusa, das ist eine Schachtel mit biblischen Versen auf Pergament, die im Sinne eines magischen Abwehrzaubers vor den Boten des Bösen schützen sollte. Ähnlich einem Talisman oder Amulett. Wie du also herauslesen kannst, ist es für Juden wesentlich einfacher als für Christen, die Hexerei in ihren Glauben zu integrieren. Jüdische Hexen können viele Praktiken aus ihrer Religion nutzen und sich mit der Magie ihrer heiligen Schriften verbinden.

Islam

Wie im Grunde die allermeisten Religionen erkennt der Islam die Magie und die Existenz der Hexerei an. Er beschreibt diese auch in seiner heiligen Schrift, dem Koran. Zum Beispiel sollen die Suren 113 und 114 vor Verhexungen schützen oder dabei helfen, sie wieder zu lösen. Wie beim Christentum ist es auch hier ein zweischneidiges Schwert, denn grundsätzlich kann dir niemand sagen, wie du deine Religion zu leben hast, und die Schriften und Interpretationen sind teilweise auch hier widersprüchlich. Klar ist nur, dass die Hexerei in Staaten, die mehr islamischer Glaubensstaat als Rechtsstaat sind, verboten ist und schwer verurteilt wird. Wenn Moslems in einem westlichen Rechtssystem leben und den dortigen Schutz genießen, können sie ihre Version des Islams entsprechend freier ausleben. Aber egal, ob hier oder überall, es gibt muslimische Hexen, die strikt folgende Dinge vermeiden beziehungsweise beachten:

Blasphemie: Der Begriff beschreibt Aussage oder Gedanken, die zeigen, dass der Gläubige dem Islam abtrünnig wurde. Genauer definiert geht es um die Verhöhnung oder Verfluchung bestimmter Glaubensinhalte oder Bekenntnisse. Wenn man zudem öffentlich eine Beschimpfung gegenüber Allah äußert, gilt dies auch als Gotteslästerung. Entsprechend wird sich eine muslimische Hexe niemals verärgert über den Willen Allahs zeigen oder seinen Willen missachten.

Shirk: Dies bedeutet, falsche Götter oder Idole zu verehren oder sie in seiner Praxis heranzuziehen. Denn außer Allah gibt es für die Muslime keinen Gott, so auch nicht für eine muslimische Hexe. Allah etwas hinzuzufügen ist laut Koran die schlimmste Form des Unglaubens. Entsprechend arbeiten muslimische Hexen nicht mit anderen Entitäten, Göttern oder Wesenheiten, erkennen ihre Existenz aber durchaus an.

Mubah: Dies ist einer der fünf Zustimmungsgrade, die auch Ahkam genannt werden. Übersetzt bedeutet es so viel wie »neutral«, »gleichgültig« oder »erlaubt«. Es bezieht sich auf eine Handlung, die nicht obligatorisch und empfohlen, aber auch nicht verwerflich oder verboten ist und daher kein Urteil von Allah beinhaltet. Entsprechend wird eine muslimische Hexe immer darauf achten, Magie zu wirken, die dem Ahkam entspricht.

Hinduismus

Die heiligen Kerntexte des Hinduismus sprechen von zahlreichen Göttern, an die man sich wenden kann, um Hilfe zu ersuchen und Heilung zu erfahren. Diese Religion ist, neben dem Shintoismus, der letzte große Vielgötterglaube der Welt im klassischen Sinne. Insbesondere die vierte der Veden, so werden die heiligen Schriften genannt, besteht hauptsächlich aus magischen Methoden, die sich unter anderem auf Kräuterkunde, Exorzismen, die Bekämpfung dunkler Hexerei und die Erstellung von Zaubern beziehen. Die bekannte Methode des Mantra beschreibt zum Beispiel magische Worte, Yantra nutzt magische Diagramme und Mudra magische Gesten. Die hinduistischen Sadhus rufen traditionell die Geister an, um ihre energetischen Arbeiten zu stärken.

Wichtig zu verstehen ist, dass die Begriffe »Magie« und »Hexerei« für den Hinduismus wie auch den Shintoismus recht ungenau sind. Im Hinduismus ist Magie, wie wir sie verstehen, und die Arbeit mit Energien so normal, dass sie zahllose eigene Begriffe und Abläufe dafür haben. Letztendlich lässt sich darin aber sehr gut die Einvernehmlichkeit des Hinduismus als Religion und der Hexerei als explizitem Pfad erkennen. Viele der heutigen spirituellen Praktiken, wie das Meditieren, die Nutzung von Mantras oder der Urkern des Manifestierens, stammen aus den hinduistischen Lehren und der zugehörigen Kultur. Eine hinduistische Hexe zu sein ist also etwas, das durchaus möglich ist, wenn jemand sich so bezeichnen möchte. Nur wird das kaum ein Hindu tun, da der Begriff der Hexe, wie wir ihn nutzen, doch eine andere Färbung hat. In den dortigen Regionen wird sie als Diana oder Ḍāin bezeichnet und als schwarzmagisch betrachtet, ähnlich einem Succubus. Dabei handelt es sich um einen böswilligen weiblichen Geist, ähnlich einem Vampir, der seinen zumeist männlichen Opfern die Lebensenergie aussaugt. Das Hauptattribut der entsprechenden mythologischen Figur im Hinduismus ist ihr langes geflochtenes Haar, mit dem sie ihre Opfer auch sexuell verführt. Es wird gesagt, dass der böse Blick dieser Kreatur ein schlechtes Omen für denjenigen ist, auf den er fällt, aber auch für seine gesamte Familie. Darum gilt sie als eine sehr mächtige Entität dieser Religion.

Buddhismus & Shintoismus

Shintō, auch als Shintoismus bezeichnet, ist eine durch die Japaner geprägte Religion. Gemeinsam mit dem Buddhismus ist er in Japan die bedeutsamste Religion, wobei beide nicht immer eindeutig unterschieden werden können. Zu lang ist ihre gemeinsame Geschichte. Den Buddhismus kennst du dabei sicherlich, denn er ist eine der großen Weltreligionen. Er ist keine theistische Religion, es geht also nicht um die Verehrung einer Gottheit oder vieler Gottheiten. Oft wird der Buddhismus deswegen mehr als Lebenseinstellung betrachtet. Er beinhaltet eine umfangreiche Philosophie, verbunden mit verschiedensten Leitlinien der Lebensführung. Dazu gehört vor allem die Meditation als ein wichtiges Kernelement, denn vieles dreht sich im Buddhismus um das daraus erlangte Wissen und die Weisheit, die einen Menschen formt und der Ganzheit des Seins näherbringt. Mit Hexerei lässt sich diese Religion nicht wirklich kombinieren, ebenso wenig wie der Shintoismus.

Es gibt erweitert zum Shintoismus noch einen synkretistischen Glauben namens Onmyodo, der Geister und Götter einbezieht, seine eigene Form von Astrologie nutzt und mit taoistischer Magie verbunden wird. Jedoch ist dies eine komplett in sich geschlossene Praxis. Aufgrund der rein mündlichen Überlieferung wirst du im öffentlichen Raum nichts dazu finden. Entsprechend wäre »Hexerei« in diesem Kontext unpassend, denn diese Kultur hat ihre eigenen Worte dafür, die wir auch respektieren sollten. Jemand wäre hier eher eine Priesterin oder ein Priester des Shinto, als dass er sich als Hexe bezeichnen würde. Denn wenn Hexerei der eigentliche Akt des Wirkens auf metaphysische Weise ist, decken Shintoismus und Buddhismus dies bereits in ihrer eigenen Auslegung komplett ab.

Die Götter und Geister, mit denen im Shintoismus Umgang gepflegt wird, heißen übrigens Kami. Die Arbeit mit diesen Göttern außerhalb dieser Religion ohne die strikte Einhaltung der dazugehörenden Vorschriften wird als respektlos und unangemessen betrachtet. Was wiederum zu ernsthaften Problemen mit den entsprechenden Entitäten führen kann, sofern man an diese glaubt. Und wieso solltest du mit ihnen arbeiten wollen, wenn du nicht an sie glaubst?

In shintoistischen als auch buddhistischen Schreinen und Tempeln gibt es strikt festgelegte Abläufe, wie bestimmte Dinge durchzuführen sind. Das würden wir in der Magie ein magisches Ritual nennen. Nur dass es dabei nicht so flexibel und frei wie in der Hexerei zugeht. Das energetische Reinigen, ja sogar nur das Händewaschen kann bis ins Kleinste genau einstudierte Bewegungen benötigen. Die Zauber, die du von den Tempeln erhalten kannst, sind eng mit den Göttern verbunden und wirken durch den jeweiligen Priester vor Ort in der physischen Welt. Natürlich sieht man oft, dass Anhänger dieser Religionen Hausaltäre haben, ebenso wie in asiatischen Restaurants Altäre für ein gutes Geschäft gang und gäbe sind. Dafür gibt es aber auch sehr strikte Vorgaben, die eingehalten und beachtet werden müssen, um die Götter und Geister zu ehren, statt sie zu beleidigen. Die asiatische Kultur ist durchweg geprägt von Respekt, Wertschätzung, Dankbarkeit und Demut, entsprechend sind es auch ihre Religionen. Und wenn du all diese Dinge beachtest und entsprechend handhabst, praktizierst du in dem Sinne keine Hexerei, wenn es auch konzeptuell erst mal so wirken mag. Du praktizierst dann Shintoismus oder eben Buddhismus. Dennoch kann dich auch hier keiner aufhalten, dich »shintoistische« oder »buddhistische Hexe« zu nennen, wenn auch es kulturell bedingt kaum einer tun wird und die Menschen, die mit diesem Glauben aufgewachsen sind, wohl kaum verstehen würden, was du damit meinst.

ACHTUNG

Letztendlich ist es eine Sache zwischen dir und deinem gewählten Gott, wie du deine Magie und deine Religion lebst. Auch kein anderer Anhänger deiner Religion kann dir diktieren, wie du deinen Glauben zu leben hast.

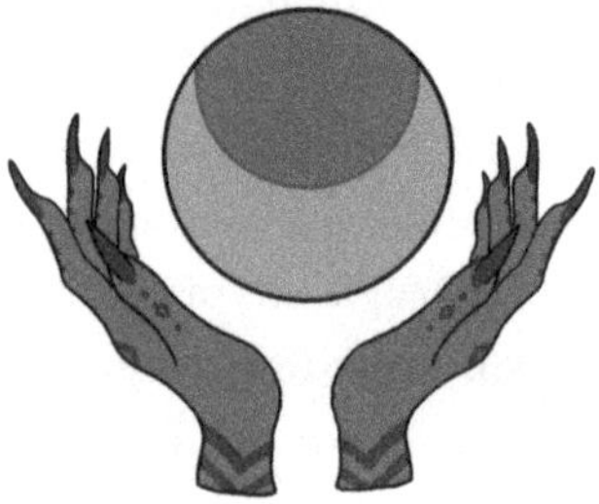

WICCA

Durch die Aufklärung und das Erstarken der Wissenschaft im 18. Jahrhundert wurde die Vorherrschaft des rationalen Denkens als Kontrastprogramm zu religiösen Annahmen eingeläutet. Dadurch passierte es ganz natürlich, dass die Hexerei immer mehr als Aberglaube abgetan wurde, was für die zuvor verfolgten Hexen als auch für die fälschlicherweise beschuldigten Opfer der Inquisition eine gute Entwicklung war. Das Positive war, dass die Hexerei aufhörte, als Verbrechen zu gelten. Die Aufklärung hielt Einzug, und alles wurde betont rational und logisch, dennoch hielten sich die alten Traditionen im Verborgenen und wurden im allgemeinen Volk zum belächelten Aberglauben. Belächelt ja, dennoch wurde bewusst oder unbewusst irgendwie Rücksicht darauf genommen, damit man sich auch ja kein Unglück einheimste. Das wollte niemand riskieren, und selbst heute sieht man das ja noch, wenn beispielsweise ein Spiegel zu Bruch geht und man den Spruch zugerufen bekommt: »Jetzt hast du sieben Jahre Unglück.«

Die Hexerei fand also umso mehr im Geheimen statt. Die Anthropologin Margaret Alice Murray veröffentlichte 1921 ein Buch namens

The Witch-Cult in Western Europe. A Study in Anthropology, in dem sie niederschrieb, wie die Opfer der früheren Hexenjagd alte Religionen praktizierten. Sie beschrieb dabei die Mannigfaltigkeit des Heidentums, ging aber davon aus, dass es eine höchste Gottheit für die Hexen gab, die als Muttergöttin verehrt wurde. Murray war zudem der Ansicht, dass die bekannte historische Person Jeanne d'Arc Mitglied einer alten heidnischen Religion war. Um Jeanne d'Arc ranken sich viele Mythen und Mysterien. Ob sie nun eine psychische Erkrankung hatte oder doch eine seherische Prophetin war, werden wir nie herausfinden. Sicher ist nur, dass sie gemessen an ihrem Stand und ihrem Alter Fähigkeiten, Wissen, die Gabe für Vorhersehungen und eine Redegewandtheit hatte, die bis heute unerklärlich bleiben.

Margaret Murrays Buch wurde zwar von vielen gelesen, aber von den meisten verspottet. Dennoch wurde eine wichtige Person darauf aufmerksam: Gerald Gardner. Er sollte den Anstoß für die bald schon bekannteste und größte Religion der Hexerei geben. Von Murrays Buch fasziniert widmete sich Gardner den Lehren der Magie und zog sich 1938 in den New Forest in Hampshire, Großbritannien, zurück. Dort schloss er sich den Rosenkreuzern an. 1939 wurde er von einer alten und weisen Hexe in einen Hexenzirkel eingeweiht. Davon geprägt und nach Jahren der tiefen Auseinandersetzung mit der Magie schrieb er 1954 ein Buch mit dem Titel *Witchcraft Today*. Darin befürwortete er die alten und etablierten Rituale, die er über die Jahre erlernt hatte. Er verehrte das Weibliche und sprach sich für eine hohe Stellung der Göttin aus. Alles in allem hatte sein Werk direkt drei wichtige Elemente, die Generationen von Hexen inspirieren sollten. Diese Aspekte waren die Verwendung von Hochmagie, die Nutzung von Kräutern, Pflanzen und Zaubersprüchen und zu guter Letzt die Einbeziehung von Volksriten und Bräuchen, um die Kräfte der Natur zu nutzen. Sein Werk führte zu einer Welle von neu auflebendem Interesse an den alten Traditionen der Hexerei – und zur Begründung der Wicca-Religion.

Das Wort *wicca* stammt aus dem Altenglischen und bedeutet so viel wie »etwas verhexen« oder »verzaubern«. Die männlichen Vertreter heißen Wicca und die weiblichen Wicce, die Mehrzahl Wiccan. Dennoch wird im deutschen Sprachgebrauch zumeist einfach nur der Begriff Wicca verwendet.

Bei Wicca handelt es sich sowohl um eine Naturreligion als auch um einen Mysterienkult. Man verpflichtet sich zu einer lebenslangen Huldigung der dazugehörigen Götter. Wicca ist die wohl stärkste spirituelle Religionsform der westlichen Kultur und sie wächst durch das stetige Erwachen vieler Menschen immer weiter an. Um zu verstehen, wieso Wicca auch ein Mysterienkult ist, musst du wissen, wie dieser Begriff definiert wird. Dafür gibt es drei Aspekte:

1. Es geht um Exklusivität und innigliche Gemeinschaft, was eine Initiation voraussetzt, um ein vollwertiges Mitglied zu sein.
2. Es werden innerhalb des Kults feste Gottheiten verehrt, denen man lebenslang zu huldigen hat.
3. Zum Ausbau des eigenen Kults bedient man sich an anderen Religionen und Traditionen. Man nutzt Teile davon als Grundlage, übernimmt sie oder interpretiert sie neu.

Wicca ehrt den Gott und die Göttin in einem perfekten Gleichgewicht. Das Männliche und das Weibliche sind ausgewogen. Wicca erfreute sich schnell großer Beliebtheit, wodurch sich viele Unterzweige dieser Religionsform entwickelten, die verschiedene Riten und Rituale ausbauten. In England verschmolzen dabei vor allem die keltischen Praktiken und Gardners Glaube in eine gemeinsame Form, die als britisch-traditionelle Hexerei bekannt wurde. In Amerika wiederum, wo Gardners Werk von Raymond Buckland eingeführt wurde, entwickelte sich Wicca zu einer offiziell anerkannten Religion und wird dementsprechend in einem wesentlich größeren Maßstab und von sehr viel mehr Mitgliedern bis heute praktiziert.

ACHTUNG

Zwar sind alle Wicca Hexen, aber nicht alle Hexen sind Wicca. Wicca ist eine Religion, und wie du mittlerweile weißt, kann man glauben, ohne religiös zu sein.

KULTURELLE ANEIGNUNG

Dieser Begriff beschreibt die Übernahme von Teilen einer Kultur durch eine andere. Das wird vor allem dann kritisch betrachtet, wenn die Kultur, aus der Teile entnommen wurden, zu einer Minderheit gehört, die entweder sozial, politisch, wirtschaftlich oder militärisch benachteiligt war oder ist.

Leider wird das Thema durch übereifrige und stark emotional motivierte Menschen ad absurdum geführt. Dies stellt ein echtes Problem dar, denn dadurch verliert die Thematik ihre Ernsthaftigkeit. Manche Leute, deren Rationalität bei solchen emotional aufgeladenen Thematiken flöten geht, posaunen ihre problematischen Auffassungen vor allem im Internet heraus. Dort wird dann darüber gestritten, ob bestimmte Bäume, Pflanzen, Steine, Tiere und was dir noch so einfallen mag, geschlossene Praktiken einer bestimmten, zumeist indigenen Kultur sind, die niemand anderes verwenden darf. Der bloßen Logik nach sollte jedoch offensichtlich sein, dass kein Mensch dieser Welt und auch kein bestimmtes Volk, das diesen Planeten je bewohnt hat und noch bewohnen wird, ein Recht dazu hat, die Gaben und Geschenke von Mutter Natur für sich allein zu beanspruchen. Diese Art von Gedankengang spiegelt kolonialistische Auffassungen wider, die höchst problematisch sind. Gerade die Indigenen waren meist sogenannte Naturvölker. Dies bedeutet, dass sie im Gegensatz zu unsereins heute eine tiefe, sehr innigliche Verbundenheit mit der Natur hatten und für jede ihrer Gaben dankbar waren. Niemals würde sich jemand, der von dieser, seiner Kultur überzeugt ist und sie in der Tiefe kennt und annimmt, etwas von der Natur aneignen und exklusiv für sich allein und sein Volk beanspruchen.

Wir müssen die Gaben der Natur ganz klar von den geschlossenen Praktiken trennen. Viele werfen beides in einen Topf und regen sich dann aus Unwissenheit an der falschen Stelle auf, statt wirklich sinnvolle Diskussionen anzustoßen, die einen echten Mehrwert für die betroffene Völkergruppe bringen würden. Das allseits beliebte und immer wieder aufkommende Beispiel dafür ist der Weiße Salbei. Fälschlicherweise denken viele, dass Weißer Salbei eine geschlossene Sache ist, ich kann ja hier nicht mal Praktik sagen, weil eine Pflanze genau das ist: eine Pflanze. Entsprechend der Logik wirst du wissen, dass sie nicht geschlossen sein kann. Was jedoch geschlossen ist, ist das sogenannte Smudging, eine indigene Form des Cleansings, bei dem untere anderem als Hauptritual Weißer Salbei verbrannt wird. Und das ist es eben, Smudging ist ein Ritual, eine bestimmte Tätigkeit, die aber keineswegs auf die Pflanze an sich reduziert werden sollte. Diese Tätigkeit ist eine geschlossene Praktik, ganz klar, aber eben der Weiße Salbei an sich nicht. So wie der Mond keine geschlossene Sache sein kann, ebenso wenig wie irgendwelche Hölzer, Tiere oder sonstige Gaben der Natur. Sie sind genau das: ein Gut, keine Praktik. Erst ein bestimmter Ablauf ist eine Praktik und gebiert eine Tradition, die schützenswert ist.

Bestimmte Abläufe, Zauber, Zeremonien, Rituale und Techniken, die von einer Kultur erdacht werden und nur erhalten blieben, weil sie diese geheim gehalten haben, sind definitiv geschlossen. Und auch du solltest dich nicht einfach an ihnen bedienen, sondern den nötigen Respekt vor der Geschichte dieser Tätigkeiten und Methoden haben. Zudem gibt es genug offene Praktiken und Alternativen zu einfach allem, sodass man in dieses Fettnäpfchen grundsätzlich gar nicht erst stapfen muss.

An der Stelle sei gesagt, dass Weißer Salbei vom Aussterben bedroht ist und du lieber eine der viele anderen und heimischen Arten nutzen solltest. Und wenn es denn unbedingt Weißer Salbei sein muss, kauf ihn zumindest von einem indigenen Shop, um damit die Kultur zu unterstützen, aus der er stammt.

Offene Praktiken *(open practices)*: Eine offene Praxis kann ein jeder erlernen und auch unabhängig von seinen anderen Tätigkeiten nutzen. Es ist daher auch möglich, verschiedene offene Praktiken miteinander zu mischen. Sie folgen keinem so strikten Pfad und sind für jeden zugänglich. Durch Recherche, Austausch und Ausprobieren kannst du dir diese Praktiken mit der Zeit auch selbst beibringen und dir das rauspicken, was mit dir harmoniert.

Beispielkulturen: hellenisch & minoisch (Griechenland & griechische Inseln), kemetisch (Ägypten), etruskisch (Italien), römisch, mesopotamisch, aramäisch, keltisch (gallisch, irisch, schottisch, deutsch, iberisch, lusitanisch), das Heidentum (Asatruar, Vanatruar, Rokkatruar, Lokean, Norse/Norsemen, Der Troth, Ring of Throth, völkisch, Neodruidismus)

Halbgeschlossene Praktiken *(half-closed practices)*: Zwischen den offenen und den geschlossenen Praktiken liegen noch die halbgeschlossenen Praktiken. Diese beschreiben ein festes System an Abläufen, das erlernt werden muss, um Teil der Tradition und der Riten sein zu dürfen. Dennoch darf sich jeder, der sich dazu entschließt, auf diesen Pfad machen. Wichtig ist hier, dass man den Pfad mit Ernsthaftigkeit und Konsequenz gehen muss. Man kann sich nicht von einer Seite seine Favoriten rauspicken und sie mit irgendwas anderem mischen. Du konvertierst sozusagen in die Religion oder zu der Glaubensrichtung, und entsprechend willigst du ein zu erlernen, wie die Dinge darin traditionell gehandhabt werden. Dies kannst du im Selbststudium tun, aber ein Lehrer, der dich anleitet und dir zeigt, wie du schwerwiegende Fehler erst gar nicht begehen musst, kann von großem Vorteil sein.

Ein weitverbreitetes Beispiel dafür wäre Wicca. Viele gehen davon aus, dass es sich dabei um eine offene Praxis handelt, während sie eigentlich halbgeschlossen ist. Um eine offizielle Wicca zu werden, durchlebt man einen Initiationsprozess in der Gemeinde, der man sich angeschlossen hat. Viele der Bücher und Traditionen sind entsprechend nur für eingeweihte Wiccas bestimmt.

Beispielkulturen: Wicca (Gardnerian, Alexandrian und andere) Santeria, Brujería, Hinduismus, Buddhismus, Shinto & slawische Hexerei

Geschlossene Praktiken *(closed practices)*: Bei einer geschlossenen Praxis handelt es sich um einen Glauben, eine Kultur oder um Traditionen, die nur von bestimmten Personengruppen angewendet werden dürfen. In aller Regel sind es Nachfahren jener, die diese Traditionen gegründet haben. Sie sind also tief mit der Kultur und ihren Ahnen verbunden. Es ist üblich, dass geschlossene Praktiken von einem Lehrmeister gelehrt werden, der geheimes Wissen mündlich weitergibt, was für den Schüler am Ende in einen Initiationsprozess mündet. Ein Außenseiter, der nicht zu dieser Kultur oder Gemeinschaft gehört, darf sich nicht einfach nach eigenem Ermessen Techniken aus diesen Kulturen aneignen und in seine Praktik einarbeiten. Die einzige Möglichkeit, Teil einer geschlossenen Gemeinschaft zu werden, ist, wenn man dazu eingeladen und entsprechend initiiert wird. Dies zieht aber auch die logische Konsequenz mit sich, sich dem komplett hinzugeben und nach den entsprechenden Vorgaben zu leben, sie zu respektieren und mit Ehrerbietung zu leben.

Beispielkulturen: indigene Richtungen aller Art (Ureinwohner Amerikas, Aborigines, Maori, Inuit und andere), Lehre der Kabbala, Diaspora, Nahu, Hoodoo & Voodoo

FAUSTREGEL

Magische Praktiken, welche die Kolonialisierung nur überlebt haben, weil sie im Geheimen weiter praktiziert wurden, sind in aller Regel geschlossene Praktiken. Entsprechend sind sie nur für die Nachfahren jener gedacht, die das Wissen und die Traditionen am Leben erhalten haben.

MAGISCHE GRUNDKENNTNISSE

Nachdem wir jetzt so viele interessante Bereiche beleuchtet haben, solltest du ein gutes Grundverständnis für die Thematik entwickelt haben. So langsam können wir ans Eingemachte gehen. Also schnall dich an, los geht die wilde Fahrt ins schrille, bunte Wunderland der Magie. Ich freu mich, dass du dabei bist, denn ohne dich wäre die Reise nur halb so spannend. Und wir brauchen mehr Menschen, die in ihre Macht kommen! In ihre Mündigkeit! In die Selbstbestimmung! In die Fülle! Und am Ende des Weges leuchtet hoffentlich das Licht der Zufriedenheit. Jetzt aber hopp! Dieser Weg hat schon lang genug auf dich gewartet!

DIE FÜNF ELEMENTE

Schon zu Zeiten der alten Griechen bestand das Universum aus fünf Elementen: Feuer, Wasser, Erde, Luft und das immaterielle fünfte Element namens Äther, Geist, Spirit oder Akasha. Auch wenn es viele Namen trägt, beschreibt es doch immer das gleiche Konzept. Diese Elemente spielen auch heute eine wichtige Rolle bei der hexischen Arbeit und dem Wirken von Zaubersprüchen. Als Hexe kannst du die Elemente auffordern, an deiner Magie, deinen Zaubern oder Ritualen teilzunehmen, diese zu stärken oder zu bewachen. Du kannst bei einer Anrufung alle Wächter der Elemente zum Schutz deines Rituals herbeibeten, oder aber du arbeitest rein symbolisch mit nur einem dieser Elemente. Je nachdem, was du brauchst und was dein Zauber benötigt.

- Wenn du zum Beispiel Magie in Bezug auf Sex, Liebe, Leidenschaft, starke Veränderungen oder Zerstörung alter Muster wirken willst, kannst du das Element **Feuer** als Hauptträger deines Rituals wählen.
- Wenn du Magie in Bezug auf dein Innenleben, auf die Veränderung deiner Emotionen, deine Anpassungsfähigkeit oder deine Frustra-

tionstoleranz wirken willst, solltest du **Wasser** als Hauptelement wählen.

- Wenn du Magie in Bezug auf Stabilität, inneres und materielles Wachstum, das Gedeihen deiner Karriere, auf potenziell sich auftuende Chancen oder Nachwuchs wirken willst, ist **Erde** dein Hauptträger.
- Wenn du Magie in Bezug auf Kreativität, neue Schaffensprozesse oder Ideen, eine verbesserte Kommunikation und eine leichtere Atmosphäre um dich herum erschaffen willst, dann ist **Luft** dein Hauptelement.
- Wenn du Magie in Bezug auf spirituelles Wachstum, auf Wahrheiten, das Entdecken versteckter Erkenntnisse oder energetische Führung wirken willst, dann solltest du dich an **Akasha** wenden.

Element Feuer

Das Feuer ist der Archetyp für die Leidenschaft, die auch tief in dir zu brennen vermag. Sag, was ist deine große Leidenschaft? Wo brennt dein Feuer? Feuer steht dabei für deine puren und wilden Energien. Es erweckt deine Vitalität und deine alles überwindende Willensstärke, die unbesiegbar erscheinen kann. Nicht umsonst wird Feuer immer mit Mut und Kraft assoziiert. Auf der anderen Seite jedoch steht Feuer auch für Zerstörung, Risikobereitschaft und Gnadenlosigkeit. Denn sobald ein Feuer entflammt ist, brennt es ohne Rücksicht alles nieder, solange es Sauerstoff und Brennmaterial zur Verfügung hat. Neben dieser zerstörerischen Eigenschaft wohnt ihm aber auch eine reinigende Wirkung inne. Feuer ist Licht. Feuer ist die Sonne, ohne die wir nichts hätten außer gefrorenen Boden.

Magische Verbindungen des Feuers:

- **Richtung:** Süden
- **Chakra:** Solarplexus
- **Geschlecht:** männlich
- **Jahreszeit/Tageszeit:** Sommer & Mittagszeit
- **Farben:** Rot, Gelb & Orange
- **Pflanzen:** Hibiskus, Zimt, Basilikum, Brennnessel, Erle, Esche, Cashew, Zeder, Feige, Eiche, Walnuss, Wacholder, Knoblauch, Zwiebel, Mohn & Distel
- **Tiere:** Löwe, Schlange, Katze, Kojote, Fuchs & Tiger
- **Kristalle:** Rubin, Blutstein, Granat, Tigerauge, Achat, Roter Jaspis & Quarz
- **Planeten:** Mars, Sonne & Jupiter
- **Sternzeichen:** Widder, Löwe & Schütze
- **Metalle:** Gold, Messing, Nickel & Stahl
- **Werkzeuge:** Kessel, Weihrauch, Kerzen & Athame
- **Themen für Zauber:** Willensstärke, Schöpferkraft, Zerstörung, Liebe, Inspiration, Mut, Stärke, Selbsterkenntnis, Kraft, Leidenschaft, Sexualität, Selbstheilung, Göttlichkeit, Licht im Dunklen, Vernichtung, Rache & Wut

Element Wasser

Wasser ist das Element, das tief mit deinem Innersten verbunden ist. Im literarischen Sinne. Wasser steht für dein Unterbewusstsein, deine Intuition, aber auch für deine komplexe Gefühlswelt. Das archetypische Konzept des Wassers kann dir helfen, Schwierigkeiten zu überwinden, dich anzupassen und neue Wege zu finden. Aber auch der Satz »*go with the flow*«, der überall gepredigt wird, erkennt sich darin wieder. Nimm die Bahn des geringsten Widerstands, lass dich von der Strömung treiben, und geh ins sich bietende Abenteuer. Mit diesem Element gibt es keinen Stillstand, denn Wasser will immer weiter voranfließen, sobald sich die Möglichkeit ergibt, dabei alle Hindernisse überwinden und jeden neuen Weg nutzen. Wasser will immer in Bewegung sein, genauso wie dein Inneres und deine Gedanken, die nie komplett stagnieren.

Magische Verbindungen des Wassers:

- **Richtung:** Westen
- **Chakra:** Sakral
- **Geschlecht:** weiblich
- **Jahreszeit/Tageszeit:** Herbst & Abenddämmerung
- **Farben:** Blau, Violett & Türkis
- **Pflanzen:** Lotos, Moos, Seerose, Aloe vera, Apfel, Aprikose, Birke, Kirsche, Holunder, Ulme, Rose, Kamille, Jasmin, Zitrone, Seetang, Weide & Thymian
- **Tiere:** Delfin, Fisch, Frosch, Schildkröte & Schwan
- **Kristalle:** Aquamarin, Perle, Koralle, Opal, Topas, Blauer Turmalin, Lapislazuli & Sodalith
- **Planeten:** Mond, Neptun & Pluto
- **Sternzeichen:** Krebs, Fische & Skorpion
- **Metalle:** Quecksilber, Silber & Kupfer
- **Werkzeuge:** Kelch, Kessel & Spiegel
- **Themen für Zauber:** Emotion, Intuition, Hellsehen, Liebe, tiefe Gefühle, Unbewusstes, Fruchtbarkeit, Gezeiten, Reflexion, Mondenergie, Weisheit, Reinigung & Heilung

Element Erde

Das Element Erde ist als Archetyp mit deiner Schönheit, deinem Wachstum und dem Potenzial der nie enden wollenden Fülle verbunden. Diese Assoziationen und somit auch ihr magischer Verstärker kommen vor allem daher, dass sie alle Lebewesen nährt und wir am Ende unseres Lebens wieder eins mit ihr werden. Auch du wirst zu Asche und Staub, oder dein Fleisch gelangt von Maden kompostiert zurück in den Kreislauf des Erdreichs. Erde kannst du auch für deinen Wohlstand, deine Weisheit und für dein Wachstum in allerlei magischen Belangen nutzen. Es ist das Element des dir gegebenen physischen Körpers. Symbolisch wird das Element Erde auch gern zum Schutz genutzt oder um materielle Dinge darzustellen, zu vervielfältigen oder anzuziehen. Es steht für Standhaftigkeit, Zuverlässigkeit und Ausdauer.

Magische Verbindungen der Erde:

- **Richtung:** Norden
- **Chakra:** Wurzel
- **Geschlecht:** weiblich
- **Jahreszeit/Tageszeit:** Winter & Mitternacht
- **Farben:** Grün, Braun & Schwarz
- **Pflanzen:** Efeu, Patschuli, Roter Mohn, Getreide, Hafer, Reis, Zypresse, Flieder, Magnolie, Primel, Eiche & Salbei
- **Tiere:** Kuh, Stier, Hund, Pferd, Bär, Wolf, Ameise & Eule
- **Kristalle:** grundsätzlich eigentlich alle Steine, vor allem aber Onyx, Jade, Fluorit, Rauchquarz, Jaspis, Smaragd, Schörl & Peridot

- **Planeten:** Merkur in der Jungfrau, Venus im Stier und Venus im Saturn (siehe »Magie der Planeten«)
- **Sternzeichen:** Steinbock, Stier & Jungfrau
- **Metalle:** Eisen & Blei
- **Werkzeuge:** Kessel, Pentagramm, Salz, Kristalle, Kräuter & Pflanzen
- **Themen für Zauber:** Erdung, Stärke, Heilung, Natur, Reichtum, Fülle, Stabilität, Empathie, Fruchtbarkeit, Tod, Wiedergeburt & Weisheit

Element Luft

Der Archetyp der Luft ist mit deiner Fähigkeit zur Kommunikation, mit Möglichkeiten zur Bildung, deinem Intellekt und allgemein mit Wind und Klang verbunden. Der elementare Luftanteil in dir will losfliegen, entdecken, reisen, sehen, erfahren und sich austauschen. Luft provoziert Neugierde und Lust auf das Unbekannte, du steckst damit andere mit deiner Faszination an. Du kannst sie jedoch auch nutzen, um mehr in Einklang mit bestimmten Dingen zu kommen, eine harmonische Grundlage oder Atmosphäre zu erschaffen und Leichtigkeit zu erzeugen. Luft ist das Element, das dich tanzen lässt. Du kannst es dir zur Unterstützung aussuchen, wenn es darum geht, loszulassen und Ausschau nach einem Neubeginn zu halten.

Magische Verbindungen der Luft:
- **Richtung:** Osten
- **Chakra:** Herz
- **Geschlecht:** männlich

- **Jahreszeit/Tageszeit:** Frühling & Morgengrauen
- **Farben:** Sonnengelb, Hellblau, Weiß & Gold
- **Pflanzen:** Nelke, Myrrhe, Eisenkraut, Dill, Akazie, Mandel, Espe, Ahorn, Kiefer, Linde, Hasel & Zitronengras
- **Tiere:** Vögel allgemein, Adler, Rabe, Spinne & Giraffe
- **Kristalle:** Topas, Aventurin, Celestit, Azurit & Citrin
- **Planeten:** Merkur im Zwilling, Uranus & Venus in der Waage
- **Sternzeichen:** Wassermann, Zwilling & Waage
- **Metalle:** Zinn, Kupfer & Eisen
- **Werkzeuge:** Räuchergefäß, Kessel, Zauberstab, Weihrauch, Schwert, Feder, Besen & Glocke
- **Themen für Zauber:** Kommunikation, Klarheit, Wissen, Logik, Abstraktes, Wind, Bewusstsein, Intuition, Entdeckung, Träume, Wünsche & Erinnerungen

Element Akasha

Das fünfte Element namens Akasha wird auch als Äther, Geist, Spirit, Kosmos oder Universum bezeichnet. Je nachdem, was deine Präferenzen sind, kannst du dir das aussuchen. Gegenüber den anderen Elementen hat Akasha keine physische Repräsentation. Das fünfte Elemente kannst du viel eher als die Kraft des Lebens beschreiben. Damit wird es als das stärkste und auch magischste aller fünf Elemente angesehen. Durch Akasha kannst du dich mit den Tiefen deiner selbst verbinden und ebenso mit den Tiefen des kollektiven Seins. Mit allem. Mit dem großen Ganzen, denn alles ist eins. Akasha hält alles in der Existenz im Ausgleich. Es kann in deiner Auffassung auch ein Gott sein oder eben das Leben selbst, das alles zusammenbringt, stabil hält und im stetigen Geben und Nehmen vereint.

Magische Verbindungen Akashas:

- **Richtung:** alle
- **Chakra:** Kehle
- **Jahreszeit/Tageszeit:** alle Zeiten, in denen der Schleier zur Anderswelt besonders dünn ist, wie zum Beispiel die Portaltage, Samhain oder bei bestimmten planetarischen Ereignissen
- **Farben:** Weiß & Violett
- **Kristalle:** Amethyst, Fossilien, Tektite wie Moldavit, Meteoriten
- **Themen für Zauber:** Spiritualität, Erwachen, Verbindung zum Göttlichen, Weissagung, Achtsamkeit, Unendlichkeit, Wiedergeburt, Reinkarnation, Übernatürliches

PENTAGRAMM, PENTAKEL & INVERTIERUNG

In Bezug auf Pentagramm, Pentakel und dessen invertierte Version gibt es so einige Missverständnisse, die ich für dich hier aufklären werde, damit du auf der nächsten Mystery-Party direkt mit Fachwissen glänzen kannst. Denn alle drei sind absolute Basics in Sachen Magie.

Das Pentagramm

Das Zeichen des Pentagramms trägt auch die folgenden Namen: Pentalpha, Fünfstern, Drudenkreuz, Alpfuß oder Alpkreuz. Dabei ist dieser fünfzackige Stern schon lange als mystisches Zeichen geprägt, durch viele Epochen hinweg und in so einigen Religionen. Im Blick zurück ist das Pentagramm erstmals als Zeichen der Venus in der Antike zu finden. Dabei waren sowohl der Planet als auch die Göttin Venus gemeint. Zweihundert Jahre nach Christus entstand dann der religiöse

Kult der Gnostiker, die den Gott Abraxas verehrten. Er war die Personifikation der fünf Elemente, die statt der uns heute bekannten die folgenden waren: Geist, Wort, Vorsehung, Weisheit und Macht. Auch hier schon wurde das Symbol als Zeichen des Lebens angesehen. Der Kult hielt sich noch bis in die frühe Renaissance und verknüpfte sich im Laufe der Zeit mit anderen mystischen Pfaden und Religionen, in denen er somit seinerseits auch Spuren hinterließ. Dadurch findet sich selbst heute noch dieses Symbol an christlichen Kirchen, oftmals als invertierte Version. Das inventierte Pentagramm diente bis zur Neuzeit gleichsam wie das klassische Pentagramm als Schutz vor bösen Mächten. Die Stellung der Zacken hatte also die meiste Zeit über keine gewichtige Bedeutung.

Pentagramm versus Pentakel

In der modernen Hexerei interpretieren wir das Pentagramm im Kontext der fünf Elemente. Akasha, die Urkraft des Universums, zeichnet sich in der obersten Spitze ab und bestimmt die anderen vier Elemente, aus denen alles Leben entsteht. Wenn wir einen Schutzkreis um dieses Symbol ziehen, so nennen wir das ganze Pentakel. Oft wird der Begriff Pentagramm für beides genutzt, was aber nicht ganz korrekt ist.

Das Pentakel wird sehr gern, gerade aufgrund seines integrierten Schutzkreises, für magische Zeremonien genutzt. Wie du später noch lesen wirst, ist das Ziehen eines solchen Kreises nämlich ein essenzieller Bestandteil der Hexenkunst.

Das invertierte Pentagramm oder Pentakel

Oft wird von Otto Normalverbrauchern das Pentagramm mit etwas Bösem oder Satanischem verbunden. Das hat vor allen zwei Gründe, erstens wird das invertierte Pentagramm in Serien, Filmen und Spielen oft im Kontext dämonischer, gruseliger oder schauriger Inhalte dargestellt. Es wurde also absichtlich immer mit dem Bösen assoziiert, und dass man als Laie das invertierte und das klassische Pentagramm nicht auf Anhieb auseinanderhalten kann, ist verständlich. Und damit kommen wir auch schon zum zweiten Punkt: Das invertierte, also umgekehrte Pentagramm kommt wirklich von den Satanisten, na ja, so gesehen von den Okkultisten. Aber da sind die Grenzen auch fließend. Das wusstest du sicher schon, aber lass mich das Ganze noch mal kurz und knapp beleuchten. Bis zur Mitte des 19. Jahrhunderts gab es nämlich gar keine Unterscheidung des Pentagramms, ob nun ein oder zwei Zacken nach unten zeigten. Die erste Neuinterpretation in dieser Art nahm gegen Ende des 19. Jahrhundert der französische Okkultist Éliphas Lévi vor. Er nutzte das invertierte Pentagramm erstmalig mit dem Symbol der Ziege als Darstellung des Teufels für einen magischen Sabbat. Dadurch führte eins zum anderen, und diese Darstellung wuchs sich recht schnell zu einem integralen Bestandteil der satanischen Kulte aus. Auch Lévis Darstellung des Baphomet, erstmalig durch ihn in der heute noch bekannten Form skizziert, erfreut sich in der satanischen Gemeinde bis heute größter Beliebtheit.

Eine der heutigen Interpretationen des invertierten Pentakels ist das gekippte Machtverhältnis. Statt dass Akasha, also das Selbst, in diesem Kontext auch das höhere Ich oder das allumfassende Ich genannt, die Herrschaft über das erfüllte Leben hat, sind es stattdessen die anderen Elemente. Sie werden in diesem Kontext als die Triebe interpretiert, die zur wahren Glückseligkeit ausgelebt werden müssen. Wenn der Satanismus auch sehr von den Themen Sexualität, menschliche Triebe und etwaige Provokation in seinen Schriften lebt, so muss man sagen, dass der Satanismus eine religiöse Gemeinschaft darstellt wie jede andere auch. Der Aberglaube an den Tier opfernden, bösartigen Satanisten, der wilde Orgien mit viel Blut auf seinem großen Steinaltar vollzieht, ist genauso eine Filmfantasie wie die grüne Hexe mit der dicken Warze, die im Mondschein mit ihren Besen über das Land fliegt, um kleine Kinder zu finden, die sie fressen kann. Wenn dich diese Religion fasziniert, setz dich gern mit ihr auseinander. Schön wäre es nur, wenn du dir selbst eine Meinung bildest, die kein bloßes Glauben und Weitergeben wilder Spekulationen aufgrund zumeist hanebüchener Gerüchte ist. Und es wäre schön, jedem Glauben und jeder Religion wenigsten eine faire Chance einzuräumen, bevor man sie beurteilt oder gar verurteilt. Zumindest hege ich den Wunsch, dass mehr Menschen diesen Freiraum für das Unbekannte in ihren Köpfen zulassen. Also nutze ich dieses Buch als kleinen Anstoß, denn wer weiß, manchmal erreicht man mehr, als man je zu glauben gewagt hat. Und wenn ich nur die ein oder andere Person, ja vielleicht sogar dich, mit irgendeiner meiner Zeilen aus diesem Buch inspirieren und zu neuen Gedankengängen anregen kann, dann hat sich die ganze harte Arbeit doch eigentlich schon gelohnt.

ALTAR RICHTIG EINRICHTEN

Um einen Altar wirst du früher oder später nicht herumkommen, zumindest thematisch. Dein Altar ist dein geheiligter Ort, ein Ersatz für deinen geheiligten Raum. Schlichtweg, weil sich die wenigsten von uns gleich einen ganzen Raum zum magischen Arbeiten gönnen können. Ein geheiligter Raum ist eine Örtlichkeit, die konstant von dir energetisch rein gehalten wird. Alles darin ist geweiht. Damit ist dieser Ort fortan sakral und wird vom Profanen, also Alltäglichen strikt getrennt. Niemand Fremdes hat dort Zugang oder darf einfach an deine Sachen. Er ist dir eben heilig. So viel dazu. Jetzt kommen wir von dieser Erklärung aber zu einer essenziellen Frage ...

Musst du als Hexe einen Altar haben?

Vorweg: Müssen tust du in der Regel nie irgendwas, wenn es um Magie und Hexerei gibt. Es gibt nur Empfehlungen oder Traditionen, die sich über die Jahrhunderte bewährt haben. Und dazu gehört für die Hexerei eben auch der Altar. Das ist bei den meisten modernen Hexen zumeist ein Fensterbrett oder ein Bereich vor einem Spiegel, der vorher mit Asperging gereinigt und versiegelt wurde. Gern wird der Spiegel auch verwendet, um magische Angriffe direkt zurückzusenden.

Das heißt, er ist mit einem Return-to-sender-Spell belegt, zu Deutsch ein Rücksendezauber. Klingt dann irgendwie nur noch halb so fancy, aber gut, die deutsche Sprache hat dafür andere Vorteile. Einen solchen Spell, der übrigens unter graue Magie fällt, findest du in meiner kleinen Zaubersammlung weiter hinten im Buch.

Was ist, wenn du keinen Altar haben kannst? Da sicherlich auch einige sehr junge oder finanziell eingeschränkte Leute dieses Buch lesen könnten und ich alle inkludieren will, habe ich noch ein paar alternative Ideen in petto für all diejenigen, die aus etwaigen Gründen einfach keine Möglichkeit für einen klassischen Altar haben. Sehr beliebt, vor allem für Junghexen, die damit in ihrem Umfeld oder daheim nicht unbedingt hausieren gehen wollen. Wenn das auf dich zutrifft, dann kannst du dir einen schicken Schuhkarton zulegen, in dem du einen minimalistischen und reduzierten Altar einrichtest. Das Gute daran ist, dass du ihn jederzeit mit einem Deckel verschließen und unsichtbar verstauen kannst. Zur Not könntest du ihn auch einfach mit an einen anderen Ort transportieren, bei einem Urlaub oder Umzug.

Wenn du es noch kleiner haben willst, sind gerade für die Feiertage (siehe Kapitel »Magie der Feste & Feiertage«) Altare in einem Becher oder in einer Kerze sehr beliebt. Du nimmst dafür eine breites Kerzenglas, in dem schon Wachs und Docht vorhanden sind. Du kannst das Ganze natürlich auch selbst gießen. Das wäre noch mal schöner, auch was das Setzen der Intention angeht. Dann gibst du in das Gefäß ein heiliges Öl hinzu. Ein paar Tropfen raufträufeln und verteilen, das genügt. Dann ergänzt du noch ein paar Kräuter und kleine Steine, eine Nuss oder was dir noch so einfällt und keinen Wohnungsbrand verursacht. Und voilà, mit den richtigen Zutaten hast du deine festliche Altarkerze im Miniformat. *All in one* sozusagen. Es muss ja nicht immer das große Spektakel sein. Aber selbst, wenn all das für dich nicht möglich ist, dann gibt es noch eine letzte Instanz: dein innerer Kraftort.

Was ist ein innerer Kraftort? Und wie nutzt du ihn?

Versetz dich in einen meditativen Zustand, so gut es eben geht. Stell dir einen Ort vor, der sich heimelig anfühlt, wo Wohlbefinden alles ist, was sich in dir ausbreitet. Du bist glücklich hier. Stell dir genau vor, was das für ein Ort ist, wie er aussieht, sich anfühlt, wie er riecht. Erfasse ihn mit all deinen Sinnen. Das ist der Ort, an den du dich innerlich fortan immer zurückziehen kannst, wo du sicher bist, wo nur du bist und in Harmonie entspannen kannst. Diesen Ort kannst du gedanklich auch zu deinem geheiligten Kraftort machen. Du kannst dich dahin imaginär zurückziehen, wenn du magisch arbeiten willst. Ja, das alles passiert dann nur in deinem Kopf, und das mag am Anfang wesentlich schwieriger sein, aber es ist auch wiederrum Übungssache und bevor du gar nichts machen kannst, weil du nicht die Mittel hast, solltest du nicht davor zurückschrecken, diese Methode zu trainieren.

Grundsätzlich kannst du deinen Kraftort aber auch fernab von magischen Praktiken immer nutzen, um dich in schwierigen Situationen in dich zurückzuziehen und dir energetische Sicherheit in dir selbst zu geben, immerhin ist das im Außen nicht immer möglich.

Was ist der Unterschied zwischen einem Altar und einem Schrein?

Bei beiden handelt es sich um einen geheiligten Bereich, jedoch ist der Grund ihrer Entstehung völlig unterschiedlich. Ein Altar ist ein magischer Ort, der von dir energetisch rein gehalten wird. Dort kannst du dann deine Magie optimal wirken, ganz ohne den Einfluss von Fremdenergien und ohne die Belastung von Miasma. Ein Schrein jedoch ist geprägt durch die Huldigung einer bestimmten Gottheit oder Entität im Allgemeinen, um diese anzubeten, Energie von ihr zu beziehen und sie um Mithilfe und Zusammenarbeit zu bitten. Auch Opfergaben werden an einen Schrein gelegt, und Götter- oder Götzenstatuen gehören mit zur Ausstattung. Jedoch, und daher kommt die Verwirrung, binden viele Hexen den Schrein ihrer Hauptgottheit in ihren Altar mit ein. Es kommt also durchaus häufig vor, dass beides in einem existiert.

Was kommt auf den Altar?

Auf deinen Altar legst du die Altarwerkzeuge. Das sind Gegenstände, die üblicherweise für Hexerei- und Magiezwecke verwendet werden. Die meisten Altargegenstände sind mit einem der vier Elemente verbunden, viele hast du sicher eh schon daheim, oder du kannst sie relativ günstig kaufen. Es bedarf nicht der teuersten und edelsten Produkte auf deinem Altar. Das geht vollkommen nach deinem Geschmack, deiner Auslegung der Praxis und natürlich auch nach deinen finanziellen Möglichkeiten. Wichtig ist, dass der Altar auf jeden Fall zu dir passen sollte. Denn was sich richtig für dich anfühlt und wie du deine energetische und magische Arbeit gestaltest, das kannst nur du wissen und erfühlen.

Hier mal ein Rundumschlag der gängigsten Gegenstände auf einem Altar, inklusiver einer Erklärung zu ihrem Sinn und Zweck. Du musst nicht alle davon nutzen, nimm dir das raus, was zu dir und deinem Stil passt. Alles kann, nichts muss. Du weißt schon. Freiheit für die Sinne, Freiheit für deine Entscheidungen.

Das Altartuch: Das ist ein Schutztuch, mit dem du die Grundfläche bedecken kannst, auf der du deinen Altar aufbauen möchtest. Das Altartuch ist oftmals mit einem Muster, wie einem Pentagramm oder einer dreifachen Mondgöttin, bedruckt. Altartücher kannst du in allen Formen, Größen und Farben nutzen. Sie helfen dir, den Untergrund deines Altars vor Kerzenwachs, Weihrauchstaub, verschüttetem Öl und weiteren Verschmutzungen zu bewahren. Und wer einmal versucht hat, Wachs irgendwo abzubekommen, weiß, wieso das auch ziemlich sinnvoll ist. Das Tuch kannst du nämlich nach Bedarf reinigen oder auswechseln. Das erleichtert die Sache enorm.

Das Athame: Das Athame ist vor allem als Ritualdolch bekannt. Du kannst es verwenden, um Energie zu kanalisieren und entsprechend zu lenken. Viele nutzen es auch, um ähnlich wie mit einem Zauberstab einen Kreis in die Luft oder über den Boden zu ziehen. Da dies ein essenzieller Schritt in der magischen Praxis ist, kannst du dich also entscheiden, mit welchem Ritualgegenstand du dies am liebsten vollziehen willst. Dein Athame ist wie auch all deine anderen magischen Gegenstände sakral und wird entsprechend nicht zum physischen Schneiden von Gegenständen verwendet. Es handelt sich hier um ein symbolisches Werkzeug für deine magischen Praktiken. Traditionell ist ein Athame schwarz und aus Metall. Einige werden aber aus Kristallen oder Hölzern gefertigt. Grundsätzlich kannst du jedes Messer verwenden, das du dafür weihst. Ja, auch das Buttermesser aus Omas Küche, wenn es sein muss. Lass dich nicht aufhalten. Das Athame dient dabei meist zur Darstellung des Elements Luft.

Der Besom: Über den Besom haben wir schon im Kapitel zur energetischen Reinigung gesprochen. Weißt du noch? Der Witches Whisk beschreibt meistens eine kleinere Variante für den Altar, während der Besom optisch einem Reisigbesen ähnelt. Beide bestehen zumeist aus Ästen einer schützenden Baumsorte und werden zum Zerschlagen von Energien angefertigt. Im deutschsprachigen Raum findest du den Besom auch unter dem Begriff »Hexenbesen« oder, um die Suche im Internet zu vereinfachen, unter »Reisigbesen«. Er ist ein Gegenstand, mit dem Hexen extrem stark assoziiert werden.

Der kleine, handliche Witches Whisk für deinen Altar soll dir nicht im klassischen Sinne der Reinigung dienlich sein, sondern die Energien in deinem heiligen Raum zerschlagen, auflösen und vertreiben. Das gibt dir die Möglichkeit, Unerwünschtes zu entfernen und alle Energien wieder neu strukturieren. Am liebsten nutzen die meisten Hexen dafür einen Witches Whisk, der per Hand gefertigt wurde und aus Ästen von einer ihrer liebsten Baumsorten zusammengebunden wurde. Er wird entsprechend auch sehr gern selbst gemacht.

Die Boline: Sie wird auch als Ritualsichel bezeichnet und wurde vor allem durch den magischen Pfad der Wiccan geprägt. Dieser Gegenstand ist einem Athame ähnlich, nur dass du damit auch profane Dinge tun kannst, wie Schneiden, Ernten und Sammeln von Kräutern, Pilzen und Allerlei. Dabei kann es sich um eine richtige Sichel handeln, mit entsprechender Klinge, oder aber um einen zweiten Dolch, ähnlich einem Messer. Deine Boline ist sozusagen die Ergänzung zu deinem Athame und zumeist in der Farbe Weiß gehalten. Allen voran, damit du die beiden auf einen Blick unterscheiden kannst, und sicherlich auch, um den Gegensatz von sakral und profan hervorzuheben.

Das Burin: Das Burin bezeichnet einen Grabstichel, es ist also ein Gravurwerkzeug mit einem Metallschaft. Der ist so geformt, dass er einen rautenförmigen Punkt an der Spitze bildet, um so in nachgiebiges Material hineinschnitzen zu können. Der Winkel, den du dabei nutzt, beeinfluss das Gravurbild in Form, Tiefe und Breite. Das Schöne an diesem für Hexen wirklich sehr nützlichen Tool ist, dass du damit Symbole, Namen, Zeichen, Sigillen und allerlei Magisches, was dir sonst noch einfällt, in alle möglichen Materialien schnitzen kannst. Von deinen Kerzen, über Holzstücke bis hin zu Speckstein, Linol oder Leder sind deiner Fantasien keine Grenzen gesetzt.

Der Kessel: Der Kessel, auch Cauldron genannt, ist ein Symbol für die Göttin und wird grundsätzlich mit der vollumfänglichen Weiblichkeit assoziiert. Ein bisschen wie Mutter Erde, die auch weiblich ist. Sie ist damit der Nährboden aller Dinge.

Dabei kann der Kessel für dich alle vier Elemente darstellen und vereinen. Du kannst ihn verwenden, um im Zeichen der Luft Weihrauch darin zu verbrennen. Jedoch kannst du ihn auch verwenden, um im Zeichen des Wassers Gebräue darin herzustellen. Um dem Feuer zu huldigen, kannst du darin verbrennen, was sich angemessen anfühlt oder notwendig ist. Und für das Element Erde kannst du tatsächlich Erde hineinfüllen, eine Pflanze darin ziehen oder Nahrung darin bereitlegen. Traditionell ist ein Hexenkessel aus Gusseisen und damit hitzebeständig. Du solltest in jedem Fall darauf achten, dass er stabil und brennfest ist.

Der Zensor: Ein Zensor, im Internet leichter zu finden als Räuchergefäß oder Weihrauchbrenner, ist ein hitzebeständiges Gefäß, in dem Räucherwerk in Form von losen Kräutern, Harzen, Zapfen oder Mischungen verbrannt wird, normalerweise auf einer glühenden Kohlescheibe. Eine Schüssel, eine Schale oder ein Halter jeglicher Art funktioniert jedoch genauso gut und kann dann entsprechend für Räucherkegel oder -stäbchen verwendet werden. Egal, wofür du dich entscheidest, das Gefäß oder der Halter sollte jedoch aus Messing, Gusseisen oder Metall sein, um Rost und Brände zu vermeiden. Für Räucherstäbchen gibt es oft auch Halter aus lackiertem Holz.

Der Kelch: Der Kelch, der auch Chalice genannt wird, ist im Grunde ein zumeist sehr schicker Trinkbecher, der damit ein Ritualgefäß darstellt. Neben dem symbolischen Trinken einer Flüssigkeit während eines Rituals wird er auch als Opferbecher verwendet. Du bietest dann Gottheiten oder anderen Entitäten jedweder Fasson etwas darin dar. Auch hier handelt es sich wieder um einen geheiligten Gegenstand, der nur für sakrale Tätigkeiten verwendet wird. Traditionell sind die meisten Kelche aus Silber oder anderen nicht korrodierenden Metallen. Macht ja auch irgendwie Sinn. Denn der Kelch dient zumeist zur Darstellung des Elements Wasser und sollte entsprechend rostfrei sein. Viele nutzen auch gern einen schmuckvollen Kelch mit dem eingravierten Abbild zum Beispiel von ihrer Hauptgottheit.

Der Zauberstab: Zauberstäbe, auch im Englischen als *Wand* bekannt, werden klassischerweise benutzt, um die Energien aus dem Körper oder einem Gegenstand auf etwas zu fokussieren, sie umzuleiten oder irgendwo hinzuzugeben. Du kannst dir das ähnlich wie eine Brücke vorstellen. Mit dem Zauberstab ziehst du die Energie zusammen, holst sie heraus und fügst sie woanders hinzu. Sehr beliebt ist er auch, um damit symbolisch bei einem Ritual in der Nacht den Mond herunterzuziehen. So nennen wir es, wenn man den Stab in die Luft streckt, sich mit der Energie des Mondes verbindet und diese dann in einer Bewegung hinunter zu seinem Zaubergefäß zieht. Du kannst den Stab aber auch verwenden, um damit einen Schutzkreis um dich zu errichten.

Wie du merkst, ist er ein vielfältiges Werkzeug und in den Medien wohl eins der am engsten mit Hexen verknüpften Werkzeuge. Traditionell wird ein Zauberstab aus Holz geschnitzt, und auch hier wird wieder auf die Baumart geachtet, die du passend zu deiner Person wählst. Dabei werden deine Kräfte sowie die magischen Eigenschaften des gewählten Baumes in die Überlegungen einbezogen.

Die Kerzen: Kerzen sind wohl das, was fast alle Altäre vereint. Sie sind sehr beliebt, um eine bestimmte Stimmung zu erzeugen oder das Element Feuer darzustellen, und werden oft auch für eine bestimmte Gottheit oder einen Geist angezündet. Dabei können Form, Farbe und Art des Wachses einen Einfluss auf den energetischen Mehrwert haben. Grundsätzlich können aber alle Arten von Kerzen verwendet werden, vom Teelicht bis hin zur schmuckvollen Formkerze. Wenn du einen Kerzenwachsstift hast, kannst du jede Kerze, ob für deinen Altar oder einen Zauber, individualisieren, indem du Buchstaben, Zahlen, Namen, Symbole oder Sigillen darauf anbringst. Sehr beliebt ist es auch, Kerzen mit heiligen Ölen zu salben und mit einem Burin eine Absicht hineinzuritzen. Alternativ geht das auch mit einer Nadel, sofern das Wachs flexibel genug ist und nicht wegbricht.

Die Glocke: Klassischerweise werden Glocken auf einem Altar zur Einleitung eines Zaubers oder Gesprächs genutzt, genauso dann zur Beendigung. Sie bilden oftmals die Klammer um eine magische Tätigkeit oder ein Channeling. Grundsätzlich kannst du dafür aber mit allem arbeiten, was einen wohligen Klang für dich auslöst. Ob Zungentrommel, Klangschale, Regenmacher, Trommel oder Maracas, das ist ganz dir überlassen. Du kannst diese Werkzeuge entsprechend auch für eine Klangreinigung deiner selbst und deiner Räumlichkeiten verwenden. Das ist eine sehr schonende Methode, die im Gegenzug etwas länger dauert, aber eben ohne Nebeneffekte wie Rauchbildung oder Vorbereitung (wie beim Asperging) auskommt.

Wie arbeitest du mit einem Schrein?

Solltest du dich dafür entscheiden, einen Schrein zu kreieren, sollten zwei elementare Bestandteile nicht fehlen. Dabei ist es relativ unwichtig, ob du den Schrein sekundär errichtest oder ihn in deinen Altar integrierst.

Opfergabe: Eine Opfergabe, oftmals auch ein Opfergericht ist eine kleine Schüssel, ein Teller oder eine Schale, die auf den Altar oder

Schrein gestellt wird, um deine Opfer den Göttern, Ahnen, Engeln, Dämonen oder anderen Entitäten zu übergeben und sie so zu ehren. Ein Opfer ist ein Dankeschön oder ein Gebet, das du im Ausgleich für ihre Zeit, Energie oder Zuwendung darbietest. Opfergaben sind klassischerweise in unserer modernen Zeit Dinge wie Obst, Nüsse, Blumen, Süßigkeiten, Tabak, Perlen, Brot, Kuchen und Alkohol. Wichtig ist es dabei vor allem, die Vorlieben der von dir verehrten Entität zu kennen. Ehrlicherweise sind dies aber oftmals Dinge, die sich mit der Zeit und mit der Arbeit mit ihnen ergeben, die du erfragen kannst oder die sie dir von sich aus mitteilen. Dies kann sich vielfältig gestalten, über bestimmte Weissagungsmethoden, eine deiner Hellfähigkeiten oder durch eine bloße Eingebung. Das ist bei jedem anders. Wenn du dir unsicher bist, frag nach.

Götzen: Götzen in Form von Staturen oder Abbildungen sind eine persönliche Präferenz. Es kann eine physische Darstellung deiner Schutzgottheit sein, eine Kerze mit aufgetragenem Namen für deine Göttin oder ein geschnitztes Symbol passend zu deinem Gott. Es geht um die Ehrung dieser Entität, also wähle, was auch immer diesem Wesen schmeichelt. Damit heißt du die Gottheit an deinem Altar willkommen, dankst ihr für ihre Mithilfe und kannst so leichter deine Bitten zu ihr aussprechen. Das gilt natürlich für alle Entitäten, auch fernab der klassischen Götter. Du musst natürlich Ahnung von diesem Wesen haben, wissen, was es mag, was seine Geschichte ist, woher es stammt und welche Mythen über es kursieren. All das wird dir eine Hilfe sein, die passende Darstellung zu wählen.

MAGIE SICHER UND ERFOLGREICH WIRKEN

Die absoluten Grundlagen hast du jetzt gelernt, verstanden und im Idealfall schon entsprechend geübt. Nun kommen wir zum nächsten Schritt, nämlich zu dem, was dich am Hexesein und -werden wohl am meisten interessiert: das magische Wirken. Und das am besten in einem sicheren und natürlich möglichst erfolgreichen Rahmen, sodass du dein Vertrauen und deinen Glauben in deine magischen Kräfte direkt stärken und somit ausbauen kannst. Ich denke, am Anfang ist nichts wichtiger, als dein Vertrauen zu stärken, denn das Vertrauen, das irgendwann in eine Form der Selbsterkenntnis und somit in dein ureigenes Wissen übergeht, sorgt dafür, dass Zauber und Rituale immer leichter für dich werden und ihre Wirkung immer effektiver.

Hier möchte ich auch kurz den Unterschied zwischen Ritual und Zauber erläutern, da diese Begriffe oft synonym verwendet werden, was nicht so ganz korrekt ist. Ein Zauber ist das explizite Wirken einer Absicht, um die Energien um und in sich entsprechend dem Ziel auszurichten. Der Zauber kann durch Zutaten wirken, durch das Sprechen von Zauberworten, also einem Zauberspruch, oder durch bestimmte Bewegungen, Symbole oder Zeichen. Das ist sehr individuell und mannigfaltig. In einem hexischen Ritual ist oftmals, wenn auch nicht zwingend, ein Zauber enthalten oder mit in den Ablauf eingewoben. Und da kommen wir zu einem entscheidenden Punkt: Ablauf. Ein Ritual bezeichnet sich als solches, da es einen expliziten, vorgegebenen Ablauf hat. Dadurch sind Sätze wie »Das ist mein Abendritual« in die Umgangssprache gelangt. Damit beschreiben wir etwas ganz Bestimmtes, das wir genau so stetig wiederholen. Und so ist es auch auf magische Weise. Du kannst deine ganz eigenen Rituale entwickeln, diese können einen Zauber enthalten, wie du gleich im Folgenden zum Wirken von effektiven Zaubern lernen wirst, aber auch ganz ohne auskommen. Ich habe zum Beispiel mein magisches Abendritual, in dem ich mich fest auf beide Beine stelle, eine Hand auf meine Brust lege und mit hallenden Worten Folgendes spreche:

»Ich schicke alle fremden Energien fort und ziehe die meinen von jedem Ort, jeder Person und jedem Gegenstand zu mir zurück.«

Dabei benutze ich auch sogenannten Kraftbewegungen, um meine Worte zu verstärken. Während ich davon spreche, alles zurückzusenden, mache ich eine kantige Handbewegung vor meiner Brust, als würde ich Verbindungen zertrennen, und wenn ich davon spreche, alles mir Eigene zurückzuholen, ziehe ich mit beiden Händen meine Energien wieder in meine Brust. Damit unterstütze ich meine Worte und lasse ihnen symbolische Taten folgen, die meine Energien nochmals viel klarer ausrichten. Mir hilft diese physische Herangehensweise an die Dinge sehr, denn immerhin leben wir in einer physischen Welt, und das sind die Reize, an die wir gewöhnt sind. Alles, was wir *machen*, lässt uns eher glauben, dass wir damit etwas *erreichen*, weil wir etwas sichtbar in Bewegung gesetzt haben.

Denn die größte Blockade bist du dir zumeist selbst, also deine Psyche, der kleine Zweifler in dir, der meint, dass das alles Humbug ist. Deswegen tasten wir uns gemeinsam vor, damit deine ersten Erfolge dich stärken und deine Fehlschläge dich nicht zu sehr in deinem negativen Mindset bestätigen. Denn auch Fehlschläge gehören mit auf deinen Weg. Mit der Hexerei ist es wie mit jeder anderen Tätigkeit, sie ist eine Praxis, die der Übung bedarf. Ein Zeichner nimmt nicht direkt den Stift in die Hand und malt dir ein atemberaubendes Kunstwerk. Frei nach dem allseits bekannten Motto: Es ist noch kein Meister vom Himmel gefallen. Also mach dir bitte keinen Stress. Hab stattdessen lieber Freude am Ausprobieren und Versuchen. Der Weg ist das Ziel. Das ist erst mal viel wichtiger als der reine Erfolg.

Ganz ehrlich? So unter uns? Der Erfolg deiner Zauber ist am Anfang erst mal nur ein Nebeneffekt einer Sache, die dir Spaß machen und gute Gefühle in dein Leben bringen sollte. Das sage ich meinen Schülern auch immer wieder. Es gibt so viele okkulte Pfade, so viele magische Wege, so viele kulturell geprägte Richtungen, und du solltest die finden, die deinem Herzen Wärme und deinem Leben Freude schenkt. Nur weil du dieses Buch gelesen und Geld investiert hast, bist du nicht verpflichtet, jetzt den Pfad der Hexerei einzuschlagen, nur damit es sich gelohnt hat. Sieh es als Investition in deinen Erfahrungsschatz, um herauszufinden, wohin du gehörst, wohin deine Seele dich führen will. Probiere die Hexerei mit Begeisterung aus, und wenn es nichts für dich ist, dann probiere eine andere Sache. Du bist frei, und jeder von uns ist anders. Deine Bedürfnisse unterscheiden sich sehr von den meinen, aber vielleicht können sie vom Pfad der Hexerei gleichsam befriedigt werden. Doch das musst du selbst herausfinden. Also lass uns Magie wirken.

VORBEREITUNG

Die Vorbereitung für einen Zauber wird dir relativ leichtfallen, denn von den meisten Dingen hast du schon gelesen. Also gehen wir den Ablauf gemeinsam durch, und was dir noch nicht bekannt ist, erkläre ich dir natürlich in aller Ruhe. Lass dir ruhig Zeit, gerade am Anfang mag das alles viel und vielleicht sogar kompliziert wirken. Aber du wirst dich schon einfinden, und deine Sicherheit ist mir eben sehr wichtig. Immerhin kommen tagtäglich Leute zu mir, die mich bitten, ihre Fehler auszubügeln, weil bei ihnen irgendwas nach hinten losgegangen ist. Also lass uns das direkt von Beginn an vermeiden.

1. Cleansing: Du reinigst den Ort, die Gegenstände, die du verwenden willst, und idealerweise auch dich. Wir versuchen alles so neutral wie möglich zu halten, damit wir eine gute Arbeitsgrundlage haben. Das ist wie beim Backen: alles einmal frisch und sauber machen, bevor es losgeht.

2. Weihung: Alle deine Ritualgegenstände sollten geweiht sein, bevor du sie zum magischen Wirken nutzt. Das kann auch für deine Kleidung gelten, wenn du spezielle Ritualkleidung hast, die immer von dir energetisch rein gehalten wird. Das muss keine superschicke Klamotte sein, aber wenn du schon alles gereinigt hast, bietet es sich an, neutrale Kleidung zu tragen. Das Weihen der Dinge kann direkt geschehen, wenn du sie neu bekommen hast, oder eben spätestens jetzt. So oder so solltest du sie aber vorher durch eine Form des Cleansings gereinigt haben. Eine Weihung kann durch geheiligtes Wasser (ähnlich dem Asperging) stattfinden oder mit einem personalisierten Symbol, das man darauf aufzeichnet (siehe »Magie der Symbole«) oder aber einen Zauberspruch, den man für diesen Zweck formuliert. Diese Weihung wirkt dauerhaft – so lange, bis du entweder das Gefühl hast, sie sollte mal wieder aufgefrischt werden, oder aber jemand Drittes den geweihten Gegenstand berührt hat. Durch die Weihung eichst du die Gegenstände sozusagen auf deinen energetischen Fingerabdruck und deine persönliche, magische Praxis und trennst das Profane vom Sakralen. Soll bedeuten, du trennst den irdischen Nutzen von einem heiligen Nutzen. Gegenstände, die geweiht sind, werden auch nicht mehr für profane Tätigkeiten verwendet. Das beste Beispiel dafür wäre ein Ritualmesser: Es wird fortan nur noch für magische Tätigkeiten verwendet, aber nicht um zum Beispiel ein Brot zu schneiden. Der Gegenstand sollte dir ab sofort heilig sein. Im wahrsten Sinne des Wortes.

Einige Dinge zum Weihen: Schalen, Gläser, Gefäße, Steine, Kristalle, Kräuter, Werkstoffe, Ritualkleidung, Tarotkarten, Weissagungsgegenstände, Ritualgegenstände wie Athame, Kessel, Zauberstab, Kelch …

3. Charging: Durch Charging, zu Deutsch »Laden«, lädst du die Gegenstände, die du benutzen willst, vorab auf. Das kann, je nachdem, welche energetische Ausrichtung du haben möchtest, durch allerlei geschehen. Viele Hexen nutzen den Mond mit seinen verschiedenen Phasen, die unterschiedliche Eigenschaften mit sich bringen (siehe »Magie des Mondes«), aber es können auch Gegenstände beim Meditieren in deiner Hand mit deinen eigenen Energien aufgeladen und ausgerichtet werden.

Die meisten angehenden Hexen kennen dieses Konzept von der Arbeit mit Kristallen, die auch geladen werden können, und als klassische Methode wird auch immer der Vollmond dafür empfohlen. Wichtig im Allgemeinen ist vor allem, dass du es rechtzeitig vorbereitest. Wenn du zum Beispiel die Kraft des abnehmenden Mondes nutzen willst, hilft dir das wenig, wenn es dir zwei Tage vor deinem Ritual einfällt, aber gerade zunehmender Mond ist. Darum bereiten Hexen oftmals verschiedenste Dinge vor, just in case, die sie für einen künftigen Zauber mal gebrauchen könnten. Am Anfang wirst du dir wohl einen Zauber aussuchen, den du genau so durchgehst, wie er beschrieben wird und wo das Konzept des Chargings vielleicht gar nicht notwendig sein wird, da dein erstes Zauberritual wahrscheinlich relativ simpel gehalten ist. Auf deinem Pfad der Hexerei wirst du aber deine Expertise nach und nach aufbauen, und dann kommt früher oder später auch dieser Aspekt ins Spiel. Denn durch Charging und die damit verbundene Ausrichtung aller genutzten Elemente in deinem Ritual kannst du deinem Zauber noch mal einen richtigen Wums geben. Es lohnt sich also, du solltest dich nur am Anfang nicht überfordern!

Grundsätzlich kannst du alle Gegenstände chargen, um deinen Zauber damit zeitgleich zu verstärken. Hexen betrachten alles energetisch als lebendig, und du kannst dir alle Dinge wie eine Batterie vorstellen, die wir erst wieder füllen, bevor wir sie benutzen. Klar geht das alles auch mit halber Ladung, aber die Profis unter uns geben da gerne mal Vollgas.

Einige Methode zum Chargen: Du kannst ...

- ... den Mond und seine Phasen nutzen und die Gegenstände unter dem entsprechenden Mondlicht laden.
- ... mit den Gegenständen meditieren und sie so ausrichten.
- ... deine Emotionen nutzen, um die Gegenstände über Körperkontakt entsprechend anzufüllen.
- ... Musik, Klänge oder Geräusche nutzen, um die Gegenstände einer bestimmten Schwingung auszusetzen.

HAUPTTEIL

Jetzt geht es so richtig ans Eingemachte. Alle Vorkehrungen wurden getroffen, und nun geht es darum, tief in die Materie hinabzusinken und das Beste rauszuholen. Wenn du das erste Mal ein magisches Ritual in diesem Maßstab machst, wirst du aufgeregt sein, und hier und da wird sich die Frage auftun, ob das so richtig ist, ob du das so machen kannst ... Ob du jetzt »fertig« mit diesem Schritt bist ... Und das ist vollkommen normal. Glaub mir, das hatten wir alle mal. Ich noch mehr als du, denn ich hatte keinen Leitfaden, kein Buch, das mir so einen schönen Ablauf ausgespuckt hat, nach dem ich mich hätte richten können. Das Gefühl von Sicherheit und vieler Aha-Momente kommt nach und nach. Du spürst dann einfach: *Okay, dieser Schritt ist jetzt abgeschlossen*. Aber gut, ich hatte bei Unsicherheiten meine Mutti, also lass mich hier deine Hand nehmen und die Hexen-Mutti sein, die dich durch dein erstes großes Zauberritual führt.

1. Kreis ziehen

Da tut sich bei dir sicher erst mal die Frage auf, wozu der gute Kreis denn überhaupt gut sein soll. Verständlich. Und wichtig, dass du so was nachfragst! Ein magischer Kreis ist ein energetisches Konstrukt, das du aufbaust, um dich vor allen möglichen Einflüssen außerhalb des Kreises zu schützen und somit auch deinen Zauber. Immerhin wissen wir mittlerweile, das Fremdenergien überall sind. Zudem dient dein Kreis als Behälter für alle Energien, die du darin zusammenbringst und dann erhöhst, also *hochziehst* (Schlagwort: *Raising*).

Wie ziehst du einen Kreis? Magische Kreise müssen nicht physischer Natur sein, er kann auch visualisiert werden, was auch gern wiederum die Feinstoffhexen tun, wenn sie in Gedanken ein Ritual durchführen, so wie es die meisten von uns eben physisch tun. Doch gerade für den Anfang macht ein materieller Kreis sehr viel mehr Sinn, denn er ist einfacher und somit effektiver – denn du gehst sicher, dass er wirklich da ist. Aber ganz unter uns: Auch viele erfahrene Hexen genießen es sehr, einen physischen Kreis zu errichten. Mir persönlich bereitet das mehr Freude als nur in Gedanken.

Du ziehst deinen Kreis zum Beispiel mit Kreide oder Salz auf dem Boden oder imaginär über den Teppich mit deinem Zauberstab, oder du legst ihn mit Runen oder Steinen aus. Bedruckter Stoff, der direkt das beliebte Pentakel als Symbol trägt ist in entsprechender Größe auch eine gute Möglichkeit. Da sind dir eigentlich keine Grenzen gesetzt. Wähle, was zu dir und zu deinem Zauber passt und die magische Sprache spricht, die du verkörpern willst.

Tipp: Wenn du dich dafür entscheidest, einzelne Gegenstände auf den Boden zu legen, um den Kreis zu bilden, sprich bei jedem abgelegten Gegenstand ein Wort des Schutzes. »Schutz«, »Sicherheit«, »Harmonie«, was auch immer den Fokus setzt und sich angemessen anfühlt.

2. Anrufungen

Nachdem dein Kreis gezogen wurde, folgt die finale Aktivierung. Dafür führt man in aller Regel eine Anrufung durch. Damit kann man alles Mögliche herbeibitten. Deine Ahnen, deine Gottheiten, andere Entitäten oder, für den Einstieg sehr beliebt: die Schutzwächter der vier Elemente.

Wenn der Kreis gelegt ist, bittest du die Elemente, ausgerichtet in den jeweiligen Himmelsrichtungen, deine Magie zu verstärken. Für jede der Richtungen hast du eine Kerze, die du anzündest, und optional noch ein Schälchen, dessen Inhalt das Element darstellt. Die Elemente werden in der Reihenfolge Osten, Süden, Westen, Norden beschworen, was der Uhrzeigersinn bei einem Kreis ist. Beginnend mit der Richtung der aufgehenden Sonne.

- **Osten:** Zünde die erste Kerze an, und rufe die Luft für den Osten: »Ich rufe an die Mächte der Luft, Mächte des Himmels, Mächte der Gedanken, kommt und schützt diesen Kreis!« Stell die Kerze ausgerichtet im Osten auf der Linie deines Kreises ab, ebenso wie die Schale mit dem Inhalt, der das Element darstellt, zum Beispiel eine Feder.
- **Süden:** Zünde die zweite Kerze an, und rufe das Feuer für den Süden: »Ich rufe an die Mächte des Feuers, Mächte des Lichts, Mächte der Leidenschaft, kommt und schützt diesen Kreis!« Stell die Kerze ausgerichtet im Süden auf der Linie deines Kreises ab, ebenso wie die Schale mit dem Inhalt, der das Element darstellt, zum Beispiel ein Vulkanstein.

- **Westen:** Zünde die dritte Kerze an, und rufe das Wasser für den Westen: »Ich rufe an die Mächte des Wassers, Mächte der Tiefen, Mächte des Wissens, kommt und schützt diesen Kreis.« Stell die Kerze ausgerichtet im Westen auf der Linie deines Kreises ab, ebenso wie die Schale mit dem Inhalt, der das Element darstellt, zum Beispiel eine Fischgräte.
- **Norden:** Zünde die vierte Kerze an, und rufe die Erde für den Norden: »Ich rufe an die Mächte der Erde, Mächte des Wachstums, Mächte der Fruchtbarkeit, kommt und schützt diesen Kreis!« Stell die Kerze ausgerichtet im Norden auf der Linie deines Kreises ab, ebenso wie die Schale mit dem Inhalt, der das Element darstellt, zum Beispiel etwas Mais. Damit hast du deinen Kreis errichtet und bist beschützt.

Tipp: Nutze für die Ausrichtung einen urigen Kompass. Eine Handy-App tut es zur Not auch, wobei ich grundsätzlich auf jedwedes technische Gerät während magischer Praktiken verzichten würde. Die Frequenzen könnten sich leider nachteilig auswirken und ein ungeplanter Anruf noch viel mehr. Die meisten etwas feinfühligeren Personen spüren diesen Einfluss von Natur aus und ziehen sich bei magischen Praktiken ganz natürlich von all diesen Einflüssen zurück. Zurück in die Natur unserer selbst eben, so gut es mit unseren Lebensumständen geht.

Tipp zwei: Sollten Kerzen dir aufgrund der Brennbarkeit und somit der potenziellen Gefahr nicht so genehm sein, kannst du zum symbolischen Aktivieren der vier Elemente auch je ein Räucherstäbchen anzünden. Oder du füllst alle Schälchen mit Wasser und lässt den Gegenstand, der das Element repräsentiert, mit einem Floppen hineinplumpsen. Jedoch sollten die gewählten Götzen dann auch wasserfest sein. Zu guter Letzt wäre dann noch die vierte Variante, dass du Töpfchen mit Erde statt der Schalen nimmst und die Gegenstände hineingräbst. Du kannst das auch variieren, je nachdem welches Element dein Lebenselement ist, mit dem du dich am meisten verbunden fühlst. Hier noch mal fix und übersichtlich zusammengefasst:

- **Hauptelement Feuer:** Zünde Kerzen an.
- **Hauptelement Luft:** Lass Räucherstäbchen qualmen.
- **Hauptelement Wasser:** Lass die Gegenstände in Schälchen mit Wasser plumpsen.
- **Hauptelement Erde:** Grabe die Gegenstände in Töpfe mit Erde.

3. Centering

Wenn du all das vorbereitet hast und nun zur Ruhe kommst, dort in deinem Kreis mit all den Gegenständen, die du gleich noch benötigen wirst, solltest du dich erst mal zentrieren. Stell dir vor, wie du einen Energieball in dir zusammenziehst und alles entsprechend in dir ausrichtest. Dieser Fokus wird gleich noch benötigt, achte darauf, ihn zu halten. Er ist das Kostbarste, was du hast, denn dieser Energieball oder auch Energieschwall ist der Impuls, den du gleich aktiv nutzen wirst, um alles in Bewegung zu setzen und deinen Zauber zu aktivieren. Lass dir hier also ruhig Zeit, und fühle wirklich in dir, wie du klar ausgerichtet und in deiner Mitte angekommen bist.

4. Zutaten

Hier kommen wir zu einem sehr individuellen Schritt, der von der Art deines Zaubers abhängt. Es kann sein, dass du nun Zutaten zusammengibst, sie ausrichtest und ihnen sagst, was ihr Zweck ist, dass du Zeichen oder Symbole malst oder eben etliche andere Dinge tust, die dein Zauber in der Durchführung abverlangt.

Raising

Während du das machst und ganz am Ende, wenn du alle Zutaten zusammengegeben hast, verknüpfst du deine zentrierte Energie mit den Energien all der Dinge, die du verbindest. Du webst ein energetisches Netz daraus und verstärkst dadurch deinen Zauber. Du erhöhst *(raist)* die Energien damit, weil sie sich gegenseitig beeinflussen und nun gemeinsam an einen Strang ziehen. In diesem Schritt kannst du auch den Mond herunterziehen oder andere Energien aus dem Äther herausziehen und hinzufügen. So gesehen verknüpfst du deinen Energieball mit all den anderen Energiebällen und machst eine große Kugel daraus, die du im nächsten Schritt durch die Aktivierung auf ihr Ziel losfeuerst.

Tipp: Um das Raising noch mehr zu betonen und für dich gerade zu Beginn besser zu visualisieren, kannst du es mit symbolischen Gesten in der Luft in die Realität holen. Halte deine Hand über die Zutaten, stell dir vor, wie du dich mit ihren Energien verbindest und sie mit deinem Energieball verknüpfst, und dann zieh sie in einer fächernden Bewegung nach oben. So versinnbildlichst du dir die Erhöhung der Energie im wahrsten Sinne des Wortes. Wie eine Weberin, die Fäden zusammenführt und immer wieder neuen Faden nachzieht.

Energie channeln, den Zauber wirken

Dann folgt die Aktivierung, der finale Schuss, das Abfeuern der Energie. Denn so wirkst du deine Magie oder gibst ihr die Möglichkeit, für dich zu wirken. Dieser Schritt bildet somit den Abschluss deines Rituals. Und je nachdem, mit welcher Magie du arbeitest, kann das ganz unterschiedlich vonstattengehen.

Bei der Arbeit mit Sigillen nutzt man zum Beispiel den Orgasmus, ja, du hast dich nicht verlesen. Generell sind solche Urkräfte sehr beliebt und unglaublich mächtig. Aber keine Sorge, der Klassiker ist dennoch eher ein Zauberspruch, ein Zauberwort kombiniert mit einer Kraftbewegung oder ein Zauberlied, auch Chanting genannt, das gesungen wird, um die Bestimmung auszusprechen, die der Zauber nun erfüllen soll. Oftmals folgt dem zeitgleich eine symbolische Geste wie ein Anzünden, Verbrennen, Vernichten, Vergraben, Verweben, Verknoten oder etliche andere Dinge, je nach Zauber, die vorgenommen werden, um ihn abzuschließen. In jedem Fall channelst du in diesem Schritt die Energien, du richtest sie auf das Ziel und sendest sie ab, um dann eine entsprechende Resonanz zu erzielen.

NACHBEREITUNG

Du hast jetzt alles erfolgreich durchgeführt. Puh! Was für eine Arbeit, aber auch was für eine Erfüllung! Du darfst stolz auf dich sein und dir ein Lächeln schenken. Jetzt ist der Bärenanteil getan, und wir kommen zum entspannteren Teil. Lass die Seele etwas baumeln, schüttle deinen Körper einmal aus, dann erhebe dich in deinem Kreis. Atme fünfmal tief ein und aus, schließ dabei kurz die Augen, und dann, wenn du den Abschluss in dir spürst und dass der Zauber im Äther ist, dann beende das Ritual.

Schutzkreis lösen: Du kannst den Schutzkreis wortwörtlich zerschlagen – zum Beispiel mit dem Witches Whisk. Dazu sagst du: »Ich beende dieses Ritual und danke für alle Mithilfe, Erfolge und dadurch in Aktion tretende Ereignisse.« Dankbarkeit ist ein wichtiger Aspekt.

Dann räum deine Sachen weg. Das ist auch das Schöne an einen physischen Kreis, wenn man ihn durchbricht und löst, spürt man förmlich, wie die restlichen Energien hinausbrechen und sich verteilen. Das fühlt sich sehr erleichternd an.

Ordnung: Genau deswegen sind nun Ordnung und ein aufgeräumter energetischer Haushalt wichtig. Räum alles zusammen. Öffne die Fenster, nimm am besten noch deinen Besom zur Hand, und scheuche den restlichen Überschuss an Energie aus deinen vier Wänden. Wenn das Ritual draußen war, fällt dieser Schritt natürlich weg, aber daheim ist er umso wichtiger!

Grounding: Und damit kommen wir zum letzten Punkt, der eine absolute Pflichtveranstaltung darstellt, egal, mit wem, wo, was oder wie du magisch im rituellen Stil tätig warst: Erden. Erden. Erden. Allen Überschuss an Energie gibst du ab, zurück zu Mutter Natur. Du gleichst dich dabei aus. Ansonsten könnte es sein, dass du die nächsten Tage hibbelig, aufgekratzt oder einfach drüber bist. Oder ganz im Gegenteil schlaff, müde und total am Ende. Beides keine Optionen, die du nach deinem so schön gewirkten Zauber haben magst.

ACHTUNG

Du bist nicht verpflichtet, all diese Punkte einzuhalten. *Bei den Göttern* bist du nicht mal verpflichtet, irgendwas davon zu berücksichtigen. Ich gebe es dir nur als liebevolle Empfehlung mit, als Fahrplan für deinen Anfang, um dir Sicherheit und einen strukturierten Ablauf zu gewährleisten. Du wirst merken: Je erfahrener die Hexen sind, desto reduzierter und individualisierter sind ihre Rituale. Das liegt daran, dass sie wissen, was sie tun, wie sie es tun müssen und wo ihre Stärken und Schwächen liegen. Jemand, der grundsätzlich einen extrem guten Schutz um sich hat, wird vielleicht bei der energetischen Reinigung Zeit sparen wollen. Jemand anderes, der sowieso immer schon viel Power mitbringt, spart sich das Charging komplett. Jemand, der gut darin ist, im Alltag den Fokus zu halten, und immer alle seine Energien beisammenhat, überspringt das Zentrieren. Das ist alles absolut möglich und legitim. Aber aus Zeitgründen zu sagen, dass einem das zu viel ist und man deswegen nur das Nötigste macht, ist der falsche Ansatz. Hexerei bedarf Zeit, Magie wirken bedarf Zeit, Rituale und Zauber fordern klar und deutlich ihre Zeit ein. Wenn dir das nichts ist, dann solltest du es lieber ganz sein lassen. Bevor du etwas halbherzig tust, zwischen Tür und Angel, folglich mit wenig Lust, einfach nur weil du dir schnelle Ergebnisse davon erhoffst, solltest du dir vielleicht etwas anderes suchen, was dir mehr liegt. Ich kann dir sogar versichern, dass deine Zauber nicht wirklich viel bewirken werden, wenn du sie so larifari zwischendrin mal machst. Vielleicht ist dann eher das Manifestieren für dich. Schockschwerenot, das gibt es ja auch noch! Was ist da eigentlich der Unterschied?

HEXEREI VERSUS MANIFESTIEREN

Oh ja, jetzt wird es spannend. Denn Manifestieren und alles, was dazugehört, ist mittlerweile alltagstauglich geworden, weswegen viele in ihrer Unwissenheit alles Magische darauf reduzieren. Aber schauen wir uns das mal genau an, vielleicht haben diese Leute ja recht.

Was ist Manifestieren? Beim Manifestieren gibt es immer eine Intention, also eine Absicht, ein Ziel, das erreicht werden soll. Und das soll mit der Ausrichtung der Gedanken erfolgen. In dem Kontext hört man dann auch immer vom Gesetz der Anziehung, auch Law of Attraction, kurz LoA, genannt. Auf seine Essenz runtergebrochen besagt es, dass du alles, was du aussendest, zurückbekommen wirst. »So wie man in den Wald hineinruft ...« Du weißt schon. Bist du also negativ, wird noch mehr Negatives in dein Leben gezogen, weil du es hereinbittest. Es geht um die Ausrichtung deiner Energien, um das anzuziehen, was du erreichen willst. Alles, was du denkst, *ist*, beziehungsweise: Alles, was du denkst, *wird*. Deswegen bezeichne ich Manifestieren immer als die absolute Grundlage der magischen Praxis. Wieso? Weil das Konzept dahinter, die Annahmen, dass alles Energie ist, dem zugrunde liegt, was wir uns in der Hexerei vorstellen. Für uns ist alles beseelt, alles verbunden, alles eins – also wieso sollte ich nicht mit meinem Innersten Einfluss auf das Äußerste nehmen können?

Der Unterscheid zur Hexerei ist nur, dass jeder von uns den lieben langen Tag manifestiert. Und das auch ganz unbewusst. Während also Hexerei ein aktiver, bewusster Prozess ist, ist das Manifestieren in uns einfach immer aktiv. Dass du deine Energien nutzt, auf die ein oder andere Weise, jede Sekunde deines Lebens, ist nun mal ein Fakt. Also manifestierst du auch immerzu. Du bist immerhin ein kleines laufendes Kraftwerk, das ständig überall seine Energien verstreut. Bewusstes Manifestieren ist also schon mal der Schritt in die richtige Richtung. Es ist einfach zu üben und risikoarm, denn du tust es ja sowieso schon ständig und bist den Konsequenzen immerzu ausgesetzt.

Wenn man sich das Ganze so anschaut, kann man diese Themen in drei Stufen aufteilen:

- **Stufe 1:** Unterbewusstes Manifestieren, da wir das sowieso ständig tun. Jeder. Immer.
- **Stufe 2:** Die Bewusstmachung dessen und dadurch das bewusste Manifestieren. Das Schöne ist, dass hierfür nichts benötigt wird. Nur deine Gedanken. Aber weil das eben nicht immer so einfach ist, werden gern Hilfsmittel in Form von bestimmten Manifestationsmethoden herbeigezogen. Dadurch wird der Fokus und somit auch die energetische Klarheit verstärkt. Das sorgt für mehr Effektivität und Macht in der Auswirkung, und hier kommen wir in den fließenden Übergang zur Hexerei.
- **Stufe 3:** Je bewusster, aufwendiger und effektiver diese Kanalisierung der Energien vonstattengeht, desto mehr gehst du in eine bewusste magische Praxis. Du führst ein Ritual durch, setzt deine Intention, wirkst einen Zauber, aktivierst ihn und schickst die Energie raus, um anzuziehen, was du sendest. Man kann also folglich sagen, dass Hexerei die Endstufe dessen ist. Sie ist oftmals aufwendiger, aber eben auch strukturierter und sorgt so oft für schnellere, bessere Ergebnisse. Allen voran lassen sich so Dinge herbeizaubern, die für das Manifestieren allein oft zu groß sind. Die reine Vorstellungskraft reicht nicht aus.

Somit tun Hexen beides, sie manifestieren und wirken Magie. Es steht sich also nicht im Weg, und beides konkurriert auch nicht miteinander. Das eine geht in das andere über, und du entscheidest letztendlich, wie du es nennen möchtest. Ich erinnere mich da an eine alte Bekannte, die als Manifestorin bekannt ist, aber auch immer mal wieder Magie wirkt. Als sie jemand in einem gemeinsamen Livestream fragte, wo der Unterschied liegt, meinte sie: »Manifestieren tue ich immer und überall, denn ich mag es einfach und schlicht. Aber wenn die Hütte brennt, und ich weiß, der Schuss muss sitzen, dann wirke ich Magie. Dann setze ich mich auf meinen Arsch und schieß die Energie raus, um sicher zu sein, dass kommt, was ich brauche!«

Wenn wir dann auch noch die Tatsache betrachten, dass es sogenannte *psychic Witches* gibt, die ihren Schwerpunkt darauf legen, nichts außer ihrer Gedankenwelt für ihre Magie zu nutzen, verschwimmen die Grenzen noch mehr. Kein Tamtam, kein Klimbim, keine schönen hexischen Ritualgegenstände oder Zutaten. Nur die Gedanken, das Wort und die Aktion. Also im Grunde wie jemand, der manifestiert, nur eben auf der höchstmöglichen Stufe der Klarheit.

Psychic Witch würde zu Deutsch übrigens so viel wie »psychische Hexe« bedeuten. Weil das aber eine sehr unschöne Übersetzung ist, habe ich mich für die Begrifflichkeit der »feinstofflichen Hexe« entschieden, kurzum »Feinstoffhexe«. Wieso passt das? Weil sie nur auf der feinstofflichen Ebene arbeitet und physische Aspekte ungenutzt lässt. Ich denke, der Begriff ist im Deutschen unkompliziert und vor allem selbsterklärend.

Was bedeutet das im Schlusswort? Manifestieren ist magisch! Oft werden die gleichen, wenn nicht sogar dieselben Dinge aus unterschiedlichen Perspektiven mit unterschiedlichen Namen versehen. Meines Erachtens kein Grund zum Streiten, denn wozu sollten wir uns mit Wortklauberei aufhalten? Letztendlich ist ja nur wichtig, dass es für dich funktioniert, also nenn dich, wie immer du dich am wohlsten fühlst. Alles andere macht doch ehrlich gesagt auch gar keinen Sinn. Ob du nun ein Manifestor bist oder eine Feinstoffhexe, hat dann eher was mit deiner Lebenseinstellung und deinem Lebenspfad als mit der Art und Weise, wie du deine Kraft nutzt, zu tun. Interessierst du dich nicht für den Pfad der Hexerei, spürst du einfach keine Verbindung dazu, sondern interessierst dich wirklich nur dafür, was die Kraft deiner Gedanken, Worte und Taten auslösen kann? Dann bist du wohl eher ein Manifestor. Wenn du jedoch die genau gleiche Urmacht nutzt und dich dabei für den mystischen Weg der Hexerei begeisterst, an eine Anderswelt und an übernatürliche Phänomene glaubst und dies alles mit der Ausrichtung deiner Energien verbindest, dann bist du wohl eine Feinstoffhexe – wenn du sonst auf allerlei Werkzeuge und Mittel der traditionellen Hexerei verzichtest.

Für jeden Kessel gibt es einen Deckel, und auch wenn Label, Schubladen und Sortierungen Sicherheit und einen Rahmen geben, können sie auch sehr einschränkend sein. Also versteif dich nicht allzu sehr darauf. Bleib offen! Das gilt für deinen gesamten Lebensweg. Denn: **Wer glaubt, jemand zu sein, hört auf, jemand zu werden!** Eine Weisheit, die tief in meinen Pfad verankert ist. Einer der Gründe, wieso ich es wohl nicht so mit autoritären Denkweisen habe. Begegne den Leuten auf Augenhöhe, unabhängig von deinem und ihrem Erfahrungsstand. Arroganz hat immer nur nötig, wer sich seiner selbst nicht wirklich bewusst ist. Aufwertung durch Abwertung anderer deutet immer auf Unsicherheiten hin. Also egal, wie du dich nennst und was du schon weißt, nutze die Begriffe, die sich gut für dich anfühlen, und respektiere, dass andere dies ebenso auf ihre eigene Art machen.

Die Magie der hohlen Hand

Wenn du Dinge mit der reinen Kraft deiner Worte formen kannst, nennen wir das in der Hexerei übrigens die »Magie der hohlen Hand«. Das ist die Fähigkeit, Dinge in die Realität zu sprechen. Es hat sich dafür auch das geflügelte Wort »verschreien« geprägt, wobei es sich dabei im allgemeinen Sprachgebrauch zumeist auf etwas Negatives bezieht: »Verschrei es nicht!«, sagt der eine zum anderen, als dieser meint, dass das Auto bestimmt gleich einen Platten auf der unwegsamen Landstraße bekommen würde. Und zack. Schon hat sich die negative Annahme bestätigt. Oder war es gar keine Annahme, sondern eine Manifestation? Oder eine Vorhersehung? Die Grenzen können hier natürlich verschwimmen, aber oft ist es gerade so, eben weil wir den lieben langen Tag unbewusst manifestieren, dass uns besonders die schlechten Sachen leichtfallen. Die bestätigen sich dann häufiger. Zumindest kommt es uns so vor, denn wir merken uns das Schlechte besser. Dies kommt sinnvollerweise daher, dass wir früher in der freien Wildbahn aus allen Fehlern lernen mussten. Wir mussten sie uns merken, damit wir eine Chance zum Überleben hatten, ansonsten waren wir schneller weg aus dem Walde, als wir gucken konnten.

Und da erschließt sich auch die Notwendigkeit des aktiven Manifestierens und des aktiven Zerlegens negativer Gedankenabläufe, die sich schon standardisiert haben. Ansonsten verfallen wir in das Schema der sich selbst erfüllenden Prophezeiung. Für positive Sachen ist das natürlich grandios, keine Frage. Aber die meisten Menschen neigen doch eher dazu, immer vom Schlechtesten auszugehen und auch ihr Hauptmerk genau darauf zu legen. Energetisch eine wirklich furchtbare Eigenschaft von uns, die man aber umlernen kann! Das ist zumindest die erfreuliche Nachricht. Denn dein Gehirn ist plastisch aufgebaut, das heißt, es kann und wird sich ein Leben lang verändern, neue Bahnen bauen, alte in Vergessenheit geraten lassen und neue Dinge lernen können. Es liegt halt an dir, das zu deinem Vorteil zu nutzen. Du kannst dich natürlich auch weiter immer tiefer in die Abwärtsspirale hineinbohren, das geht ebenso gut. Energie folgt der Aufmerksamkeit. Wo willst du deine hinführen?

Die Gabe, Dinge in die Realität zu sprechen, ist einigen von klein auf in die Wiege gelegt, egal ob sie es praktizieren oder nicht. Es ist nicht mal relevant, ob sie daran glauben oder mit Spiritualität überhaupt etwas anfangen können. Diese Fähigkeit jedoch zu meistern ist eine hohe Kunst, die dann doch schon explizites Bewusstwerden, Üben und eine starke willentliche Ausrichtung der eigenen Energien erfordert. In der Hexerei wird aber auch davon ausgegangen, dass man die Gabe, selbst wenn man sie nicht einfach so hat, in den höchsten Stufen seiner Fähigkeiten freischalten kann. Weil du dann so im Einklang mit allem bist, dass du nur noch zu sagen brauchst, was passieren soll. Darum gilt es auch als Zeichen einer sehr erfahrenen, weisen Hexe.

Manche behaupten auch, dass nur Auserwählte diese Fähigkeit erhalten, aber davon bin ich kein großer Fan. Jetzt gerade, während ich dieses Buch schreibe, bin ich in einer Lebensphase angekommen, wo sich mir diese Fähigkeit sehr klar offenbart. Ich glaube jedoch nicht, dass ich auserwählt wurde, sondern dass dies einfach die Früchte meiner harten, langen Arbeit an mir selbst sind. Ich habe also die Überzeugung, dass jeder die Möglichkeit dazu hat, diese so hochgehaltene Gabe zu erlernen. Ich denke, sie ist ein logischer Effekt, ein finaler Erfolg großer Hingabe an die Energiearbeit. Und dennoch wartet auch auf mich das Leben immer wieder mit neuen Herausforderungen sowie guten und schlechten Phasen.

STUFEN DER MACHT

Wo wir schon über den Übergang von Manifestieren in die Hexerei geredet haben, fragst du dich sicher, welche Form von Magie am besten funktioniert, oder? Da sich das nach dem Konzept der Energiemenge richtet, lässt es sich in einer feinen Übersicht recht schnell und verständlich erläutern. Lass dich dabei nicht verwirren, denn es gibt viele, viele Arten und Möglichkeiten, Rituale, Zauber und Magie zu wirken, für die unterschiedlichsten Zwecke. Sie alle zu kennen, darum geht es gar nicht. Schauen wir uns drei Stufen an:

Stufe 1: niedere Magie/Aktionsenergie. Von Manifestieren, über Emoji-Spells oder das simple Arbeiten mit Kristallen als Verstärker ist hier alles enthalten, was sich bewusst mit der Ausrichtung der Energien in einem entspannten und relativ unaufwendigen Rahmen beschäftigt. Diese Art der niedersten energetischen Arbeit und somit magischen Praxis ist einfach zu machen und leicht in den Alltag zu integrieren. Bedenke jedoch: Je weniger Energie rausgeht, desto kleiner wird der Effekt für dich sein. Die Basismagie ist somit perfekt, um reinzukommen, um sich auszurichten zu lernen, runterzukommen und kleinere Erfolge zu erzielen, um das Vertrauen in die Sache zu stärken. Aufgrund ihrer Einfachheit ist diese Art der magischen Arbeit perfekt für Einsteiger geeignet, da sie auch ohne große Risiken anwendbar ist. Diese Form der einfachen Magie bedarf auch keiner besonderen Abläufe und Maßnahmen.

Eine angehende Feinstoffhexe würde auf dieser Stufe bewusst ihre Energien sortieren und versuchen, kleine Intentionen in die Realität zu denken.

Stufe 2: traditionelle Magie/Volksmagie. Als Beispiel dienen hier Spelljars, Kerzenzauber, Knochenzauber, Mojo-Beutel und allerlei andere magische Zauberriten, für die man mehrere Zutaten kombinieren muss. All diese Methoden können sehr effektiv sein und um einiges stärker als die simpleren Methoden der niederen Magie. Jedoch braucht es hierfür auch Zutaten, bei denen man aufpassen muss, dass sie zusammenpassen und man nichts durcheinanderbringt. In ihrem Aufwand sind sie aber noch überschaubar, und sofern man die Grundlagen kennt und beherrscht, sind sie auch für angehende Hexen zugänglich und durchaus umsetzbar. Durch den erhöhten Aufwand, die Nutzung von intentionssteigernden Zutaten, eine stärkere Energie und einen klareren Fokus der Person haben sie eine entsprechend höhere Wirkung.

Das war jetzt recht knapp und gut verständlich, oder? Das Ganze ist natürlich für psychische Hexen auf der Ebene der Visualisierung genauso klassifizierbar, wie ich es anhand der Beispiele mit Utensilien getan habe. Wer mehr macht, mehr zusammenführt und sich mehr Mühe gibt, bekommt ein besseres Ergebnis. Ganz logisch. Aber es können halt auch mehr Komplikationen auftreten. Mehr Variablen, mehr Risikofaktoren. So weit, so sinnvoll.

Eine reine Feinstoffhexe, die schon etwas erfahrener ist, hat ihre Energien in diesem Stadium schon recht gut im Griff und würde ihrem Gedankenpalast nun größere Bilder hinzufügen. Die Visualisierungen werden umfangreicher, und weitere Sinne werden zur verschärften Vorstellung hinzugenommen, um auch größere Anliegen in die Realität zu denken und nun auch zu sprechen.

Stufe 3: starke Magie/Hochmagie. Starke Magie kann sich über allerlei Themen erstrecken, vom Lösen von Flüchen über das Beschwören von Entitäten bis hin zum Wirken von perfider Schadensmagie, aber auch die höchste Form der Lichtarbeit gehört dazu. Egal welches Thema der Zauber hat, er wird in einer sehr mächtigen Weise ausgeführt. Zumeist beansprucht das viel Zeit, eine enorme Konzentration, sehr viel Energie von dir, anderen Beteiligten sowie den Zutaten und Gegenständen, die eingesetzt werden. Wer einen mächtigen Zauber wirken will, braucht eine große Menge an Energie, die er dafür irgendwoher bezieht. Vorzugsweise nicht nur aus sich selbst, ansonsten ist er danach wahrscheinlich für mehrere Tage nicht mehr zu gebrauchen, wenn er nicht sogar im schlimmsten Fall krank wird. Du liest also, es kann gefährlich sein, auf dieser Ebene zu arbeiten, und entsprechend solltest du eine Menge Ahnung haben, damit das Ganze nicht nach hinten losgeht. Hier ist Erfahrung das A und O. Aber genau das macht diese Magie dann auch so wirkungsvoll.

Nun weißt du aber auch: Je mehr Variablen, je mehr Zutaten, mehr Zeit, Mühe und Umstand etwas kostet, desto besser wird auch das energetische Ergebnis, aber desto wahrscheinlicher können sich ebenso Fehler einschleichen. Also Obacht, wenn du aufwendige und damit starke Zauber wirken willst!

Gerade bei diesem Punkt geht es schnell in die Hochmagie. Dies beschreibt aufwendige magische Verfahren, oftmals unter Einbezug mehrerer Hexen wie zum Beispiel in einem Coven, der sich trifft, um eine magische Zeremonie zu vollziehen. Das Ganze wird auch gerne als Zeremonialmagie bezeichnet. Diese Form der Magie mit mehreren Beteiligten kann sehr mächtig sein, aber die Leiterin sollte wissen, was zu tun ist, und alle sicher anleiten und schützen können.

Eine reine Feinstoffhexe, die so mächtig ist, starke Magie zu wirken, hat ihre Energien absolut unter Kontrolle und kann in Gedanken ein vollumfängliches Bild ihrer Absicht inklusive aller aktiven Sinne erschaffen. Die höchste Stufe wäre dann die Meisterung der Magie der hohlen Hand, bei der Worte die Realität formen.

MEDIALE FÄHIGKEITEN

In der Hexenkunst gibt es viele Fähigkeiten, die du meistern lernen kannst. Für jeden ist was dabei. Denn letztendlich solltest du dich nur dem widmen, was dich begeistert, dir in gewisser Weise aufgrund deiner Vorlieben leichtfällt und wo du auch entsprechend Lust hast, Zeit, Arbeit und Liebe reinzustecken. Denn wir alle wissen ja: Von nichts kommt nichts! Wäre ja sonst auch schade, wenn man nach nichts streben könnte, wenn jeder immer alles könnte und wir alle perfekt wären.

Der Begriff »mediale Fähigkeiten« beschreibt allen voran Sinne, Wahrnehmungsmöglichkeiten und Fähigkeiten, die auf rein wissenschaftlicher Basis nicht erklärbar sind und sich auf die feinstoffliche Welt beziehen oder auf das Erahnen oder Wissen von Zukunftsereignissen. Somit sind mediale Fähigkeiten mit dem Raum-Zeit-Kosmos verbunden, um die Zukunft wahrzunehmen, als auch mit den Energien der verschiedenen Bewusstseinsebenen von der hiesigen bis hin zur astralen.

Insgesamt kann ein Mensch sechs Hellsinne aufweisen. Es ist äußerst selten, dass alle sechs gleichsam gut ausgeprägt sind. In der Regel kommt jeder von uns mit ein oder zwei gut ausgeprägten Hellsinnen zur Welt und kann diese mit Arbeit, Zuwendung und Hingabe ausbauen und trainieren. Natürlich kannst du auch die Sinne trainieren, die bei dir unterentwickelt zu sein scheinen, dann dauert es eben länger, ist mühseliger und kostet mehr Arbeit – und das Ergebnis ist möglicherweise dennoch nur mäßig. Darum empfehle ich immer allen, das zu finden, was ihnen am meisten liegt und Freude bereitet.

Gerade Letzteres sorgt dafür, dass du auch nach Stunden und Wochen des Übens noch Lust darauf hast. Das ist wie bei jeder anderen handwerklichen Tätigkeit: Durch die Übung und die Energie, die du in den Ausbau des Könnens steckst, wirst du erst zur Meisterin. Natürlich gibt es immer wieder Leute, die sagen, sie hätten gar keine Hellsinne. Das stimmt so nicht. Ich denke, diese Leute haben nur den Zugang zu ihrer eigenen Urenergie verloren und müssten an diesem Punkt erst mal ansetzen, um zu sich zurückzufinden. Wenn das geschehen ist, können sie in sich hineinfühlen und wieder spüren, was ihnen liegt.

1. Hellfühlen

Hellfühlen ist wohl die Fähigkeit, die am meisten verbreitet ist. Wir kennen es auch als Bauchgefühl, Intuition oder den siebten Sinn. Tatsächlich hat diese Fähigkeit viele verschiedene Namen, die alle dieselbe Sache beschreiben: ein Gefühl zu haben, das rein wissenschaftlich zwar nicht erklärbar sein mag, aber sehr präzise ist und in der Regel recht behält. Es ist Hellfühlen, wenn du einen Raum betrittst und dir ein Schwall Energie direkt die Stimmung mitteilt; wenn dir jemand begegnet, es dich direkt schaudert, dein Magen verrücktspielt und sich später dieses Gefühl im Verhalten des anderen bestätigt, oder wenn du ganz im Gegenteil förmlich spürst, dass etwas gerade einfach das Richtige ist. Zu fühlen verlernen die wenigstens von uns, darum ist es wohl der Hellsinn, der am schwierigsten kleinzukriegen ist. Unsere Intuition ist das größte Geschenk und eine wichtige Gabe für uns alle. Umso mehr, wenn wir energetisch und somit magisch arbeiten wollen. Dann müssen wir erst recht Energien spüren, sie einschätzen können und wieder lernen, auf dieses Gefühl zu vertrauen. Denn es ist die Urgabe in unser aller Sein.

Ich bin der Meinung das jede und jeder diese Fähigkeit hat, nur viele werden davon abgeschnitten oder blockieren sich aus Angst, Zweifeln, Unsicherheiten und Komplexen selbst. Um wieder hellfühlen zu können, musst du das Vertrauen in dich selbst, deine Gefühle, deine Stimmung, deine Empfindsamkeit und deine Entscheidungen stärken. Und das geht durch Bewusstmachung.

2. Hellsehen

Hellsehen ist sicherlich außerhalb unserer magischen Szene die bekannteste der sechs Fähigkeiten. Denn sie wurde in Serien und Filmen groß gemacht, genutzt und plakatiert. Als Hellsehen beschreibt man die Fähigkeit, in Bildern die Zukunft oder bestimmte Ereignisse zu erkennen. Das kann über Träume geschehen, aber auch über Trancezustände. Doch sogar im Wachzustand rauschen bei manchen blitzartig Bilder durch den Kopf. Die Krux hierbei ist nur, zu wissen, wann es sich um eine prophetische Sichtung handelt und wann einfach um die klassische Verarbeitung der äußeren Reize durch das Gehirn. Menschen, die von früh an diese Gabe haben, lernen mit der Zeit den Unterschied zu spüren. Dadurch, dass sich viele ihre Visionen bewahrheitet haben, erlernen sie oftmals auf sehr natürliche Weise, wie sich so eine Prophezeiung anfühlt.

Neben dem Effekt der Vorhersagung gehört zum Hellsehen auch der Aspekt der Epiphanie. Eine Epiphanie beschreibt die Sichtung einer göttlichen Wesenheit beziehungsweise in der Hexerei die Sichtung von Entitäten im Allgemeinen. Und dabei meine ich wirklich »sehen«, klar in einem Bild, notfalls auch verschwommen, aber eben bildlich. Entweder vor dem inneren Auge oder in der Wirklichkeit, ähnlich einer Halluzination. Darunter fällt auch das Sehen von Auren in Farben und Formen um Lebewesen herum. Alle Möglichkeiten, die feinstoffliche Ebene optisch wahrzunehmen, gehören zum Begriff des Hellsehens. Und gerade das Aurasehen ist ein guter Einstieg für den Laien, um zu schauen, ob ihm diese Fähigkeit liegt, oder um sie mit Ehrgeiz zu trainieren, selbst wenn sie nicht als Gabe angeboren sein sollte.

3. Hellwissen

Hellwissen ist einer der Sinne, die oft mit Hellfühlen vermischt sind und auch gerne als doppeltes Lottchen bei einer Person als Prädestinierung auftauchen, als natürliche Veranlagung. Jedoch ist es wichtig für dich zu wissen, dass Hellwissen, sofern man es körperlich zuordnen will, im Kopf stattfindet, während Hellfühlen wirklich im Bauchraum erfahren wird. Während Hellfühlen eben genau das ist, ein nicht genau erklärbares oder definierbares Gefühl, ist Hellwissen glasklar. Ohne Zweifel. Man weiß es einfach. So wie du weißt, dass zwei plus zwei eben vier ergibt. Da gibt es keinen Spielraum, keine Diskussion. Da kann dir wer erzählen, was er will.

Die Gabe des Hellwissens ist grundsätzlich ebenso für jeden erlernbar. Sie bedarf nur sehr viel Zeit und einer großen Klarheit. Die Fähigkeit des Hellwissens stärkt sich durch eine klare Sicht auf die Dinge, durch die hohe, feingeschliffene Fähigkeit der Selbstreflexion parallel zur differenzierten Erfassung der Gefühle, Gedanken, Energien und Einflüsse der anderen. Je klarer alles um dich herum in ein Raster fällt, desto mehr siehst du die Energien, du erkennst die Strukturen, die Muster, die Gegebenheiten, und dann weißt du. Du weißt einfach, wie etwas kommt, was du jetzt machen musst, was jemand gleich sagen wird. Du wirst zu einer Kalkulationsmaschine, die im Unterbewussten alle Informationen zusammenschiebt und daraus etwas glasklar erkennt.

4. Hellhören

Mit dem Hellhören kommen wir zu einer Fähigkeit, die schon wesentlich seltener ausgeprägt ist und definitiv nicht so populär wie die zuvor genannten. Dabei geht es vor allem um die Kommunikation und Wahrnehmung von Entitäten und Wesenheiten der feinstofflichen Ebene durch den Gehörsinn. Für manche stellt sich das ganz klar dar, so wie normale Stimmen und Geräusche, Musik und Sounds, die sie auch im Alltag hören. Bei den meisten hört es sich aber etwas abgefedert an, dumpfer, weiter weg, wie durch eine Wolke hindurch, was es in dem Fall auch wesentlich einfacher macht, das hellhörig Wahrgenommene von der physischen Realität zu unterscheiden.

Wenn du hellhören kannst, nimmst du Geräusche wahr, die anderen verborgen sind. Oft geht dies auch mit einer Lärmempfindlichkeit einher, sodass dich viele, laute oder durcheinandergeworfene Geräusche schnell stressen und dir unangenehm sind.

5. Hellriechen

Hellriechen ist eine Fähigkeit, von der wahrscheinlich die wenigsten überhaupt schon mal gehört haben. So wie das Wort sich schreibt, kannst du dir deinen Teil sicher denken. Ein Geruch in der Nase, das typische Parfüm einer verstorbenen Person, die nochmals Kontakt sucht. Der Geruch von verbranntem Holz und Plastik, kurz bevor ein Feuer ausbricht. Der Geruch von Granatapfel und Asche kombiniert mit einigen anderen Zeichen, während Persephone versucht, sich bei dir bemerkbar zu machen. All das gehört zum Hellriechen. Auch hier wieder kann es für Vorhersagen dienlich sein oder zur Verbindung mit der Anderswelt, in welcher Form auch immer. Vielleicht stellst du deinem Schutzgeist auch eine Frage und hast auf einmal den Duft von Rosen in der Nase, womit dir eine Richtung aufgezeigt wird. Einher mit dieser Fähigkeit geht eine Empfindlichkeit für Gerüche und Räucherwerk, selbst der starke Geruch mancher Blumen kann problematisch werden und Kopfschmerzen verursachen. Deine Nase wäre bei dieser Prädestinierung überdurchschnittlich gut ausgeprägt, was automatisch auch einen feineren Geschmackssinn nach sich zieht.

6. Hellschmecken

Von dem Punkt kommen wir direkt zum letzten Hellsinn, dem Hellschmecken. Eine auch wieder recht unbekannte Fähigkeit, die ihrem Namen Ehre macht. Hellriechen und Hellschmecken kommen gemäß ihrer natürlichen Verknüpfung häufig zusammen vor, sind aber grundsätzlich die seltensten Hellsinne. Bei beiden ist das Trainieren und Erlernen der Unterschiede zu alltäglichen Reizen wohl auch am schwierigsten, da wir sie grundsätzlich als gegeben hinnehmen und eher passiv als aktiv wahrnehmen. Denn sofern keine Einschränkung wie eine Blindheit vorliegt, prägen sich die anderen Sinne nicht automatisch stärker aus.

Auch das Hellschmecken kann sich, wie das Hellriechen und die anderen Sinne, auf mehreren Ebenen ausdrücken. Für die Vorhersage oder zur Kommunikation über Reize, Zeichen und Richtungsgeber, die es zu interpretieren gilt. Wenn zum Beispiel jemand den Raum betritt und du plötzlich ein scharfes Gefühl im Mund hast oder einen bestimmten unangenehmen Geschmack, ist das ein Äquivalent zum unangenehmen Bauchgefühl beim Hellfühlen.

ACHTUNG

Gerade bei halluzinativem Sehen von Dingen, Hören von Stimmen oder der Wahrnehmung von physisch unbegründeten Ereignissen in der Realität ist es wichtig abzuklären, dass keine neuronalen Störungen, Gehirntumore oder psychischen Erkrankungen dahinterstecken, die sich auf diese Art ausdrücken könnten.

DIE KUNST DER DIVINATION – WEISSAGUNGSMETHODEN

Es gibt Hunderte, wenn nicht sogar Tausende von Weissagungsmethoden, die sich durch die Jahrhunderte der Epochen und Kulturen unabhängig voneinander entwickelt haben. Auf eine Handvoll davon will ich dich in diesem Kapitel aufmerksam machen.

Wichtig ist zu wissen, dass alle Weissagungsmethoden auf zwei Arten funktionieren:

1. Dein Unterbewusstsein zapft das Energienetz an, das mit allem verbunden ist. Somit dienst du als Medium zwischen den Informationen in diesem Energienetz und der physischen Welt. Du kannst diese Informationen für dich oder Dritte daraus hervorholen. Dieses Energienetz befindet sich in der Astralebene.
2. Option zwei ist, dass du durch den Zugriff auf die Astralebene Kontakt zu Entitäten aufbaust, die dich als Medium nutzen, um Botschaften zu vermitteln. Dies ist auch allgemein als Channeling bekannt und ein recht kräftezehrendes Unterfangen, da ein Wesen deine Energien anzapft (was du auch zulassen musst) und dich als Sprachrohr nutzt.

Die weitaus verbreitetere Methode ist die erste, die Arbeit mit deinem Unterbewusstsein und der damit verbundene Zugriff auf das Energienetz. Denn dein Unterbewusstsein ist noch mit allem verbunden, mit dem gesamten Kosmos, mit jeder Person. Und wenn du zum Beispiel für jemanden die Karten legst, dann klinkst du dich in sein Energiefeld ein und schaust, was du dieser Person durch die teilweise auch intuitive Interpretation der Karten zu sagen hast. Das ist in diesem Sinne kein Zauberwerk, sondern ein Abrufen und eine Interpretation der Gegebenheiten, die dir die Energien aufzeigen. Bei der zweiten Version ist vor allem das Ouija-Board bekannt und gefürchtet. Es ist sehr beliebt, um mit Anderswesen zu kommunizieren, da es für diese sehr einfach ist, klare, wortwörtliche Nachrichten zu senden. Dennoch können grundsätzlich alle Weissagungsarten für beide Herangehensweisen genutzt werden.

KARTOMANTIE

Kartomantie beschreibt das Kartenlegen als Divinationsmethode. Ob Orakel, Tarot, Kipper, Lenormand oder andere Karten, egal für welches Set du dich entscheidest, wenn du dich mit den Karten verbindest, um ein Bild zu legen und zu interpretieren, handelt es sich um die Kunst des Kartenlesens. Oft denken Laien, dass es hierbei um eine feste Vorhersage der Zukunft geht. Jedoch, und das haben alle Wahrsagungsmethoden gemeinsam, die sich auf Aussagen über die Zukunft beziehen, geben sie schlichtweg eine Richtlinie, wie die Dinge auf Grundlage der aktuellen Gegebenheiten weiterlaufen dürften. Allerdings können aktive neue Entscheidungen auch deine Zukunft verändern. Weissagungsmethoden, allen voran das Kartenlegen als eine der bekanntesten und beliebtesten Methoden, sind also ein Hilfsmittel, um die aktuelle Lage genauer zu deuten, zukünftige Ergebnisse daraus zu erahnen oder Informationen über die Tiefen des eigenen Selbst zu erhalten.

Wir gehen davon aus, dass Tarotkarten etwa im 14. Jahrhundert in Italien entstanden sind. Das älteste erhaltene Set trägt den Namen Visconti Sforza und erinnert stark an kostümierte Menschen, wie wir sie heute noch vom Karneval kennen. Vor allem von den Originalen aus Venedig. Die liebevoll illustrierten Spielkarten wurden für ein Kartenspiel namens Tarocchi verwendet, das zu seiner Zeit schnell in Europa populär wurde. Von diesem Spiel abgeleitet entstand auch der Name Tarot, den wohl jeder schon mal irgendwie gehört hat. Obwohl die Karten schon immer konnotative Bilder enthielten, wie die Karte des Todes, des Gehenkten oder auch des Turms, wurde ihnen bis zum 18. Jahrhundert keine okkulte Bedeutung zugeordnet. Das kam erst später.

RUNEN

Von den Runen hast du bestimmt schon mal gehört. Sie sind in der heidnischen als auch in der magischen Community ein beliebtes Mittel, um Zauber zu wirken, Schutzkreise auszubreiten, sie irgendwo magisch miteinzuweben, aber auch um Weissagungslegungen damit zu machen. Die Runen selbst entstanden in Nordeuropa. Aus der nordischen Mythologie geht hervor, dass sich Odin neun Tage lang an einem Baum aufhängte, nur um die Geheimnisse der Runen erfahren zu dürfen. Im Ursprung dieses Alphabets, welches Futhark genannt wird, gab es vierundzwanzig Zeichen. Sie basierten auf lateinischen Buchstaben, die zu der Zeit schon im Mittelmeerraum verwendet wurden. Das Runenalphabet besteht dabei vor allem aus vertikalen Stäben und diagonalen Ästen. Trotz ihrer Einfachheit lassen sich in ihnen bestimmte Symbole erkennen, wenn man ihrer Entstehungsgeschichte folgt. Die Reihenfolge der Zeichen des alten Futharks scheint dabei nicht zufällig zu sein, denn eine ganz bestimmte Frequenz wiederholt sich auf Inschriften immer und immer wieder. Es ist die folgende:

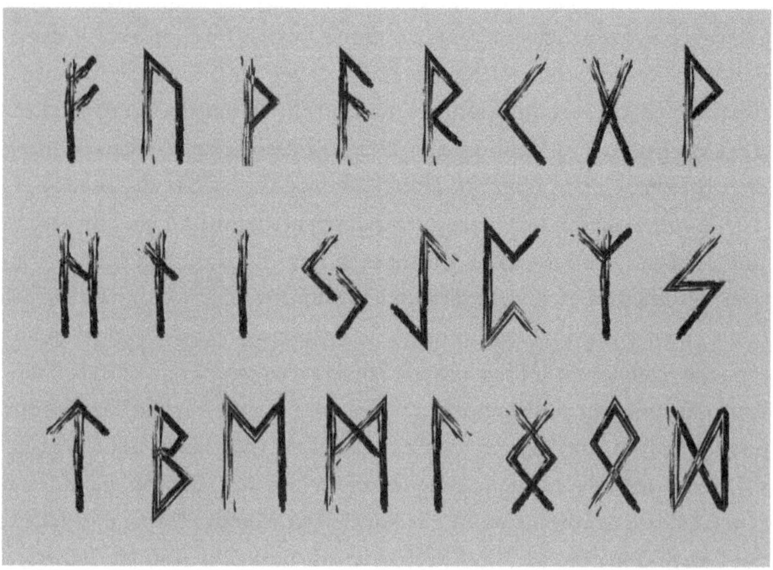

Aufgrund des wachsenden Trends zur nordischen Mythologie sind auch Runen als Weissagungsform immer beliebter geworden und aus dem Neuheidentum kaum noch wegzudenken. Dadurch gibt es mittlerweile Runensets in allerlei Form zu kaufen, ob aus Holz, bestimmten Kristallen, Knochen oder Glas. Es ist für jeden etwas dabei. Das Schöne ist, dass man solche Sets auch leicht selbst herstellen und sie aufgrund ihrer einfachen Symbolik leicht in eigene magische Praktiken einweben kann. An dieser Stelle sollte aber achtungsvoll angemerkt werden, dass nur diejenigen mit Runen arbeiten sollten, die sie wirklich verstanden haben. Ansonsten kann das auf magischer Ebene ganz schnell nach hinten losgehen. Denn sie beherbergen viel Macht in sich, die man richtig anwenden können sollte. Nicht umsonst ist Odins warnende Ansprache in »Odins Runenlied« die folgende:

»Weißt du zu ritzen? Weißt du zu erraten?
Weißt du zu finden? Weißt zu erforschen?
Weißt du zu bitten? Weißt Opfer zu bieten?
Weißt du, wie man senden, weißt, wie man tilgen soll?«

Runen sind dabei keine Sprache, sondern das altgermanische Alphabet, dessen Zeichen jeweils einen Ton repräsentieren, manchmal auch mehrere. Die Runen wurden allen voran in Skandinavien genutzt, genauso wie auf den Britischen Inseln und den Inseln im Nordatlantik. Und das von der römischen Eisenzeit bis ins Mittelalter hinein.

TASSEOGRAFIE

Tasseografie ist ein Sammelbegriff für Weissagungen aus dem Getränkesatz in Gefäßen. Dazu gehört das bekannte Lesen von Teeblättern, von Kaffeesatz, aber auch von so was wie Weinsedimenten. Es ist nicht ganz klar, wo genau diese Tradition anfing, aber sie verbreitete sich von Asien aus im Osmanischen Reich bis hin zu den Britischen Inseln oder umgekehrt. Die älteste schriftliche Veröffentlichung zu diesem Thema erschien im 18. Jahrhundert. Darin ging es um die Kunst des Wahrsagens in Form des Lesens von Teesatz. Das ist eine klassisch asiatische

Tradition, während das Lesen aus dem Kaffeesatz vor allem aus der türkischen Kultur stammt. Klassischer türkischer Kaffee hinterlässt dicke Sedimente, die schöne und bedeutungsvolle Muster am Tassenrand und -boden zeichnen. Das Kaffeesatzlesen wird als Kaffeedomantie bezeichnet und ist heute noch in der Türkei bei Frauen eine beliebte Weissagungsmethode, die auch die Gemeinschaftlichkeit fördert. Dies liegt daran, dass man lange und ausgiebig redet, Zeit miteinander verbringt und die Zeichen des Kaffeesatzes gemeinsam deutet.

PENDEL

Pendeln wird im Englischen auch als *dowsing* bezeichnet. Sowohl Einhandrute als auch Wünschelrute gehören genauso dazu wie das klassische Pendel: ein Faden mit einem Gewicht am Ende. Auch in der heutigen Zeit gilt das Pendeln als eine der einfachsten Weissagungsformen und ist vor allem für seine einfache Herangehensweise zum Beantworten von Ja-nein-Fragen bekannt. Aber so simpel muss es nicht bleiben. Wenn man den richtigen Dreh raushat und dazu etwas Übung, dann ist es wie mit allem: Es ist sehr viel mehr möglich, als man anfangs glaubt. Es gibt Pendeldiagramme, die dir komplexe Antwortmöglichkeiten zur Verfügung stellen. Das Schöne an dieser Form der Divination ist, dass sie schnell, sicher und einfach zu erlernen ist. Und so ein Pendel muss auch nicht die Welt kosten, zur Not bastelt man es sogar selbst, wenn alle Stricke reißen. Du kannst dich dieser einsteigerfreundlichen Kunst also jederzeit widmen und deine ersten Versuche damit machen.

Beim Pendeln ist der Dreh- und Angelpunkt vor allem das Erlernen des richtigen Fragens. Konkret, hilfreich und nützlich sollten die Fragen sein. Somit trainiert man diesen Aspekt direkt mit.

Diese Kunst der Divination ist schon jahrtausendealt und durchdringt alle Epochen und Kulturen. Auf viertausend Jahre alten Gemälden an ägyptischen Tempelwänden kann man schon Szenen betrachten, die an das Auspendeln mit einer Wünschelrute erinnern. Heutzutage sind Wünschelruten in der spirituellen Szene vor allem beliebt, um Auren zu erkunden oder bei Kontakt mit Wesen aus der Anderswelt Informationen zu erhalten. Damals jedoch waren sie allen voran dafür gedacht, Wasseradern oder Erze zu finden. In ihrer urigsten Form war die Wünschelrute nur ein gegabelter Stock, den man locker an den beiden Enden festhielt und ausschlagen ließ.

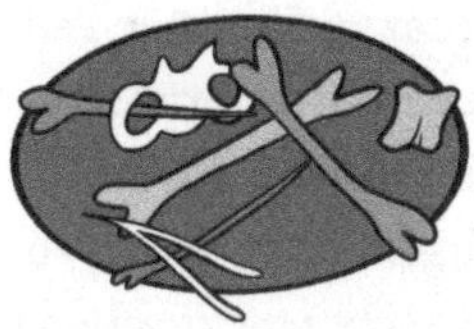

OSTEOMANTIE

Osteomantie beschreibt die Divination mit Knochen, was auch als Knochenlesen bezeichnet wird. Wie bei allen anderen Divinationstechniken wird auch dabei versucht, einen Blick in die Zukunft zu erhaschen. Auf der anderen Seite kann durch die tiefe Verstrickung mit dem Jenseits wegen der Nutzung von Überresten Verstorbener auch eine Botschaft aus der Anderswelt übermittelt werden. Auch diese Weissagungsmethode ist sehr alt, denn wir Menschen haben immer schon alles zum Deuten genutzt, was uns in die Finger kam.

Obwohl es hier, wie bei jeder Kategorie, auch wieder verschiedene Variationen gibt, arbeitet die heute wohl am meisten genutzte mit etwa fünf Knochen, um damit Ja-nein-Fragen zu beantworten. Aber es gibt auch große Knochensets, die viele Teile enthalten, oftmals ergänzt durch Hölzer, Nüsse, Schalen, Federn, Anhänger, Metalle und sonstige Gegenstände, um komplexere Bilder zu werfen. Historisch betrachtet gab es eine Methode, bei der tierische Knochen verbrannt wurden und die sich bildenden Risse sowie Rußablagerungen von einem Schamanen gelesen wurden. Die früheste Form dieser Methode, die als Pyroosteomantie bezeichnet wird, kommt aus China und umfasste neben Knochen von Schafen, Hirschen, Rindern und Schweinen auch Schildkrötenpanzer.

CEROMANTIE

Ceromantie beschreibt die Weissagung durch das Erhitzen von Wachs, das dann im kalten Wasser bestimmte Formen annimmt. Sein allseits bekannter Vorgänger, den die meisten von uns noch aus ihrer Kindheit kennen, ist das Bleigießen. Eine sehr beliebte Divinationsmethode für Otto Normalverbraucher zu Silvester. Jedoch wurde das Bleigießen vor einiger Zeit in unseren Breitengeraden verboten, da sich herausgestellt hat, dass durch das Erhitzen giftige Dämpfe entstehen können. Darum würde ich im Allgemeinen davon abraten und lieber farbiges Wachs nutzen, das ebenso schön anzusehen und auch gut zu lesen ist.

Das Bleigießen kam schon bei den alten Römern vor. Das Wachsgießen hingegen hat seine Wurzeln in der alten keltischen Zeit. In einigen Überlieferungen wird gesagt, dass die Druiden um 500 n. Chr. Kerzen für ihre Nachtwachen nutzten, die sie danach in eine Schüssel gaben, um so Vorzeichen für die Zukunft zu erhalten.

LITHOMANTIE

Die Weissagung mit Steinen wird als Lithomantie bezeichnet. Dabei werden die Form der Steine, wie sie beim Fallen liegen bleiben und die Reflexionen durch das Licht auf ihnen gedeutet. In einigen Kulturen war das Werfen von Steinen so alltäglich, wie es bei manchen heute das Tageshoroskop ist. Leider ist nicht viel von diesem Wissen erhalten geblieben, und wir können nicht wirklich zurückverfolgen, wie genau unsere Ahnen die Steine gedeutet haben. Was wir jedoch historisch belegen können, ist, dass diese Form der Divination sehr alt ist. Immerhin haben Archäologen in den bronzezeitlichen Ruinen der Stadt Gegharot in Armenien bemalte Steine gefunden, die für politische Vorhersagen genutzt wurden. Aus vielen dieser Funde geht hervor, dass polierte und mit Symbolen verzierte Steine dafür präpariert wurden. Teilweise werden sie auch als eine Vorstufe der Runensteine betrachtet, die später in den skandinavischen Regionen großen Aufschwung erhielten.

Du kannst dir für die Lithomantie Sets aus Kieselsteinen genauso wie aus Kristallen oder Edelsteinen zusammenstellen. Beliebt ist es auch, verschiedenste Steine zu nutzen, sie zu mischen, jedem ein Thema zuzuordnen und dann das nach dem Werfen entstandene Bild im Kontext zu betrachten.

Sets vom kleinsten Ausmaß haben nur zwei Steine, und es geht hin bis zur beliebtesten Methode mit genau dreizehn Stück. In der klassischen Version stehen diese dreizehn Steine für Glück, Magie, das Selbst, Liebe, Karriere, das Zuhause sowie die Planeten Merkur, Venus, Mars, Jupiter, Saturn, Sonne und Mond. Diese Form der Lithomantie kommt insbesondere von den Britischen Inseln.

SCRYING

Im Deutschen wird Scrying auch als Kristallomantie bezeichnet und beschreibt dabei die Nutzung aller spiegelnden Flächen zum Deuten von prophetischen Nachrichten.

So gesehen gehört die Kristallkugel natürlich auch zum Scrying. Kristallkugeln gibt es in allerlei Größen, doch die klassische pralle, die einem einfällt, wenn man an die Wahrsagerinnen in TV-Serien denkt, kostet eine gute Stange Geld. Sie kann aus Glas oder aus Quarz hergestellt sein. Um eine Kristallkugel zu lesen, ist es vor allem wichtig, den Kopf komplett freizubekommen und diesen starren Blick zu entwickeln, der zwischen tiefer Wahrnehmung und Dösen liegt. Die Realität verschwimmt, und so langsam zeichnen sich Bilder, Reflexionen und Konstellationen ab. Am besten platziert man hinter der Kugel noch eine flackernde Kerze, um den Geist zum Fantasieren anzuregen. Das

Lesen auf diese Weise ist zu Recht etwas gewöhnungsbedürftig, aber sehr lohnenswert, wenn man diese Kunst meistert. Meine Kugel dient bisher nur zu Dekorationszwecken, aber wer weiß, vielleicht ändert sich das ja mal irgendwann, wenn ich einen ruhigen Moment habe, um mich dieser Kunst zu widmen.

Die Katoptromantie ist nicht nur ein echter Zungenbrecher, sondern beschreibt die Divination mit Spiegeln. Spiegel haben schon seit jeher eine faszinierende Wirkung auf den Menschen. Den Mythen nach werden sie als Portale in die Spiegelwelt unserer Realität betrachtet oder als Zugang in die Anderswelt, der verschlossen und sicher gehalten werden sollte. Um Spiegel ranken sich etliche schaurige Geschichten, ebenso wie fantastische Fabeln. Es besteht immer das Risiko, in ihnen etwas zu erblicken, was wir nicht sehen wollen.

Hast du dich schon mal lange und intensiv in einem Spiegel selbst angestarrt? Irgendwann wird die Situation merkwürdig, surreal, als ob da mehr wäre, als ob das gar nicht wirklich du bist. Es ist also nicht verwunderlich, dass sich daraus eine Version der Weissagung ergeben hat.

Wasser in einer Schale wurde als spiegelnde Oberfläche schon von den alten Azteken verwendet. Spiegelungen und Wasser haben schon seit jeher für alle Kulturen die gleiche symbolische Bedeutung als Portale zur Geisterwelt. Auch heute noch ist diese Weissagungsmethode sehr beliebt, vor allem bei den Wixárikas, einer indigenen Völkergruppe in Mexiko. Zur Katoptromantie kannst du einen klassischen Spiegel verwenden oder einen aus schwarzem Stein, besonders beliebt ist hierbei Obsidian.

NUMEROLOGIE

Aus der spirituellen Szene ist auch die Numerologie nicht wegzudenken, denn mit dem Erschaffen der Zahlensysteme haben wir Menschen zugleich eine Mystik dahinter erkannt. Eine andere Dimension der Existenz, eine neue große Welt, um die Dinge anders zu beschreiben und berechenbar zu machen. Darum ist es nicht verwunderlich, dass viele heidnische Traditionen eine Praxis der Numerologie entwickelt haben.

Das Grundprinzip sagt aus, dass Zahlen eine große magische Bedeutung haben. Jede Zahl hat ihre eigene Macht, ihre Schwingung, und sie können kombiniert, addiert, mit Buchstabensystemen verbunden werden und vieles mehr. Den Begriff Engelszahlen hast du sicherlich schon einmal gehört, denn diese werden gerne von Entitäten, allen voran von deinem Geburts-Schutzgeist verwendet, um mit dir zu kommunizieren. Neben ihrer mystischen Bedeutung und den Botschaften, welche die Zahlen in sich tragen können, haben sie auch eine planetarische Bedeutung.

Runtergebrochen ist die Numerologie das Studium der Zahlen und ihrer Wirkung auf die Welt, auf alles und jeden. Die Kunst, den Zahlen eine weitere Bedeutungsebene zuzugestehen, über Physik, Mathematik und den rein wissenschaftlichen Ansatz hinaus, kann bis 500 v. Chr. zurückverfolgt werden. Genau zu dieser Zeit gebar der berühmte Mathematiker Pythagoras eine Theorie, welche die Beziehung zwischen Zahlen und Musiknoten aufzeigte. Sowieso muss hier gesagt werden, dass die großen Denker, Wissenschaftler und Gelehrten oftmals gleichsam in Bereichen der Naturwissenschaft und auch Philosophie und Spiritualität tätig waren. Sie betrachteten die Welt noch im ganzheitlichen Ansatz, ohne dafür verurteilt zu werden. Die Schere, die Wissenschaft und Spiritualität wie zwei Kontraste einer Sache aussehen lässt, gab es damals so nicht, und sie ist meines Erachtens etwas, was uns auf dem Weg zum Verständnis der Geheimnisse der Welt eher hinderlich als förderlich ist. Das Wort Numerologie wurde übrigens erst 1907 eingeführt. Vorher hatte diese Herangehensweise keinen festen Namen, wenn sie auch von vielen praktiziert wurde.

I GING

I Ging wird auch I Ching genannt und ist in unserer westlichen Kultur die bekannteste chinesische Form der Weissagung. Bei dieser Form der Divination handelt es sich um zwei Münzen, die mehrmals geworfen werden. Das Fallmuster wird notiert und interpretiert. Gegenüber den meisten anderen, eher regionalen und heimischen Methoden der asiatischen Weissagungskünste findest du zum I Ging sehr viele Informationen auch in unseren westlichen Breitengraden. An sich ist es einfach zu erlernen, bedarf aber einer intensiven Auseinandersetzung mit der Materie, da die vielen Möglichkeiten, wie die Münzen fallen können, erlernt werden müssen. Tatsächlich gilt das I Ging als eines der ältesten klassischen Wahrsagesysteme mit einem der ältesten dazu geschriebenen Bücher. Es ist auch heute noch unter vielen Namen, beispielsweise »Yijing. Das Buch der Wandlungen« zu finden. Der erste auffindbare Text zu der Technik des I Ging wurde auf 1000 v. Chr. datiert. Das I Ging basiert auf der Kosmologie von Yin und Yang und somit auf den fundamentalen gegensätzlichen Kräften des Universums.

LIBANOMANTIE

Libanomantie ist die Weissagung mit Weihrauch, die gerade in unseren Zeiten eine gute Wissensgrundlage darstellt, wo dieser Rauch für die energetische Reinigung so beliebt ist. Diese Form der Weissagung dient in vielen Fällen oftmals eher zur Kommunikation mit dem eigenen Geburts-Schutzgeist. Dennoch gibt es ein paar grobe Regeln, die auch beim energetischen Reinigen beachtet werden können. Bedenke, dass es sich dabei um sehr stark vereinfachte Faustregeln handelt, während die Libanomantie im vollen Spektrum sehr umfangreich ist und eine große Bandbreite an Bedeutungen für die verschiedenen Rauchmuster kennt. Dir aber kurz ein paar der Grundlagen mitzugeben kann meines Erachtens jedoch absolut nicht schaden und dir helfen, die Energien in deinen Räumlichkeiten besser einzuschätzen.

In der Hexerei gehen wir davon aus, dass uns angestaute Energien blockieren, wir fühlen uns damit schlecht. Dann haben wir Miasma im Raum. Zu viel von etwas ist nämlich zwangsläufig nicht unbedingt hilfreich. Also sollten wir Bewegung reinbekommen. Wenn der Rauch zum Beispiel eines Räucherstäbchens sehr geradlinig nach oben in einem Strang verläuft, deutet dies darauf hin, dass die Energien bei dir sehr kompakt und schwer sind. Dann solltest du ordentlich weiter reinigen und, wenn es nicht besser wird, vielleicht ein paar von den hier gelernten anderen Methoden bezüglich Miasma nutzen, um die Energien bei dir zu lockern. Wenn der Rauch sehr schwungvolle Muster macht, kann die Energie fließen, und du hast zumindest keine verhärteten Energien im Raum. Bedingung dafür ist natürlich, dass es windstill ist und du gerade kein Fenster offen hast. Sonst macht das Deuten wenig Sinn. Die physikalischen Gegebenheiten wollen wir natürlich nicht außer Acht lassen. Wenn sich der Rauch in der Mitte spaltet und sich beide Stränge wie Wirbel eindrehen, dann steht das für ein gutes Omen. Du stehst unter starkem Schutz, und jemand oder etwas möchte dich das wissen lassen, sodass du dich wohlig zurücklehnen kannst in deinen vier Wänden.

OUIJA

Das Ouija-Brett, auch Hexenbrett, Geisterbrett oder Gläserrücken genannt, ist wohl etwas, das du aus der Jugend oder zumindest aus Horrorfilmen kennen solltest. Das erste offiziell verkaufte Ouija gab es erst 1890 von Hasbro. Also ist die Historie dahinter wesentlich frischer, aber definitiv nicht uninteressanter als bei anderen Wahrsagungsmethoden. Wobei man hier klarmachen muss, dass es sich bei Ouija eher um ein Kommunikationsmittel handelt, wenn nicht sogar um *das* Kommunikationsmittel mit der Anderswelt überhaupt. Es hat leider einen recht schlechten Ruf, was vor allem daran liegt, dass man damit umzugehen wissen sollte, bevor man sich etwas ins Haus holt, was man nicht mehr loswird. Viele unangenehme Geschichten aus der Community starten damit, dass sie als Kinder oder Jugendliche aus einer Mutprobe oder Wetteifer heraus das Hexenbrett zur Kommunikation mit verstorbenen Verwandten oder zur Beschwörung von dämonischen Entitäten benutzt haben. So aus Spaß. In vielen dieser Geschichten sind dann unschöne Dinge passiert, und einige verfolgt das unwohlige Gefühl, beobachtet zu werden, vom Pech verfolgt zu sein oder sich in Ängste diesbezüglich hineinzusteigern, bis heute. Darum wird von vielen erfahrenen und medial begabten Hexen oftmals davon abgeraten, es überhaupt zu nutzen. Ich persönlich nutze es sehr gerne, hatte noch nie eine bleibende schlechte Erfahrung und fühle mich recht sicher im Umgang damit. Die Problematik bei diesem Werkzeug ist, dass durch die Zusammenkunft mehrerer Personen und die energetische Fokussierung auf ein Wesen, das mit ihnen kommunizieren soll, ein Portal in die Anderswelt geöffnet wird. Man sollte also wirklich Ahnung haben, wem oder was man Eintritt gewährt, wie man sich richtig schützt, wie man feststellt, ob man gerade von einem Trickster, also einer betrügerischen Entität, hinters Licht geführt wird oder ob es wirklich die verstorbene Tante ist, mit der man redet. Und allem voran solltest du wissen, wie du dieses verdammte Portal wieder schließt. Ansonsten willkommen beim Tag der offenen Tür in deinen eigenen vier Wänden.

Da dieses Anrufungswerkzeug darauf ausgelegt ist, von mehreren Menschen benutzt zu werden, damit es sein volles Potenzial entfaltet, macht es recht wenig Sinn, es allein zu versuchen. Dafür gibt es andere Methoden, die weitaus ungefährlicher sind.

CHIROMANTIE

Chiromantie beschreibt die Kunst des Handlesens, die auch als *Palmistry* oder *Palm Reading* bezeichnet wird. Wie der Name schon vermuten lässt, werden dabei künftige Ereignisse, Potenziale und die Vergangenheit einer Person aus den Linien, Falten, Mustern und Zeichnungen in der Hand gelesen. Dabei wird nicht nur die Handfläche einbezogen, sondern auch die Finger, die Nägel, die Handform und die Haptik der Haut. Wo genau das Handlesen zuerst entstand, ist nicht eindeutig belegbar, aber wir wissen, dass es drei prägende Pfade gibt: die indische Form, die chinesische und die westliche. Alle drei unterscheiden sich im Detail schon ziemlich stark, weswegen es sinnvoll ist, sich einer von ihnen zu widmen oder, sofern genug praktische Erfahrung vorhanden ist, die Erkenntnisse aus den drei Richtungen zu mischen und seinen eigenen Handlesestil zu entwickeln.

Handlesen wird im westlichen Raum zudem in zwei Kategorien unterteilt: Chirognomie und Chiromantie. Chirognomie ist die Praxis, die Charaktereigenschaften einer Person anhand ihrer Handform, Finger, Nägel und anderer Faktoren herauszulesen. Chiromantie wiederum ist die Kunst, die Linien der Handflächen zu deuten und entsprechend für die Deutung von Zukunft und Vergangenheit zu nutzen. In der Regel beachtet auch ein westlicher Handleser beide Aspekte, weswegen diese Unterteilung im Sprachgebrauch kaum genutzt wird. In vielen Kulturen wird diese Unterscheidung gar nicht erst getroffen. Tatsächlich wurde sie in unseren westlichen Breitengeraden nur erschaffen, um mit der Chirognomie einen wissenschaftlicheren Ansatz gegenüber der Chiromantie zu haben. Hat nicht wirklich geklappt, letztendlich bleiben beide Varianten und alle darunterfallenden Faktoren eine Frage des Glaubens an das Schicksal und das wissenschaftlich nicht Erklärbare.

Zu guter Letzt ist es noch wichtig zu wissen, dass das Handlesen eng mit der Astrologie verknüpft ist, denn die Fingerballen der Hand sind den früher wichtigsten Planeten zugeordnet worden, was bis heute erhalten blieb.

OOMANTIE

Oomantie ist eine Weissagungsform, die mit Eiern durchgeführt wird. Eine Praktik, die in der spirituellen Szene sehr bekannt und gängig ist, vor allem wenn es darum geht, einmal abzuchecken, wie die eigenen Energien und die Aura gerade so aufgestellt sind. Dafür benötigst du ein absolut frisches Ei, je älter das Ei, umso verfälschter das Ergebnis. Da scheitert es bei vielen Städtlern leider schon. Dann reibt man das Ei über den gesamten Körper und alle Chakren, lässt sich dabei auch etwas Zeit und zerschlägt es anschließend in einem lauwarmen Glas Wasser. Dann werden Eigelb und Eiweiß gelesen. Bilden sich Mantel, Filme, Fäden, Bläschen? Ist Blut eingeschlossen oder andere Anomalien? All das wird gedeutet. Für das Lesen der Aura gilt die Regel: Je sauberer und ordentlicher das Ergebnis, desto besser die Energien.

Jedoch ist auch die Oomantie, wie jede Kunst der Weissagung, recht komplex und kann und sollte entsprechend erlernt werden, wenn man sie richtig anwenden will. Diese Divinationsmethode wurde schon im antiken Griechenland und im alten Rom verwendet und zog sich auch über die skandinavischen Länder hinweg. Es ist bekannt, dass in den bekannten Hexenprozessen von Salem die beschuldigten Frauen die Weissagung mit Eiern praktizierten, um den Beruf ihrer zukünftigen Ehemänner zu deuten. In Neuengland verbreitete es sich im 17. Jahrhundert als gängige Weissagungsmethode.

ASTROLOGIE

Von allen Formen der Wahrsagerei ist die Astrologie wohl jene, die am meisten in der Gesellschaft angekommen ist. Hier und da natürlich irgendwie auch belächelt, aber kaum eine Zeitschrift hat sie nicht: die wöchentlichen Horoskope. Jeder kennt sein Sternzeichen und hat im Leben wenigstens einmal gehört oder gelesen, was das für ihn zu bedeuten hat. Entweder hast du dann den Kopf geschüttelt oder dich ein wenig darin wiedererkannt. Aber dieses Themenfeld ist unglaublich komplex, mehr, als es für den Laien zuerst erscheinen mag. Astrologie ist eine Divinationsmethode unter Betrachtung der Sterne, Planeten und einiger weiterer Faktoren. Sie kann bis mindestens 2000 v. Chr. nachverfolgt werden. Um dir einen guten ersten Überblick zu verschaffen, habe ich diesem Thema im Folgenden ein ganzes Kapitel gewidmet.

HIMMELSMAGIE

Der Himmel ist ein magisches Konstrukt. Wenn wir hineinschauen, sehen wir Farbenspektakel, von hell zu bunt zu dunkel, grau und funkelnd. Alles ist darin enthalten. Der Kosmos, das Universum selbst ist eines der schönsten Farbenspiele, die unsere Existenz zu bieten hat, und wie kleine Elstern blicken wir hinauf in den Himmel und können nicht anders, als fasziniert davon zu sein. Die Farben, das Licht, das Dunkel. Es holt den Glanz und die Begeisterung unserer Kindheit zurück. Unser Herz wird leicht, und wir spüren das Leben tief durch unsere Adern pulsieren. Aber wieso ist das so? Ist es die Verbundenheit, die wir fühlen? Weil wir selbst aus Sternenstaub bestehen? Und das meine ich recht wörtlich. 97 Prozent der Atome, aus denen wir erschaffen wurden, sind interstellaren Ursprungs.

DIE BASIS DER ASTROLOGIE

Die Astrologie kann in der Magie eine tragende Rolle spielen, sofern du diese beiden sehr umfangreichen Bereiche miteinander kombinieren möchtest. Früher, als die ersten Menschen die Sterne beobachteten, und auch später in der Hochkultur der alten Griechen waren Astrologie und Astronomie in dem Begriff der Astrologie vereint. Für die Philosophen und Denker dieser Zeit gehörten wissenschaftliche und theosophische Ansätze gleichermaßen zusammen. Erst viel später kam es zu einer Trennung dieser beiden Themen.

Dann hieß es: Astronomie versus Astrologie. Astronomie gilt seither als ein wissenschaftlicher Bereich, der sich mit Himmelsobjekten, dem Weltraum und dem Universum als physikalischer Größe im Gesamten befasst inklusive deren nachweisbarer Einflüsse auf unsere Erde, wie die Wirkung der Sonne und des Mondes. Astrologie wiederum bezieht sich auf das Studium von Bewegungen und Positionen einer bestimmten Menge von Himmelskörpern und deren energetischen Einfluss auf lebende Individuen. Astrologie ist somit der Glaube, dass die Ausrichtung von Sternen und Planeten die Persönlichkeit, ihre Potenziale und die Umgebung jedes Lebewesens beeinflusst und von Geburt an prägt.

Was sind meine »Big 3«?

Zuallererst müssen wir mal klären, was man unter den »großen Drei« versteht. Damit sind dein Sonnenzeichen, dein Aszendent und dein Mondzeichen gemeint. Schauen wir uns die mal genauer an:

Dein Sonnenzeichen (englisch *sun sign*) ist das, was im Volksmund dein Sternzeichen heißt. Also das Zeichen, das du aufgrund deines Geburtsmonats hast und das beschreibt, in welchem Tierkreiszeichen sich die Sonne zum Zeitpunkt deiner Geburt befand. Die Sonne steht für deine wesentliche Persönlichkeit, deinen Willen, deine Individualität, Lebenskraft und deinen Wunsch nach Macht. Mehr als jeder andere Planet stellt die Sonne dar, wer du bist. Sie repräsentiert im Allgemeinen die Männlichkeit. Was uns aufgrund unserer Artikelnutzung erst mal merkwürdig vorkommen mag. Jedoch ist die Sonne in den meisten Sprachen männlich deklariert.

Der Aszendent (englisch *rising sign*) wird auch als aufgehendes Zeichen beschrieben. Wie du jetzt weißt, steht das Sonnenzeichen als Hauptzeichen für deinen inneren Kern, während der Aszendent das Auftreten deiner Person beeinflusst und wie du für andere nach außen hin wirkst. Das gilt so lange, bis sie dich richtig kennenlernen. Deswegen wird der Aszendent auch gerne als Maske bezeichnet, was aber nicht zwangsläufig so dramatisch ist, wie es zunächst klingen mag. Dich durch deinen Aszendenten im Außen auszudrücken kann auch eine Eigenschaft sein, die dir große Freude bereitet, eben weil es dir ganz natürlich liegt. Darunter jedoch entfaltet sich dann die Komplexität deiner Persönlichkeit, die wir im gesamten Geburtshoroskop deuten können.

Das Mondzeichen (englisch *moon sign*) ist eben genau das: Es beschreibt das Zeichen, in dem der Mond zu deiner Geburt stand. Das Mondzeichen ist der Spiegel für die Tiefen deiner Selbst, für deine Emotionen, wie du mit ihnen umgehst, wie du die Welt wahrnimmst, wie du reagierst und was du wahrhaftig empfindest. Aber es repräsentiert auch das Unbewusste in dir. Der Mond zeigt im Allgemeinen die Weiblichkeit, was uns aufgrund unserer Artikelnutzung erst mal merkwürdig vorkommen mag. Jedoch ist der Mond in den meisten Sprachen weiblich deklariert.

Und dann gibt es noch den **Deszendenten**. Er ist nicht ganz so bekannt, soll aber für dein Allgemeinwissen nicht unerwähnt bleiben. Der Deszendent ist genau das gegenüberliegende Zeichen auf dem Tierkreis zu deinem Aszendenten. Hier dreht sich alles darum, welche Menschen in deinem Leben auftauchen werden, wo du tiefe Verbindungen aufbauen kannst, aber auch was für Eigenschaften dir in anderen wichtig sind. Der Deszendent soll dabei als Wegweiser fungieren, dir Pfade zur persönlichen Entwicklung aufzeigen und dich wissen lassen, wohin du dich am besten wenden solltest. Er ist sozusagen der Weg des wahren Selbst, den du mit seiner Hilfe tiefergehend entdecken und begehen kannst.

Das größte Missverständnis bezüglich Astrologie

Oft sagen mir Leute, dass sie so gar nicht ihrem Sternzeichen entsprechen, wodurch sie für sich gleich begründet sehen, dass das alles eh absoluter Humbug ist. Aber zwölf Sternzeichen für acht Milliarden Menschen? Ist klar, dass diese Rechnung nicht aufgehen kann. Das würde absolut keinen Sinn machen. Die Astrologie ist wesentlich komplexer, und das ist vielen eben leider noch nicht bewusst. Allein schon die Kombinationsmöglichkeiten der Big 3 ergeben 3 hoch 12 und somit 531 441 Möglichkeiten. Liest du das? Und dann haben wir ja noch die Planeten, die Häuser und einige andere Variablen. Bevor also jedes mögliche Geburtshoroskop einmal vergeben wurde, ist es wahrscheinlicher, dass die Sonne vorerst erlischt und stirbt und somit auch unser Planet.

Halten wir also fest: Es gibt eine immens große Anzahl an potenziellen Kombinationen. Deine ist einzigartig. Also nein, du musst nicht deinem Sonnenzeichen entsprechen. Nimm dir gerne etwas Zeit, und setz dich mal explizit mit deinem Geburtshoroskop auseinander. Das lohnt sich allemal und macht eine Menge Spaß.

Das Geburtshoroskop

Dein Geburtshoroskop zeichnet den Stand der Planeten und Sterne in dem Moment ab, als du geboren wurdest und das Licht der Welt erblicktest. Diese Karte deiner Geburt kannst du ganz leicht mit deinem Geburtstag, deinem Geburtsort und deiner exakten Geburtszeit im Internet ermitteln. Sei ein bisschen vorsichtig, denn es kann auch vorkommen, dass unterschiedliche Rechner unterschiedliche Ergebnisse ausspucken – da musst du etwas aufpassen. Es gibt viele verschiedene Systeme, die genutzt werden können, um dieses Geburtshoroskop zu erstellen. Das klassische und somit wohl auch beliebteste ist das System nach Placidus. Über Astrologie kannst du Hunderte Bücher lesen und Kurse besuchen, und du wirst immer etwas Neues dazulernen. Dennoch gebe ich dir hier einen kleinen Einblick.

DIE TIERKREISZEICHEN UND IHRE BEDEUTUNG

Die Erde kreist um die Sonne, darum sind am nächtlichen Himmel die Sternbilder immer in einem anderen Stand zu erkennen. Diese Bilder ergeben in verschiedenen Zonen die sogenannten Sternzeichen, auch Tierkreiszeichen genannt, obwohl nicht alle der Sternzeichen Tiere sind. Die zwölf Tierkreiszeichen werden standartmäßig in einem Kreis angeordnet, der entsprechend in 30-Grad-Abschnitte aufgesplittet ist.

Gerade, wenn du deinen Geburtstag nutzt, um dein Sonnenzeichen daraus abzulesen, bedenke, dass es Übergangszeichen gibt. Deswegen schwanken die Angaben immer um einige Tage, da die Zeichen jedes Jahr unterschiedliche Übergänge von einem ins andere haben. Dein genaues Zeichen, solltest du in einem »Übergang« geboren sein, kannst du anhand deiner Geburtszeit im Internet finden. Schauen wir uns die zwölf Klassiker und ihre Zuordnung mal an:

Widder ♈

Zeitraum: etwa 21. März bis 22. April
Element: Feuer
Qualität: kardinal
Archetypen: die Kriegerin, die Überlebende, die Draufgängerin
Schlüsselwörter: Mut, Wille, Kämpfer, dynamisch, schnell, wettbewerbsfähig, energiegeladen, durchsetzungsfähig
Profil: *Ich bin.* Der Widder trägt die Themen Selbst, Identität, persönliche Macht, Initiative, Energie und Kraft in sich. Widder sind Kämpferherzen.

Stier ♉

Zeitraum: etwa 20. April bis 21. Mai
Element: Erde
Qualität: fix
Archetypen: der Erdgeist, die Musikerin, die Stille
Schlüsselwörter: Gelassenheit, Natur, Stille, Musik, zuverlässig, sinnlich, kreativ, materiell
Profil: *Ich habe.* Der Stier trägt die Themen körperliche Freude, Geduld und Sturheit, Streben nach einem örtlichen Paradies auf Erden und dem Land der Fülle in sich. Stiere sind Genießer.

Zwilling ♊

Zeitraum: etwa 21. Mai bis 21. Juni
Element: Luft
Qualität: beweglich
Archetypen: die Zeugin, die Lehrerin, die Journalistin

Schlüsselwörter: Beobachter, Kommunikation, Neugier, Staunen, Intelligenz, Ausdruckskraft
Profil: *Ich denke.* Der Zwilling trägt die Themen Vielfalt, Spaß an Bewegung und Experimentieren, Zwischenmenschlichkeit, Reisen und Sprache in sich. Zwillinge sind Fantasten.

Krebs ♋

Zeitraum: etwa 21. Juni bis 23. Juli
Element: Wasser
Qualität: kardinal
Archetypen: die Mutter, die Heilerin, die unsichtbare Frau
Schlüsselwörter: nach innen, Gefühle, fürsorglich, fantasievoll, freundlich, mitfühlend, beschützend
Profil: *Ich fühle.* Der Krebs trägt die Themen Zuhause, Familienleben, Patriotismus, Emotionen, Launenhaftigkeit, Vergangenheit und Sehnsucht nach der Kindheit in sich. Krebse sind Unterstützer.

Löwe ♌

Zeitraum: etwa 23. Juli bis 23. August
Element: Feuer
Qualität: fix
Archetypen: die Königin, die Darstellerin, der Clown
Schlüsselwörter: Persönlichkeit, Darsteller, dramatisch, charismatisch, aufgeschlossen, stolz, selbstüberzeugt
Profil: *Ich werde.* Der Löwe trägt die Themen Reichtum, Großzügigkeit, Weitergabe von Weisheit, materieller Reichtum, Aufmerksamkeit und Rampenlicht in sich. Löwen sind Entertainer.

Jungfrau ♍

Zeitraum: etwa 23. August bis 23. September
Element: Erde
Qualität: beweglich
Archetypen: die Märtyrerin, die Perfektionistin, die Analytikerin
Schlüsselwörter: Reinheit, Perfektion, Service, detailliert, praktisch, loyal, analytisch, zuverlässig
Profil: *Ich analysiere.* Die Jungfrau trägt die Themen Gesundheit, Sauberkeit, Pflege, mathematische Präzision, Zwanghaftigkeit und Liebe zum Detail in sich. Jungfrauen sind Denker.

Waage ♎

Zeitraum: etwa 23. September bis 23. Oktober
Element: Luft
Qualität: kardinal
Archetypen: die Liebhaberin, die Künstlerin, die Friedensstifterin
Schlüsselwörter: Frieden, Harmonie, Gleichgewicht, Schönheit, Paradox, Ruhe, Diplomatie, Anmut
Profil: *Ich balanciere.* Die Waage trägt die Themen Suche nach Vollendung, Geselligkeit, Geschwätzigkeit, Diplomatie, Gerechtigkeit, Frieden und Sehnsucht nach der spirituellen anderen Hälfte in sich. Waagen sind Diplomaten.

Skorpion ♏

Zeitraum: etwa 23. Oktober bis 22. November
Element: Wasser
Qualität: fix
Archetypen: die Detektivin, die Zauberin, die Hypnotiseurin
Schlüsselwörter: Intensität, tiefes Fühlen, introspektiv, leidenschaftlich, stur, einfallsreich

Profil: *Ich will.* Der Skorpion trägt die Themen Geheimhaltung, Profanes, Unangemessenes, Sexualität, Tod, veränderte Bewusstseinszustände, Psychologie und Geschäftsfähigkeit in sich. Skorpione sind Rebellen.

Schütze ♐

Zeitraum: etwa 23. November bis 22. Dezember
Element: Feuer
Qualität: beweglich
Archetypen: die Wanderin, die Wissbegierige, die Philosophin
Schlüsselwörter: abenteuerlustig, sucht Neues & Fremdes, optimistisch, lustig, großzügig, offenherzig
Profil: *Ich sehe.* Der Schütze trägt die Themen Reise, Neugierde, Lehren sowie Lernen, Studieren, spirituelle Suche und Abenteuersucht in sich. Schützen sind Entdecker.

Steinbock ♑

Zeitraum: etwa 22. Dezember bis 20. Januar
Element: Erde
Qualität: kardinal
Archetypen: die Einsiedlerin, der Vater, die Bürgermeisterin
Schlüsselwörter: weltliche Macht, Integrität, Kletterer, geduldig, praktisch, diszipliniert, ernsthaft, unabhängig
Profil: *Ich benutze.* Der Steinbock trägt die Themen Geiz oder Mangel an materiellen Ressourcen, Ehrgeiz, Vorwärtsdrang, Disziplin, Wissen und Karriereorientierung in sich. Steinböcke sind Anführer.

Wassermann ♒

Zeitraum: etwa 20. Januar bis 19. Februar
Element: Luft
Qualität: fix
Archetypen: das Genie, die Revolutionärin, die Wahrsagerin
Schlüsselwörter: Freiheit, Individualität, Wahrheit, originell, fantasievoll, kompromisslos
Profil: *Ich weiß.* Der Wassermann trägt die Themen Freundschaft, gefundene Familie, Kameradschaft, das Neue, das Fremde, das Brechen von Normen, Rebellion, Veränderung und Revolution in sich. Wassermänner sind Querdenker.

Fische ♓

Zeitraum: etwa 19. Februar bis 21. März
Element: Wasser
Qualität: beweglich
Archetypen: die Mystikerin, die Träumerin, die Dichterin
Schlüsselwörter: Bewusstsein, Klarheit, Empathie, innere Welt, sanft, weise, künstlerisch
Profil: *Ich glaube.* Die Fische tragen die Themen Spiritualität, Okkultes, tiefe Mysterien, Knechtschaft und Selbst in sich. Fische sind Poeten.

Die Elemente der Zeichen

Die Beschreibung der Temperamente der Tierkreiszeichen durch Einordnung in die vier klassischen westlichen Elemente ist wohl die am weitesten verbreitete Methode zum Kategorisieren und ermöglicht dir für den Anfang einen schnellen Einstieg.

Feuer bringt Vitalität, Begeisterung und Intensität. Die Feuerzeichen sind Widder, Löwe und Schütze. Alle drei gelten sowohl als aggressiv, lustvoll als auch als leidenschaftlich. Denke dabei an echtes Feuer, denn es ist heiß, hinreißend und in manchen Fällen eben auch sehr zerstörerisch. Feuerzeichen entschuldigen sich selten, und wenn, dann ungern. Dafür sind sie eine unglaubliche *driving force*, sie preschen voran und erschaffen Dinge, ebnen den Weg, selbst wenn nicht mal eine Grundlage dafür vorhanden ist, und glauben dadurch, dass sie für Größeres bestimmt sind. Und ehrlich? Damit liegen sie gar nicht mal so falsch.

Erde bringt Stabilität, Vernunft und die Fähigkeit, Dinge zu Ende zu führen. Die Erdzeichen sind Stier, Jungfrau und Steinbock. Erdzeichen gelten als die Erbauer des Universums, weil sie Struktur lieben. Sie neigen auch zu Fleiß und Hingabe, denn Erdzeichen sind sehr genügsam und lieben einfach die Stabilität. Sie brauchen einen festen Plan, sonst fühlen sie sich schnell verloren. Sie sind gut darin, Dinge zu erhalten, auszuhalten und sich nicht von anderen aus der Ruhe bringen zu lassen. Wieso auch? Sie sind grundsätzlich schwer zu beeindrucken, was sie unglaublich unabhängig macht.

Luft bringt einen oftmals erhöhten Intellekt und erweiterte soziale Fähigkeiten mit sich. Die Luftzeichen sind Zwilling, Waage und Wassermann. Sie gelten als die Denker, Kommunikatoren und Anführer. Sie analysieren, protokollieren und untersuchen jeden Sachverhalt mit Hingabe. Sie haben zumeist eine »Leben und leben lassen«-Mentalität. Während die Wasserzeichen ihre Entscheidungen nach Gefühl treffen, geht es bei den Luftzeichen rein um den Intellekt. Und da bilden sie sich auch gerne mal etwas drauf ein, nicht wahr? Zugegebenermaßen sorgt diese intellektuelle Perspektive jedoch dafür, dass ihre Ideen grandios sind, sie andere gut begeistern und auch anleiten können. Sie haben eben den Durchblick von da oben, weit in der Luft.

Wasser bringt die Vielfältigkeit der Emotionen und eine gute, angeborene Intuition. Die Wasserzeichen sind Krebs, Skorpion und Fische. Wasserzeichen gelten als besonders tiefgründig, emotional ehrlich und sehr einfühlsam. Dadurch kommt es aber auch vor, dass sie sich regelmäßig Situation zu Herzen nehmen und kaum gesunde Grenzen setzen können. Sie haben oftmals eine natürliche Begabung, was Hellfühlen und die Verbindung zum Urvertrauen in ihre Intuition angeht. Sie geben sich oft unnötig mysteriös, aber wer mag es ihnen verübeln? Immerhin sind sie die geborenen medial Begabten.

Die Qualitäten der Zeichen

Die kardinalen, festen und veränderlichen Qualitäten der Zeichen, auch Modi oder Modalitäten genannt, sind für dich eventuell keine so bekannte Klassifizierung, können dir aber auch sehr hilfreich sein, um noch tiefer in die Materie einzusteigen. Lass sie uns kurz durchgehen.

Kardinale Zeichen: Das sind Widder, Krebs, Waage und Steinbock. Das Wort »kardinal« bedeutet so viel wie »besonders wichtig« oder »grundlegend«. Diese Zeichen gelten als sehr entschlossen, nahezu furchtlos und sehr authentisch. Alle diese Zeichen markieren den Beginn einer Jahreszeit. Die entsprechenden Menschen haben immer gute Ideen und sind die Initiatoren des Tierkreises. Auf der anderen Seite mögen können sie es gar nicht, wenn jemand ihre mühevoll erarbeiteten Pläne durchkreuzt, und können schnell unangenehm werden.

Feste Zeichen: Das sind Stier, Löwe, Skorpion und Wassermann. Diese Zeichen gelten als stoisch, stabil und stören sich an Veränderungen. Dadurch gelten feste Zeichen als besonders zuverlässig und entschlossen. Sie geben nicht so leicht auf. Ihr Unmut gegenüber Veränderung kann aber auch dazu führen, dass sie festgefahren werden, Chancen verpassen und immer auf ihrem Willen bestehen.

Bewegliche Zeichen: Das sind Zwilling, Jungfrau, Schütze und Fische. Diese Zeichen gelten als flexibel, anpassungsfähig, aber auch beeinflussbar. Sie können leichter mit dem Strom schwimmen als alle anderen und haben ein Händchen für Multitasking. Aber sie neigen auch dazu, sich leicht ablenken zu lassen und ihre Energien zu zerstreuen.

DIE ASTROLOGISCHEN HÄUSER

Es gibt ein weiteres System, das Geburtshoroskop einzuteilen: die Häuser. Die bekannteste Version ist wohl jene von Placidus, die er 1688 festlegte. Sie basiert auf der Zeit, die jedes Grad der scheinbaren Bewegung der Sonne um die Erde aufzeigt. Es wird daher auch als zeitbasiertes System angesehen. Dadurch unterteilt sich das Horoskop ein weiteres Mal in zwölf Abschnitte, die aber nicht gleich groß sind – die zwölf Häuser.

Haus 1: Haus des Selbst. Das erste Haus startet den Tierkreis und dreht sich vollumfänglich um die Anfänge im Leben. Um deine ersten Eindrücke, dein Ego, deine prägnantesten Wesensmerkmale, deinen physischen Körper und das Gefühl für dich selbst, das du in dir trägst.

Schlüsselwörter: persönliche Identität, soziale Identität, Aussehen & Maske

Haus 2: Haus der Besitztümer. Das zweite Haus dreht sich um materielle Ressourcen und alles, was dein sein soll. Egal ob Besitztümer, Grundstücke, Finanzen oder das Potenzial, mehr Geld zum Sparen anzuhäufen. Es geht aber auch um die Fähigkeiten, für Sicherheit zu sorgen, und das Bedürfnis nach Bodenständigkeit.

Schlüsselwörter: Selbstwertgefühl, Sicherheit, Besitz, Finanzen, Selbstachtung & Werte

Haus 3: Haus der Kommunikation. Das dritte Haus dreht sich um Kommunikation, Reisen und Gemeinschaft. Hier drückt sich aus, wie du enge Beziehungen zu Gleichaltrigen aufbaust, wie sich deine Fähigkeiten zur Kommunikation darstellen und wie dein rhetorisches Geschick im Allgemeinen ausgeprägt ist.

Schlüsselwörter: Kommunikation, Lernen, Denken, gleichaltrige zwischenmenschliche Bindungen & Reisen

Haus 4: Haus der Fundamente. Das vierte Haus dreht sich um das Zuhause, um Familie, Ahnen und Privatsphäre. Hier zeigen sich deine Wurzeln. Es stellt dabei sowohl deinen Anfang als auch dein Ende dar.

Hier dreht sich alles um deine emotionale Basis, deine Kindheit, deine Stabilität und die Beziehungen zu deiner Familie und deinen Verwandten.

Schlüsselwörter: Heimat, Wurzeln, innere Sicherheit, Beziehung zur eigenen Kindheit, unbewusste & emotionale Grundlagen der Persönlichkeit

Haus 5: Haus der Freude. Das fünfte Haus dreht sich um Liebeleien, Romantik, Sex, Freuden, aber auch um Lebenslust und Kreativität. Eben alles, was dich beglücken kann. Hier geht es auch um deinen Drang zur Fortpflanzung, um das Gebären, sowohl von Projekten als auch von Kindern. Hier kannst du deine Hobbys entfalten und entdecken, was dich wirklich begeistert.

Schlüsselwörter: Genuss, Romantik, Freizeitaktivitäten, Selbstdarstellung, Drama, Kreativität, Spaß, Entspannung, Romantik, Liebeleien, Sex, Schwangerschaft/Fortpflanzung & Kinder

Haus 6: Haus der Gesundheit. Das sechste Haus dreht sich um deine Anfälligkeit für Krankheiten, um deinen Alltagsrhythmus, deine Gesundheit und auch die Routine. Es kann dir helfen zu verstehen, worauf du achten musst, wo du akribischer sein solltest und was dir helfen kann, deinen Tag optimaler zu strukturieren. Dadurch zeigt sich hier auch oft die Wirkung des Arbeitslebens auf das Privatleben.

Schlüsselwörter: Verantwortung, Geschick, Kompetenz, Hingabe, Selbstaufopferung, Selbstverbesserung & Gesundheit

Haus 7: Haus der Partnerschaften. Das siebte Haus dreht sich nicht nur um romantische Liebeleien, sondern um alle Arten von intensiveren Beziehungen, die du mit anderen Menschen haben kannst. Dieses Haus kann dir somit helfen, besser zu verstehen, wie du Bindungen aufbaust, was deine Bedürfnisse sind, was deine Erwartungen ausmacht und wie du Zufriedenheit finden kannst.

Schlüsselwörter: intime Beziehungen, Ehe, Partnerschaften, Geschäftspartner und alle Beziehungen, die regelmäßig viel Zusammenarbeit erfordern

Haus 8: Haus der Transformation. Das achte Haus dreht sich um Veränderung, Grenzerfahrungen, aber auch um Hingabe, Verluste und Großzügigkeit. Hier kannst du erkennen, wie du mit negativen Erfahrungen besser umgehen kannst. Den in deinem Leben wird es unausweichlich Krisen geben, bei denen vor allem dein Umgang entscheiden wird, welchen Einfluss sie auf dich und deine Zukunft haben.

Schlüsselwörter: Wandlung, Krisen, Veränderung, Verluste, Konfliktmanagement, Vergänglichkeit, Streben nach Sicherheit sowie die Tabuthemen Wollust, Tod & Machtausübung

Haus 9: Haus der Spiritualität. Das neunte Haus dreht sich um deine Gedankenwelt und den Philosophen in dir. Alles steht im Zeichen der Grenzerweiterung, du willst hier über den Tellerrand schauen und die Welt und ihre Normen hinterfragen. Darum gehören auch die Aspekte von Spiritualität, Glaube und Religion hierhin. So kann es gerade für dich, die Person, die dieses Buch liest, interessant sein, welche Planeten in diesem Haus bei dir so platziert sind. Hier entfaltet sich dein Schicksal und der größere Aspekt deines Seins.

Schlüsselwörter: Konfrontation im Alltag, Philosophie, Ethik, persönliches Weltbild & Horizonterweiterung auf allen Ebenen.

Haus 10: Haus der Karriere. Das zehnte Haus dreht sich um deine wirtschaftlichen Erfolge, um deine Karriere, um deinen Status in der Gesellschaft und ob du eher der stille Beobachter oder doch der Mittelpunkt deiner Welt bist. Hier entdeckst du deine Talente, Fähigkeiten und welche Eigenschaften sich für deine Karriere nutzen lassen, um diesbezüglich in dein volles Potenzial zu kommen.

Schlüsselwörter: Karriere, Ansehen, Stellung in der Gesellschaft, Schicksal, Status & persönliche Ziele

Haus 11: Haus der Freunde. Das elfte Haus dreht sich um die Themen Freundschaft, Wünsche, Hoffnungen, Ambitionen, aber auch Visionen. Hier kannst du herausfinden, welche Pläne dich in deinem Leben weiterbringen, wo du gute Chancen hast, auf der Überholspur zu sein, und wie du freundschaftliche Verbindungen ausbauen kannst. Es geht um deine Freiheit, aber auch den Umgang im sozialen Bereich.

Schlüsselwörter: Zukunft, Pläne, Ziele, Freunde, Gruppen, Bewegungen, Bestrebungen, Freundschaften, Exzentrizität, Überraschungen, Rebellion & humanitäre Anliegen

Haus 12: Haus der Göttlichkeit. Das zwölfte Haus dreht sich um deine Fähigkeit zur Reflexion es spielt auch sehr stark in die Spiritualität, in die Einsicht in dein wahres Selbst und die Verbindung zu deinem höheren Ich hinein. In diesem Haus wird auch deine Fähigkeit zu Mitgefühl und Empathie abgebildet, und du erkennst darin, welche persönlichen Bedürfnisse du für das Wohl des Kollektivs opferst. Letztendlich ist die Lehre des zwölften Hauses, dass du nicht alles kontrollieren kannst und es gelegentlich besser ist loszulassen, statt stetigen Widerstand zu leisten.

Schlüsselwörter: Bewusstsein, Tod des Egos, Ereignisse & Erfahrungen, Mystik, Karma, Hintergedanken, Vorstellungskraft, Kreativität, Kunst & Unterbewusstsein

Eine tragende Rolle in der Astrologie neben den Sternen spielen die Planeten. Damit sich das in diesem Buch aber nicht doppelt, findest du diesen Aspekt im Kapitel »Magie der Planeten«.

Magie stärken

Wir haben ja schon über die Stufen der Macht gesprochen, diese sind natürlich essenziell für die Stärkung der Magie, denn damit kannst du dir aussuchen, wie umfangreich, aber auch wie wirksam du deine Zauber und Rituale gestalten möchtest. Neben dieser Ausübungsform gibt es aber noch wesentlich mehr Aspekte, die ich nun für dich in zwei große Kategorien einordne. Einmal die inneren und einmal die äußeren Faktoren.

INNERE FAKTOREN

Die inneren Faktoren fassen alles zusammen, was in dir selbst geschieht und auf deine Magie abfärbt. Du hast es ja schon am Konzept des Miasmas gesehen. Du kannst so viel im Außen reinigen, korrigieren, herrichten und zusammenführen, wenn dein Inneres verrottet, verlassen ist, einsam, verwahrlost, blockiert oder überfordert, dann bringt dir das alles wohl kaum was. Deswegen ist dieser Punkt auch der wesentlich wichtigere. Wir werden erst mal dich stärken, dein Potenzial vom Staub befreien, die Büchse der Pandora mit all deinen Kräften öffnen, mit deinem Strahlen, deinem Selbstvertrauen, das du vielleicht vergraben hast, um zu gefallen, zu schlichten oder gar, weil du nur so zu überleben glaubtest. Aber du bist genug, und das wieder zu erkennen ist Arbeit. Allerdings eine der lohnenswertesten, die du jemals in deinem Leben verrichten wirst.

Du bist wundervoll. Der Stern in dir, der nie zu funkeln aufgehört hat, will nur wieder von dir beachtet werden. Dort drin liegt dein Sein, deine magische Kraft. Lassen wir sie wieder auflodern, Funken sprühen, damit du der nächste Feuerstarter sein kannst, der für andere das Feuer entfacht und sie inspiriert, wieder zu sich selbst zu finden. Es ging niemals darum, den Erwartungen der Gesellschaft gerecht zu werden, ja nicht mal den Erwartungen der Menschen, die du doch so sehr liebst. Es ging immer nur darum, die beste Version von dir selbst zu werden. Für dich. Für dein Leben. Für dein Glück. Dein Lachen. Dein Strahlen. Denn du bist ganz und dir selbst die Fülle. Ich glaube, das hast du nur vergessen. Lass mich dich erinnern.

Selbstbewusstsein

Das Wort bedeutet im Kern »sich seiner Selbst bewusst sein«. Und genau darum geht es auch! Wer bist du? Was machst du? Wo kommst du her? Wo willst du hin? Was sind deine Stärken? Was sind deine Schwächen? Das ständige Hinterfragen deiner selbst ist ein Kernaspekt jeden spirituellen Pfades, denn nur dadurch geschieht die Erweiterung deines Bewusstseins, und nur das beeinflusst dein Ego zum Positiven. Denn das Ego und dein Selbstbewusstsein hängen maßgeblich zusammen. Und dabei ist das Ego per se nichts Schlechtes. Wir kennen den Begriff vor allem in negativen Zusammenhängen á la »Du hast so ein großes Ego«. Aber vorerst hat jeder erst mal ein Ego, sonst wäre er gar nicht lebensfähig. »Ego« bedeutet als Wort erst mal nur »ich«. In der spirituellen Szene ist aber die Aufarbeitung festgefahrener Muster in diesem Ego ein wichtiger Aspekt, um mit sich voranzukommen, was nicht bedeutet, dass wir es komplett auflösen. Das können wir nicht – und wir wollen das auch nicht. Immerhin macht genau diese Ich-Erfahrung unser menschliches Sein maßgeblich aus. Das ist die Erfahrung, die wir in diesem Körper, diesem Kosmos und in unserer Existenz als Menschen durchleben sollen.

Das Ego aufarbeiten

Ich muss dir dafür kurz erklären, was dein Ego eigentlich ist und welchen enormen Einfluss es auf dein Leben hat. Das Wort »Ego« ist ein Begriff, der in der Literatur auch als Synonym für »Selbstbild« verwendet wird. Das Problem am Selbstbild ist jedoch, dass es letzten Endes nur eine Illusion ist, egal welches Selbstbild du hast. Das bist nicht wirklich du. All diese Dinge, über die du dich definierst, wie dein Name, deine Herkunft, deinen Bildungsabschluss, deine Gedanken und so viel mehr, sie sind nicht du. Es sind nur Eindrücke aus der dich umgebenden Welt, die du zu einem Selbstbild zusammengebaut hast. Wenn also von deinem Ego die Rede ist, dann wird eigentlich genau das gemeint: das Bild, das du selbst von dir hast.

Jedoch ist das Ego in der Umgangssprache nicht nur dieser Aspekt, sondern betrifft auch die tiefergehenden Ebenen, die sich durch emotionale Situationen hervorholen lassen, ohne dass du dir aktiv darüber bewusst wirst und sie als Teil deiner selbst ansiehst. Es kommen dann manchmal Aspekte oder Verhaltensweisen hervor, die du nicht mit dir selbst assoziierst und als Überreaktion deklarierst. Das Ego ist dann als Begriff etwas ungenau.

Wenn wir von einem Selbstbild sprechen, wird es offensichtlicher. Wenn du dich wenig selbstbewusst und ängstlich fühlst und siehst, dann wirst du dich auch genauso nach außen hin verhalten. Wenn du ein stabiles Selbstbild hast, wirst du dementsprechend handeln. Das beeinflusst natürlich auch, wie du von anderen wahrgenommen wirst. Dennoch ist es für andere in der Regel absolut irrelevant, weswegen die Sorgen und Gedanken, die du dir darüber machst, eigentlich absolut schwachsinnig sind. Wieso? Fast jeder Mensch ist im Alltag viel zu sehr mit sich selbst beschäftigt, um wirklich über andere nachzudenken. Man rechnet sich oft selbst zu viel Wichtigkeit zu. Das ist auf einer Seite entlastend und auf der anderen vielleicht auch hin und wieder entmutigend. Aber keine Sorge, das Gute ist, dass es uns alle gleichermaßen trifft. Keiner denkt so viel über dich nach wie du selbst.

ÜBUNG ZUR AUFARBEITUNG DES EIGENEN EGOS

Dafür solltest du dir zwei Aspekte vornehmen: deine Schwächen und deine Stärken. Oder: Dinge, die du an dir stärken, mehr wahrnehmen musst und fühlen solltest, und Dinge, die du abschwächen, ablegen und besser reflektieren solltest.

Ego stärken – sich seiner selbst stärker bewusst werden: Wenn du wieder einmal unsicher bist, dann stell dich in der Superheldenpose vor den Spiegel. Stemm die Hände in die Hüfte, schau dir tief in die Augen, und sag dir, was du hören musst: »Ich bin liebenswert. Ich schaffe das. Ich bin, verdammt noch mal, echt gut in meinem Job. Ich darf Grenzen setzen. Ich mache mehr als genug und werde mir nicht das Gegenteil einreden lassen. Ich habe eine gute Behandlung verdient.«

Egal, was es ist und wo dein Ego Schwächen hat, obwohl du sie nicht haben müsstest, ja nicht haben solltest: Trainiere es mit aktiver Konditionierung. Nur du kannst dein Gehirn zum Umdenken bewegen, egal wie albern es dir am Anfang vorkommen mag. Aber je öfter du es machst, desto einfach wird es, desto mehr wird es ein Teil deiner Routine und letztendlich beeinflusst es das Konstrukt deines Egos zum Positiven. Irgendwann wirst du es nicht mal mehr aussprechen müssen, da es ein Teil deines wahren Selbst geworden ist, nicht nur ein Teil deines Selbstbildes (Egos), das du damit trainiert hast. Ganz authentisch ist die Übung zur Beeinflussung des Egos über die Zeit in dein wahres Selbst vorgedrungen.

Ego schwächen – Schattenarbeit: Wenn wir von der Abschwächung des Egos sprechen, dann können wir damit fälschlicherweise übertriebene Muster, die wir erlernt haben, reduzieren. Damit meine ich so etwas wie »Ich bin die Beste. Ich stehe über allen anderen. Ich bin der klügste Mensch im Raum ...« Zumeist entstehen so extreme, tiefe Glaubenssätze als Kompensation von großen Unsicherheiten, aber wenn man die Lüge jahrelang trainiert, wird sie irgendwann zur eigenen Wahrheit, auch wenn sie es faktisch nicht ist und für Außenstehende einfach realitätsfremd, arrogant, unsympathisch oder unangenehm wirkt.

Hier sollte ein gesundes und angebrachtes Selbstbewusstsein nicht mit einem übersteigerten Selbstwert verwechselt werden. Ein echtes Selbstbewusstsein entsteht aus einer gesunden Quelle der Selbstreflexion Selbstliebe und des Respekts sich selbst gegenüber, während man dennoch fähig ist, allen anderen genau dies auch entgegenzubringen. Ein übersteigerter Selbstwert entsteht immer aus Trauma, Ängsten und Sorgen. Daraus resultiert durch die Übersteigerung eine Abschottung von anderen, sodass man ihnen ihre Leistung, ihr Können, ihr Sein nicht mehr fair und diplomatisch anrechnen kann.

Eine tiefergehende Auflösung von diesen ungesunden Teilen des Egos benötigt meist einiges an Zeit, da Einsicht üblicherweise in Etappen kommt, da das Ego sonst schlichtweg überfordert wäre. Dies sieht man oft an impulsiven Reaktionen auf eine Situation, wo das Ego das Ruder übernimmt und nicht so schön reagiert, wie wir es gerne hätten. Die dunklen Seiten unseres Egos lassen sich leicht triggern – und da sind wir bei einem wichtigen Thema: der Schattenarbeit. Diese wird in einigen Punkten noch mal genauer erwähnt, und dir wird mit der Zeit das ganze Bild von Selbstbewusstsein, Ego, den dunklen Aspekten darin und wie du diese Schatten erhellen kannst, um zu deinem wahren Selbst zu finden, ersichtlich.

Dankbarkeit trainieren

Dankbarkeit schützt deine Seele. Tatsächlich hat man herausgefunden, dass gerade depressive Menschen, Menschen, die unter Einsamkeit leiden und denen es generell auf der psychologischen Ebene nicht gut geht, Probleme mit Dankbarkeit haben. Ich könnte da jetzt aus dem Nähkästchen plaudern, aber dafür hast du kein Geld gezahlt. Sondern für Wissen. Das Gute ist, Dankbarkeit kann man trainieren, was sich wiederum positiv auf das gesamte Sein auswirkt. Entsprechend ist Dankbarkeit seit einigen Jahren Gegenstand wissenschaftlicher Forschungen. Dankbarkeit fühlt sich nicht nur gut an, sondern trägt auch zu größerem Wohlbefinden und besseren Beziehungen bei. Wer dankbar ist, leidet weniger unter Angst, Ärger, Stress, Schlafstörungen, körperlichen Krankheitssymptomen und Depressionen.

Warum hat Dankbarkeit so viele positive Auswirkungen? Ein Grund dafür ist die Tatsache, dass eine angenehme Emotion wie Dankbarkeit nicht gleichzeitig mit negativen Gefühlen wie Angst oder Ärger gefühlt werden kann. Ein anderer Grund kann darin liegen, dass Dankbarkeit das soziale Miteinander unterstützt. Denn Dankbarkeit heißt auch Verbundenheit – und das ist etwas, was lebenswichtig für uns ist. Ein kleiner Dank an dein Gegenüber – wenn er denn ernst gemeint ist und auch so wahrgenommen wird – kann also viel bewegen.

ÜBUNG ZUR DANKBARKEIT

Das Schöne ist, dass sich Dankbarkeit relativ leicht und schnell trainieren lässt. Leg dir ein kleines Tagebuch zu, ein Notizheft reicht auch. An jedem Abend schreibst du drei Sachen auf, für die du dankbar bist. Das können die kleinsten Dinge sein, sie können sich auch wiederholen, vor allem, wenn es dir am Anfang noch schwerfällt. Aber je mehr du dich auf die Dankbarkeit konzentrierst und dieses Areal in deinem Gehirn bemühst, desto besser wird es trainiert, umso mehr fällt dir auf und ein, wofür du dankbar sein kannst, und umso besser wird es dir gehen. Dankbarkeit ist eine Wertschätzung der Dinge, die du schon in deinem Leben hast, und eine positive Herangehensweise an dein Leben ist die beste Grundlage, um es künftig weiter zu verbessern.

Therapie

Sich professionelle Hilfe zu suchen bei jemandem, der sein Fach versteht, ist ein mutiger Schritt in die richtige Richtung. Es gibt keinen Menschen, der sich mit der Ausrede »Ach, andere haben mehr Probleme, dafür muss ich doch nicht extra zur Therapie« rausreden kann. Therapie tut jedem Menschen gut, und jeder hat sie verdient. Ja, auch du. Du hast es verdient, dass du mit der Hilfe einer ausgebildeten Person deine Emotionen, Probleme und Gedanken aufarbeiten kannst, weil du selbst überfordert bist, Ängste oder andere Probleme hast, die dir ein Gefühl von Ohnmacht geben. Würden alle in Therapie gehen, wäre die Welt ein besserer Ort. Denn oft gehen Menschen dorthin, um mit den Menschen besser umgehen zu können, die sich stetig weigern und fest glauben, sie hätten es nicht nötig. Das sind meistens die, bei denen es am wichtigsten wäre, dass sie mal an sich arbeiten.

Wichtig dabei ist vor allem, dass du einen Therapeuten oder eine Therapeutin und ein Therapiemodell findest, die zu dir passen. Das kann manchmal eine ganze Weile dauern und dir einiges abverlangen, aber du solltest definitiv nicht aufgeben! Und wenn du dann endlich dein Match gefunden hast, wirst du sehen, wie gut du mit dir selbst vorankommen und aufblühen kannst, da du endlich einen sicheren Ort gefunden hast, der es dir erlaubt, dich verletzbar zu zeigen und dich selbst in der Tiefe zu hinterfragen.

Eine Sache ist jedoch wichtig dabei zu wissen, damit du das Ganze nicht romantisierst und so deinen Erfolgen im Weg stehst: Therapie ist immer nur so gut wie das, was du zwischen den Sitzungen daraus machst. Selbstverantwortung – die wird dir keiner abnehmen. Ein guter Therapeut wird dir Anstöße bieten, dich anregen, in die möglichst beste Richtung zu gehen, und dich in schlechten Phasen aufbauen, damit du nicht aufgibst. Aber die Arbeit, die du an dir verrichten musst, musst du immer noch selbst erledigen. Es wird keiner kommen und dich retten. Du bist dir selbst der Ritter in der eisernen Rüstung, und das ist auch gut so. Genau das ist das Gesündeste! Denn alles andere würde dich in eine Dauerschleife der Abhängigkeit bringen, in der du ständig auf Hilfe angewiesen bist, um deine Emotionen im Griff zu halten.

Und von hier aus kommen wir zu einem sehr beliebten Thema in der Spiritualität: der Schattenarbeit. Was zuerst aufgrund der Begrifflichkeit wie ein rein spirituelles Konzept klingt, hat seine Wurzeln und somit seine nachweisliche Wirkung in der Psychologie und kann dir ein enormes Tool der Selbsttherapie bieten.

ACHTUNG

In der spirituellen Szene sehe ich immer wieder Menschen, die sich selbst Coaches, Heilerinnen oder Energiearbeiter schimpfen und die Einnahme von Medikamenten verteufeln. Oft kommen mir dann Sätze zu Ohren wie: »Ich kann nicht energetisch mit dir arbeiten, wenn du auf Tabletten bist. Das geht dann nicht, das blockiert deine Energien.« Lass es mich freundlich formulieren: Das ist absoluter Bullshit. Und gefährlich noch obendrein. Dadurch können Menschen, für die ihre Medikamente sehr wichtig sind, angeregt werden, diese abzusetzen und sich dabei möglicherweise ernsthaft in Gefahr zu bringen. Es gibt eine Vielzahl von psychischen Erkrankungen, die zeitweise oder dauerhaft eine medikamentöse Behandlung benötigen, da biochemische Prozesse im Gehirn nicht regulär funktionieren und entsprechend mit *gut eingestellten* Medikamenten in gesunde Bahnen gebracht werden müssen. Da wird rein gar nichts blockiert. Ganz im Gegenteil, es wird ein Energiefluss geschaffen, der vom Körper aus leider gestört ist. Durch die Medikation hat der Mensch es auf allen Ebenen leichter.

Auch auf die Gefahr hin, dass ich mich bei einigen unbeliebt mache, ist dies eine absolut gefährliche und unverantwortliche Schwurbelei, die aufzeigt, dass die, die so reden, keine Ahnung von psychischen Erkrankungen haben und ihre Komplexität und Ernsthaftigkeit nicht verstehen. Solltest du so jemandem begegnen, halte bitte größten Abstand, für deine eigene mentale Gesundheit! Psychische Erkrankungen sind genauso real wie körperliche. Das Stigma »Es ist alles nur in deinem Kopf, und du bildest dir das ein, denk mal positiv« sollte nicht weiter geschürt werden. Viele psychische Erkrankungen entstehen durch eine Vielzahl von Traumata, oftmals in der Kindheit, andere sind wiederum rein biologischer Natur. Aber in jedem Fall braucht man eine genetische Disposition dazu, was wiederum aufzeigt, dass es etwas sehr Körperliches und Biologisches ist. Nichts, was man mal eben mit einem Wundermittel wegheilen könnte. Und solche falschen Versprechungen bringen alle ernsthaften Hexen, Heilerinnen und Lichtarbeiter in Verruf. **Magie, Energiearbeit und Hexerei können auf dem Weg der Heilung enorm helfen, aber sie können keine therapeutisch notwendigen Maßnahmen ersetzen!**

Schattenarbeit

Schattenarbeit basiert zum großen Teil auf den Annahmen von Carl Gustav Jung. Er war ein schweizerischer Psychiater und Mitbegründer der heutigen modernen Psychologie. Zentral in der Schattenarbeit war für Jung die Heilung des sogenannten Schattens, der in der menschlichen Psyche versteckt liegt. In der spirituellen Community wird dafür auch gern die Begrifflichkeit »die dunkle Seite des Mondes« verwendet. Jung erschuf ein Modell mit vier Ebenen.

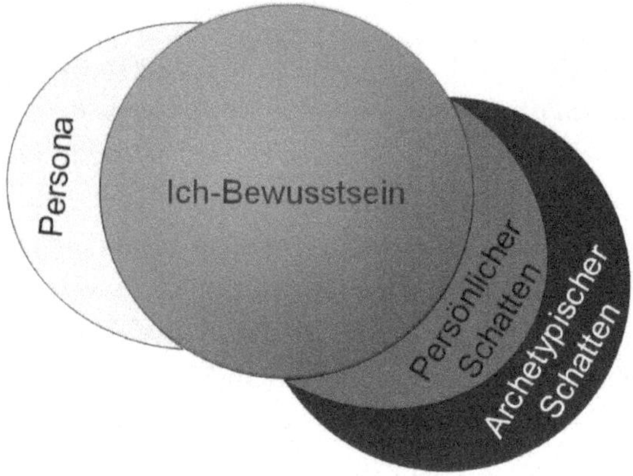

- **Die Persona.** Sie wird auch als Maske bezeichnet und ist das, was du im Alltag nach außen zeigst. Das heißt nicht, dass es künstlich gespielt ist, sondern einfach ein Teil von dir, den du ganz bewusst nach außen stülpst.
- **Das Ich-Bewusstsein (Selbstbild).** Das Ich-Bewusstsein ist alles, was du glaubst zu sein, ebenso wie alles, was du nicht weißt, aber dennoch bist. Hier kommen die bewussten als auch die unbewussten Aspekte zusammen.
- **Der persönliche Schatten.** Er stellt den Kontrast zur Persona dar. Der persönliche Schatten enthält oft die negativ konnotierten und sozial unerwünschten Charakterzüge. Darum werden sie unterdrückt und verleumdet. Die Entwicklung dieser individuellen Schatten deiner selbst, die bei jedem anders ausgeprägt sind, beginnt bereits in deinen ersten Lebensjahren. Sie formen sich durch Erziehung, Umfeld, Möglichkeiten, gesellschaftliche Anforderungen, Erwartungen, Lebensereignisse und Verbote.
- **Der archetypische Schatten**. Er beschreibt einen kollektiven Schatten, der das unbewusste Abbild der Gesellschaft darstellt. Das wird in asiatischen Ländern ein anderer sein als in afrikanischen oder wiederum europäischen.

Unsere Schatten werden massiv durch unsere Abwehrmechanismen geprägt. Und von diesen gibt es etliche, auf welche die Psyche zurückgreift, damit wir im Alltag besser klarkommen oder sogar, um schwere und traumatische Situationen auszuhalten und zu überstehen. Welche du nutzt, suchst du dir dabei nicht aus, vor allem nicht als Kind, das einfach versucht zu überleben. Die Psyche und unser Gehirn, das ist ein echtes Wunderwerk auf allen Ebenen. Es lohnt sich wirklich, sich mit den psychologischen und auch den biochemischen Prozessen des Organismus auseinanderzusetzen. Verstehen bedeutet zu hinterfragen, um dann annehmen zu können. Einer der wahrscheinlich am meisten genutzten Abwehrmechanismen ist das Projizieren.

Ein Beispiel für Abwehrmechanismen

Nehmen wir das Thema Slutshaming. Unabhängig vom Geschlecht ist es immer noch ein Dauerbrenner. Bei den Männern, weil sie es nicht anders kennen, denn immerhin sind Frauenrechte und die De-Objektifizierung der Frau ja eine recht neue Sache. Wir Frauen wiederum haben die misogynistischen Dogmen so lange eingeprügelt bekommen, dass wir selbst anfingen, sie zu glauben. Immerhin überlebte unsere Psyche so in einer Welt, die uns stetig im Nachteil und Missstand modern ließ. Wenn Menschen nun eine Frau sehen, die ihre Reize lebt, sie fühlt, sich gut in ihrer Haut fühlt, kommt automatisch viel Kritik auf. Wie kann sie sich nur so fühlen? So frei sein? So stolz? So ohne Scham? Da muss doch was dahinterstecken! Die will provozieren! Die will gevögelt werden! Die will nur Aufmerksamkeit!

Kennst du das? Oh ja. Hier bekommst du deine Abwehrmechanismen gegen die eigene Unsicherheit auf einem Silbertablett serviert. Wieso löst eine selbstbewusste Frau so viel in dir aus? Was ist es, was da in dir schlummert? Die frei gelebte Sexualität von Frauen ist ein heiß diskutiertes Eisen. Aber was ist nur los mit dir? Wir haben da zwei offensichtliche Möglichkeiten. Die eine wäre die Projektion, sodass du deine sexuellen Triebe, Gelüste und Wünsche auf die Frau projizierst, für die du sie dann verantwortlich machst. Jetzt ist sie der Sündenbock, und der Schatten deiner Geilheit wird mal schnell in die tiefste Kammer deiner selbst geschubst. Oder aber, Variante zwei, das ist die Abwertung, denn du wärst gerne so frei wie diese Frau. Du würdest dich gerne so fühlen, du würdest gerne diese Aufmerksamkeit genießen, Komplimente bekommen, sie annehmen können und so selbstbewusst sein. Aber du kannst es noch nicht, weil du unsicher bist. Weil du Angst vor deiner Großartigkeit hast. Aber statt an dir zu arbeiten, ist es natürlich viel leichter, die Frau dir gegenüber abzuwerten, damit du dich für einen kurzen Moment in deinem Elend etwas besser fühlst.

Nichts davon wird dich dauerhaft voranbringen oder deinen Zustand verbessern, aber es wird dich davon abhalten, die Wahrheit zu sehen und zu erkennen, dass nur du allein die Macht hast, etwas daran zu ändern, wie du dich fühlst. Und du entscheidest auch, ob du diese Macht an andere abgibst und sie so über deine Gefühlslage bestimmen lässt. Immer das Opfer in der Geschichte, während du dir selbst eigentlich der Täter bist, weil du lieber wegsiehst statt hinein in dich selbst.

Lass uns das ändern. Lass uns dir die Angst nehmen, in die Dunkelheit zu blicken, damit wir etwas Licht hineinbringen können.

ÜBUNG ZUR SCHATTENARBEIT

Wenn dich etwas stört, sei es eine Person, eine Eigenschaft an jemandem oder eine Situation, dann frage dich: »Was hat das mit mir zu tun?« Bist du wirklich gereizt, weil es gerechtfertigt ist, weil es eine Grenzüberschreitung gab, die kommuniziert werden muss? Dann tu es. Geh in Aktion, setz deine Grenzen, und löse dich damit von dem unguten Gefühl, das jemand oder etwas in dir auslöst. Denn dann hast du alles Recht dazu. Und für dieses Recht musst du einstehen, das wird niemand anderes für dich tun. Und wenn du es nicht tust, deine Macht nicht nutzt, dann jammer nicht. Denn du bist selbst verantwortlich. Ist es aber so, dass du es unangemessen fändest, jetzt etwas zu tun, oder dir deine starke Reaktion nicht wirklich mit den realen Tatsachen begründen kannst, dann bist du getriggert. Aber wieso? Wieso löst das Geschehen so viel in dir aus? Was stört dich wirklich daran? Fühlst du dich gespiegelt? Ist es etwas, das in dir selbst vorhanden ist und das du nicht akzeptieren kannst? Ist es dir unangenehm, dass deine Knöpfchen gedrückt werden? Was muss da verarbeitet werden? Was will beachtet werden? Woher kommt deine Reaktion in der Tiefe wirklich? Gibt es da etwas zu verarbeiten? Eine Situation von früher? Ein Trauma? Eine Angst? Eine Sorge? Eine Eigenschaft, die du unterdrückst? Etwas, für das du dich schämst?

ACHTUNG

Das Thema Schattenarbeit ist ein eigenes, sehr umfangreiches Thema, welches nicht umsonst eigene Bücher, Kurse, Übungen und Seminare füllt. Setze dich am besten, zugunsten deiner Selbst, in der Tiefe damit auseinander. Es ist wirklich das Lohnenswerteste, das du dir selbst gönnen kannst. Auch wenn der Weg dich mit harten Fakten aus deinem Innersten konfrontieren wird, die alles andere als angenehm sind, ist der Zugewinn so immens, dass es den Kampf mit jeder Hürde wert sein wird!

Toxische Positivität

Leere Phrasen sind insbesondere im Internet ein beliebtes stilistisches Mittel, um das eigene positive Mindset möglichst plakativ aufzuzeigen, damit auch jeder mitbekommt, dass man ja ach so hoch schwingt. Noch etwas höher und man hängt direkt in den Wolken. Du kennst solche Selbstdarsteller, ich kenne sie, ja, selbst Oma Gertrude kennt sie. Nur leider kehrt sich diese übermäßig und absolut unnatürliche Herangehensweise an positives Denken ab einem bestimmten Punkt ins Gegenteil: Sie schadet, statt dass sie hilft!

Du kennst diese Sprüche? »Sei doch nicht so negativ. Das ist doch gar nicht so schlimm. Du kommst drüber hinweg. Sieh doch mal das Gute darin. Sei doch froh, andere haben es immerhin noch viel schlimmer. Das ist alles nur Kopfsache, du musst mal positiv denken oder etwas Sport machen, das hilft! Und lass das nicht so an dich ran. Reg dich einfach nicht so darüber auf! ...«

Hat sich jemals in der Historie der Menschheit jemand deshalb abgeregt, weil man seine Aufregung oder Wut mit einem solchen Satz zu untergraben versuchte? Nein. All diese Sätze mögen von naiven Menschen zwar nett gemeint sein, aber letztendlich sagen sie alle dasselbe: »Hab dich nicht so, so schlimm ist das nicht, du bist selbst das Problem.« Seien wir doch ehrlich. Nichts an diesen Sätzen ist positiv oder wirklich nett, geschweige denn hilfreich. Das Einzige, was es in einem Menschen erzeugt, ist das Gefühl, nicht verstanden zu werden und einsam auf weiter Flur mit seinen Problemen zu sein. Und jetzt stell dir vor, dass sich viele dieser Sätze, die dir deine Emotionen absprechen und diese als belanglos, übertrieben und lächerlich kleinreden, in unserer Gesellschaft als »positives Denken« tarnen. Furchtbar, oder? Denn genau diese Gedanken schüren eine falsche Erwartungshaltung in dir. Wenn es dir dann nämlich schlecht geht, kann es sein, dass ein Automatismus, deine innere Stimme dir sagt: »Ich sollte mich nicht so haben, das ist jetzt echt total albern. Ich bin so genervt von mir, dass mich das jetzt emotional bewegt. Ich bin so dumm, das ist doch meine Schuld. Wieso fühle ich mich jetzt schlecht? Ist doch albern. Ich muss mich einfach zusammenreißen, ich konzentriere mich jetzt auf was Positives, komm. Wieso kann ich das nicht? Ich hasse mich, ich bin so nutzlos! ...«

Kennst du solche Selbsthass-Gedankenschleifen? Ja, ein Großteil ihres Nährbodens finden sie in toxischer Positivität. Im Zwang, ständig gut drauf sein zu müssen und bloß nichts Negatives zu empfinden. Jedoch müssen deine Gefühle gelebt werden, du musst sie *durch*leben. Sie zu verdrängen, zu unterdrücken oder dir abzusprechen wird dich nicht nur noch viel unglücklicher oder gar stumpf und emotionslos machen, sondern sorgt nach hinten raus auch noch dafür, dass du zu einer tickenden Zeitbombe wirst.

ÜBUNG GEGEN TOXISCHE POSITIVITÄT

Akzeptanz. Du brauchst Akzeptanz deiner emotionalen Reaktion. Ob und wie viel du fühlst, kannst du nicht bestimmen, du kannst nur lernen, ruhiger und gelassener damit umzugehen, ohne in Hauruck-Aktionen direkt das Zimmer zu verwüsten. Aber die Intensität deiner Emotionen hat viel mit deinem Gehirn, deiner Psyche und der Biochemie zu tun, die dich formt. Einige reagieren stärker auf bestimmte Impulse und andere dafür auf etwas anderes. Das ist okay. Du brauchst keine Validierung von außen, um deine Gefühle fühlen zu dürfen. Klar, vielleicht wäre das schön, aber deine Gefühle liegen eben auch oft falsch, weil sie nicht alle Informationen haben und in einem großen dramatischen Szenario binnen Sekunden vom Schlimmsten ausgehen. Deswegen: erst mal annehmen. Du fühlst, was du fühlst. Sei gut zu dir. Lerne, dir innerlich gut zuzusprechen. Sei dir die Validierung, die du brauchst! Damit machst du dich frei, unabhängig und lernst, die Herrscherin über deine Emotionen zu sein, statt dass sie dich beherrschen.
»Ja, ich fühle mich grad furchtbar. Aber das ist okay, ich kann das aushalten. Ich atme tief durch, ich geh nervös auf und ab. *BOARGH* ... Fuck, verdammte Drecksscheiße, fühle ich mich angespannt! Aber ist in Ordnung, das geht auch gleich wieder vorbei. Gleich ist das Schlimmste überstanden. Ich fühl mich, als ob es mich zerreißt. Ich heul jetzt erst mal. Egal, lass laufen. Ist okay, das hast du dir verdient. Danach versuchen wir wieder einen klaren Kopf zu bekommen, wer weiß, vielleicht ist es nicht so schlimm. Vielleicht finden wir eine Lösung, ich muss das nur kurz aushalten ...«
Ich habe für mich bemerkt, dass ich in sehr emotionalen Situationen immer in der Wir-Form denke, wenn mein gesundes Selbst die Führung übernimmt. Vielleicht weil ich mich dann weniger einsam fühle. Weil das Konzept, dass ich mir selbst in einer anderen Version helfe, in dem Moment so real wirkt. Egal warum, dass gute Zureden hat mein Leben verändert. Ich

bin mir selbst meine größte Unterstützung – und genau das kannst du dir auch sein! Und wenn du dann deine Emotionen durchlebt hast, so wie es nötig ist, um sie zu verarbeiten, dann kannst du dich gerne einer gesunden Portion positiven Denkens bedienen, damit du nachhaltig das Beste daraus machst! Chapeau!

Visualisierung schärfen

Der Begriff der Visualisierung wird dich auf deinem magischen Weg geradezu verfolgen. Visualisiere dies, visualisiere das. Aber was bedeutet der Begriff eigentlich? Was soll dir das sagen, und was sollst du damit machen? Das Konzept der Visualisierung ist essenziell für die ersten Schritte beim Manifestieren und das Nonplusultra-Tool einer Feinstoffhexe. Denn es passiert alles in deinem Kopf, und im Kontext der Visualisierung ist das ganz bildlich gemeint. Wenn ich dir jetzt also sage, schließ deine Augen ... oder warte, *nein!* Lies diese Zeilen, und zoome in Gedanken kurz raus. Stell dir vor, wie ein grüner Apfel erscheint, frischer Tau tropft an ihm herab. Plötzlich verwandeln sich die Tropfen in Gold, ziehen in die Haut des Apfels ein und verfärben ihn, er bekommt eine schimmernde, monochrome Oberfläche ... Wie klar ist dieses Bild für dich? Wenn du es vor deinem inneren Auge sehen kannst, als würdest du in höchster Auflösung gerade eine Kinoleinwand anstarren, dann: Gratulation, die Fähigkeit ist bei dir sehr gut ausgeprägt und wird dir auf deinem magischen Pfad sehr nützlich sein. Wahrscheinlich bist du ein kreativer Typ, kannst dich gut ausdrücken und hast eine lebhafte Fantasie, schon seit du klein bist. Vielleicht bist du auch Künstlerin auf die eine oder andere Weise. Oder du wärst es zumindest gerne.

So geht es aber leider nicht jedem. Tatsächlich haben viele Leute gar nicht so eine klare Vorstellung, sondern eher schwammig, undefiniert, aber irgendwie vorhanden. Das Gute ist, man kann sie trainieren! Dazu gebe ich dir gleich eine Übung mit. Die erste hatten wir ja gerade schon. In seltenen Fällen gibt es Menschen, die sich Dinge absolut gar nicht bildlich vorstellen können. Wenn du davon betroffen bist, dann hast du Afantasie. Aber keine Sorge, du kannst stattdessen dennoch alle anderen Sinne für deine Vorstellung nutzen. Das muss nicht nur bildlich sein. Und sogar für visuell Begabte ist es sehr powerful, auch alle anderen Sinne für die Imagination dazuzunehmen. Dabei kann das Visualisieren in zwei Aspekte unterteilt werden:

- **Aspekt 1 – Ergebnisvisualisierung:** In diesem Part stellst du dir vor, wie dein gewünschtes Ergebnis aussieht, wie du dich fühlst, wenn es real ist.
- **Aspekt 2 – Prozessvisualisierung:** In diesem Part stellst du dir alle Schritte bis zum Ergebnis vor – was es braucht, wie du dahin kommst, was es dir abverlangt, wie es sich ergeben könnte ... Wie eine Geschichte, die du in Gedanken real werden lässt. Am besten mit allen Sinnen.

Wenn du diese zwei Aspekte harmonisch anwendest, wird dir dies die besten Ergebnisse bescheren. Diese Techniken werden dir bestimmt als Grundmethoden des Manifestierens sehr bekannt vorkommen. Hier verknüpfen sich alle Werkzeuge, Möglichkeiten und Arbeitsweisen zu einem großen Spektrum, das du entsprechend nutzen kannst.

ÜBUNG ZUR VISUALISIERUNG

Nimm dir ein Stück Papier und einen Stift. Schreib ein Ziel darauf, so was wie: »Ich möchte ein rotes Auto.« Dann gehen wir in den ersten Aspekt. Du schreibst: »Ich habe ein rotes Auto.« Dann notierst du dir die Details. Wie genau sieht es aus? Welche Marke ist es? Welche Details fallen dir auf? Wo steht es gerade? Wie sieht die Umgebung aus? Wie riecht das Auto? Je mehr Details du in dein Ergebnis einspeist, desto realer wird

deine Vorstellung. Starre in die Leere, und imaginiere es ganz genau. Lass dir Zeit, und schreib alles nieder.
Wenn du all das greifbar gemacht hast, dann kommen wir zum zweiten Aspekt. Nun gehst du alle möglichen Schritte durch, von dem Moment, in dem du jetzt gerade bist, bis hin zu deinem Wunschergebnis. Das heißt nicht, dass es genau so passieren muss, aber diese Art, es realistisch durchzugehen, ermöglicht dir, Blockaden in deinem Kopf zu lösen, da du Schritt für Schritt eine klare Vorstellung aufbaust, wie es möglich wäre, das zu bekommen, was du willst. Und genau das ebnet dir energetisch den Weg.
Du kannst das so mit allem machen. Je öfter du solche Übungen durchgehst, desto leichter wird es und umso mehr Spaß wird es dir machen. Und wenn du dabei von Beginn an echte Träume nimmst, dann hast du vielleicht schon direkt den Nebeneffekt, dass sie in Erfüllung gehen – und das wiederum stärkt dein Selbstvertrauen.

Die Intuition trainieren

Eine geschulte Intuition zeigt auf, dass du gut mit den Energien um dich herum verbunden bist. Je weiter sie gehen, umso tiefer in der Matrix bist du dir deiner selbst bewusst und mit dieser wissentlich verwoben. Verwoben bist du so oder so, aber es stellt sich eben die Frage, ob du die Fähigkeit besitzt, deine energetischen Tentakel wahrzunehmen und weiter auszustrecken und ebenso auch mal einzuziehen, zur Ruhe zu kommen und dich abzuschotten. Immerhin macht eine dauerhafte, niemals schlafende Auffassungsgabe auch einfach enorm müde, weil das Gehirn zu viele Sinneneindrücke verarbeiten muss. Reizüberflutung ist die Folge.

ÜBUNG ZUR INTUITION

Seine Intuition zu trainieren setzt voraus, viele kleine Dinge zu tun, um die Welt um dich herum mehr wahrzunehmen. Wenn du im Bus sitzt und normalerweise dein Umfeld ausblenden würdest, achte auf die scheinbar unwichtigen Dinge. Was tragen die Leute für Kleidung, was könnten sie arbeiten, wie bewegen sie sich, was könnte dies über ihre Gefühle aussagen? Stell dir vor, du wärst Sherlock Homes und du müsstest alle Indizien zusammenführen, um den Fall deines Lebens zu lösen. Schau auf die kleinen Dinge, die winzigen Veränderungen, fühle deinen Körper, spüre, wie deine Emotionen wechseln. Bemerke dein Inneres und wie es sich bewegt. Beachte das Äußere und wie es wild vor sich herlebt. Am Anfang könntest du von diesen ganzen Reizen überfordert sein, aber dein Pensum wird sich steigern, und irgendwann wird es natürlich für dich sein, mehr wahrzunehmen, mehr zu sehen, mehr zu fühlen.

Wenn du es geschafft hast, deine Auffassungsgabe zu trainieren, dann wird daraus resultieren, dass du Dinge besser verstehen kannst. Dass du die Abläufe im Hintergrund mitbekommst und Situationen und Personen besser einzuschätzen weißt. Entsprechend werden sich deine Entscheidungen, dein Umgang und deine Aktionen anpassen, sodass du positivere Ergebnisse in deinem Tun bekommst. Das stärkt wiederum dein Vertrauen in dich selbst, in deine Entscheidungen und somit in deine Intuition, die dir dazu verholfen hat. Oft haben wir »so ein Gefühl«, aber vertrauen nicht darauf, weil wir die Fakten rationalisieren, statt auf den Impuls in unserem Innersten zu hören. Durch deine aktive Aufmerksamkeit wirst du auch immer mehr Zufälle bemerken und erkennen, dass sie gar nicht so zufällig sein können. Ich denke, am Ende ist das die größte Erleuchtung, denn dann fühlst du nicht mehr nur, glaubst nicht nur, hoffst nicht nur, sondern du weißt.

Du hast alle Feinheiten bemerkt und zu einem großen, stimmigen Bild zusammengeführt. Du hast den Fall gelöst. Fortan wird dich keiner mehr austricksen können.

Deinen Ruhepol finden

Deinen Ruhepol zu finden ist eine Aufgabe, die in der heutigen Zeit gar nicht mehr so einfach ist. Wir sind ständig einer enormen Welle an Reizen ausgesetzt, sodass sich unser Gehirn teilweise auf die Aufnahmefähigkeit eines Goldfisches runterwirtschaftet. Alle drei Sekunden brauchen wir einen neuen Reiz, um bei der Sache zu bleiben, damit die Gehirnzellen Pingpong spielen können. Sich, sein Gehirn und seinen Körper zu entschleunigen erscheint im ersten Moment wie Arbeit. Und nichts anderes ist es. Etwas zu einer Gewohnheit werden zu lassen, was uns fast schon unnatürlich geworden ist, benötigt ernsthafte Bemühungen. Aber keine Sorge, das Gute ist, dass wir Menschen Gewohnheitstiere sind und mit etwas Disziplin relativ zügig eine neue Struktur aufbauen können.

Der Klassiker schlechthin für einen Ruhepol, den wir irgendwann wirklich regelmäßig nutzen, ist natürlich die Meditation. Diese gibt es in zig Ausführungen, sodass auch du eigentlich kaum eine Ausrede hast, keine finden zu können, die irgendwie zu dir passt. Selbst wenn du der hibbelige, aufgekratzte Typ bist, der sich nur sehr schwer konzentrieren kann. Wenn du aber wirklich nicht ruhig sein kannst, dann gibt es auch viele Alternativen. Eine davon ist zum Beispiel die Ergotherapie. Statt ruhig im Schneidersitz auf der Matte zu sitzen und meine Gedanken wie das Meeresrauschen an mir vorbeiziehen zu lassen, nehme ich gerne einen Stift in die Hand und bringe meine Fantastereien auf Papier. Dabei gleite ich ganz natürlich in meine eigene Welt und werde ohne Zwang von mir aus hochkonzentriert. Weil ich liebe, was ich tue. Weil es mir guttut, weil ich mich zu Hause fühle in dieser Tätigkeit.

Also, bei welcher Art Tun kannst du dich ruhig und aufgefangen fühlen? Was tut dir gut? Das kannst du nutzen und gezielt einsetzen, wenn du mal wieder runterkommen musst.

Körperlicher Ausgleich

Neben deinem Ruhepol ist es wichtig, dass du dir grundsätzlich einen körperlichen Ausgleich schaffst. Was auch immer für dich körperlich möglich ist. Aber Bewegung ist wichtig – aktiv sein, Energien rausgeben, dich fit halten. Das muss nichts Hochtrabendes sein. Du kannst ganz klassischen Hau-drauf-Sport machen, Joggen gehen oder aber Yoga machen. Letzteres ist anstrengender, als du vielleicht erst mal denken magst. Aber Erschöpfung nach einer guten körperlichen Session ist eine positive Form von Müdigkeit. Du fühlst dich fix und alle, aber auch ausgeglichen. Du hast dann auch keinen Raum mehr für negative Gedanken, jetzt willst du nur noch duschen, vielleicht was essen und dann ab ins Bett.

Die Studienlage zum körperlichen Ausgleich ist auch recht eindeutig. Je schlechter du dich fühlst, desto besser ist es für dich, dich mal richtig zu verausgaben. Das wirkt sich gleichermaßen gut auf deine Stimmungslage wie auf dein körperliches Befinden aus. Aber, hey, aller Anfang ist schwer, gerade dann, wenn der innere Schweinhund schon selbst ein paar eingeschlafene Füße bekommen hat vom vielen Rumliegen. Aber du packst das. Fang am besten klein an, damit du auch Freude daran entwickeln kannst, und mach etwas, was dir Spaß bringt. Ich bin ja ein Fan von Sportarten, die sich nicht anfühlen, als würde ich sie nur um des Sports willen tun. So was wie ordentlich lange tanzen im Club ist für mich genauso gut, körperlich anstrengend und Kalorien verbrauchend wie Volleyball spielen. Bei beidem habe ich nicht das Gefühl, ich tue es, weil ich es muss. Ganz im Gegensatz zum Joggen. Das ist so gar nicht meine Richtung. Aber da ist jeder anders, bei so vielen Sportarten und Möglichkeiten wird definitiv auch was für dich dabei sein. Alternativ geht auch guter, anstrengender und Freude bereitender Sex. Immerhin kann der nicht nur gut verausgaben, sondern neben der Erschöpfung gibt es am Ende noch eine fette Portion Glückshormone. Also, jetzt hast du wirklich keine Ausrede mehr.

Geistiger Ausgleich

Neben deinem Körper gibt es auch noch deinen Geist, der nach einem Ausgleich dürstet. Die bekannteste und abwechslungsreichste Methode dafür sind Achtsamkeitsübungen, die es in der Psychologie und Therapie in allerlei Ausführungen gibt. Auch hier kannst du dich durchprobieren und etwas finden, was dir leichtfällt und vielleicht sogar Spaß macht. Grundsätzlich fällt unter diesen Punkt aber auch, dass du deinen Geist aktiv halten musst, und das kannst du schon mit kleinsten Spielerein tun. Wie beim Lösen von Sudokus, Rätseln oder anderen kleinen Gedankenübungen, die dich etwas herausfordern, aber nicht überfordern. Immerhin willst du ja, dass auch dein Gehirnschmalz trainiert bleibt, oder?

Leider bauen wir mit dem Alter auf ganz natürliche Weise immer weiter ab, und dem kannst du nur aktiv entgegenwirken, indem du dein Gehirn trainierst. Dabei kann es schon helfen, aus festen Routinen auszubrechen. Putz dir mal mit der anderen Hand die Zähne, zähle das Alphabet rückwärts auf, rechne die Sachen zwischendrin mal im Kopf zusammen, überleg dir während der Bahnfahrt eine Geschichte, als würdest du sie gerade deinen Nichten erzählen. Gehirnjogging ist für mich das viel angenehmere Jogging und auch mindestens genauso wichtig wie der körperliche Ausgleich. Also verlässige keinen Anteil von dir! Alles in und an dir ist wichtig und braucht Zuwendung, Liebe und etwas Hingabe. Das solltest du dir spätestens jetzt auf jeden Fall wert sein.

Energiezentren aktivieren

Energiezentren als Teil der feinstofflichen Ebene unseres Organismus gibt es in vielen Formen. Die zwei bekanntesten und auch in der westlichen Hexerei am meisten genutzten, um die eigenen Energien in Fluss zu bekommen, sind die Meridiane und die Chakren. Als Meridiane werden in der Traditionellen Chinesischen Medizin (TCM) die Energiekanäle bezeichnet, die einen Zyklus im System bilden und Körperteile und Organe miteinander verbinden. Entlang dieser Meridiane befinden sich auch die bekannten Akupunkturpunkte. Es gibt dabei zwölf Hauptmeridiane, die voneinander unterschieden werden.

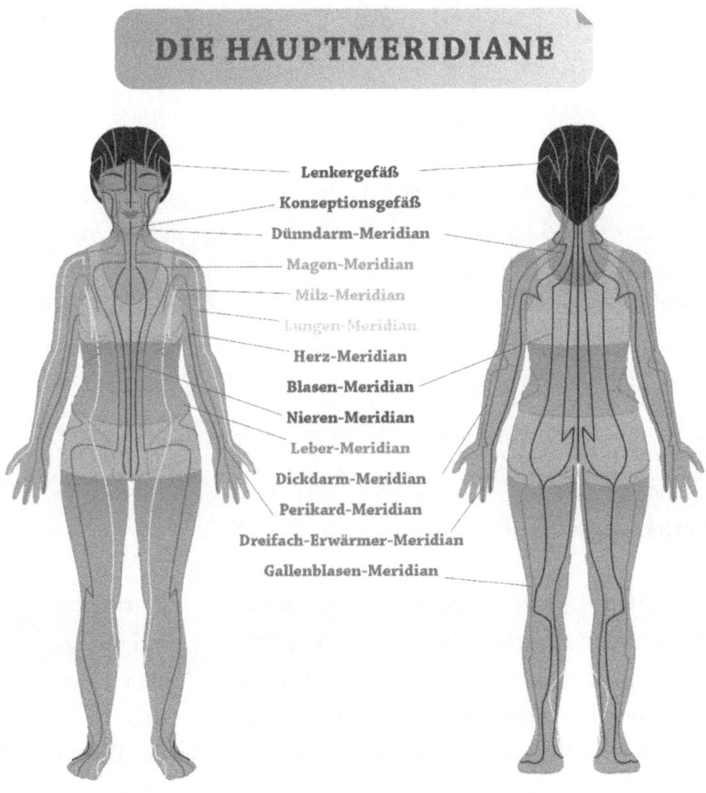

Als Chakras oder Chakren werden die Energiezentren aus dem hinduistischen Konzept bezeichnet, in unseren Breitengraden allen voran aus dem Yoga bekannt.

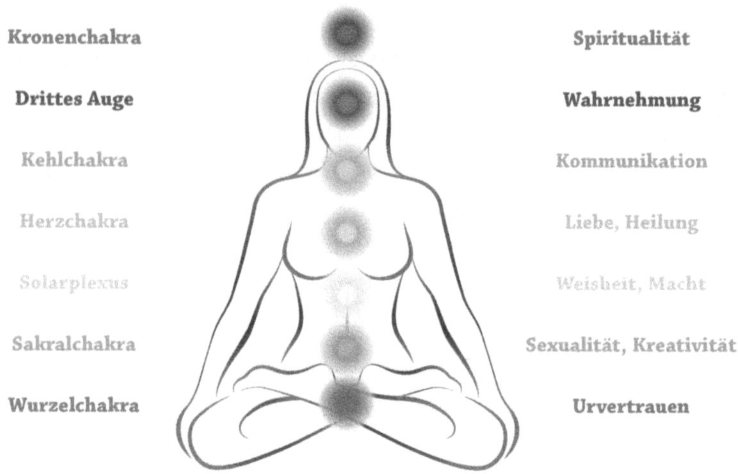

Während bei den Meridianen verschiedenste Dinge helfen können, wie Akupressur, Akkupunktur, Shiatsu, Qigong oder Tuina, sind es bei den Chakren Aromatherapien, Klangtherapien, Meditation, Yoga und Reiki.

Drittes Auge öffnen

Das mit dem Dritten Auge ist so eine Sache, die unnötig stark glorifiziert wird. Manchmal wirkt es wie eine Trophäe, die Leute betonen, um zu sagen: »Guckt mal, wie erwacht ich bin.« Was ich für absolut unnötig und fehlleitend halte. Das Dritte Auge zu öffnen ist weder ein Muss noch das Endziel, noch muss es überhaupt Teil der Reise sein. Ich empfehle es sogar nur dann explizit, wenn man so stabil ist, dass man auf jeden Fall damit umgehen kann, mehr sehen und wahrnehmen zu können, als es durchschnittlich der Fall ist.

Um das Dritte Auge ranken sich viele Mythen und Legenden und auch einige Schauermärchen. Es ist ein komplexes Thema, dem du in der Tiefe nachgehen musst, wenn du es wirklich verstehen willst. Das Konzept des Dritten Auges ist vor allem aus der Chakra-Lehre bekannt. Es wird dabei als ein metaphorisch drittes Auge beschrieben, das sich in der Stirnmitte befindet. Es wird als Symbol für die Fähigkeit genutzt, über die stoffliche Realität hinauszublicken und Feinstoffliches wahrnehmen zu können. Tatsächlich jedoch kommt der Urmythos des Dritten Auges nicht von den Indern, sondern von den alten Ägyptern und dem Mythos vom Falkengott Horus, der sein Auge bei einem Kampf mit dem Chaosgott Seth verlor. Thoth, der Gott der Magie und der Heilkunst, sammelte die verstreuten Teile des Auges auf und fügte sie wieder zusammen. Das geheilte Auge wurde dann an Horus zurückgegeben, doch der opferte es seinem Vater, dem Totengott Osiris. Es wurde diesem als drittes Auge eingesetzt. Damit erweckte Horus in Osiris ein neues Bewusstsein und brachte Licht in die Dunkelheit der Unterwelt.

Anders als in den weißgewaschenen Herangehensweisen der New-Age-Welle ist es in den alten Kulturen eine große Kunst, das Dritte Auge zu öffnen, und somit eine Sache, die nicht über Nacht geschieht. Es ist eine Aufgabe, der man sich gezielt annimmt und für die man viel tut. In unseren hiesigen Regionen haben wir diesen Glauben schamlos verwässert, sodass manche meinen, dass so etwas Abstraktes wie ein Ritual mit einem aufgemalten Siegel auf der Hand dafür ausreicht. Dem ist nicht so. Wenn man sich schon etwas erarbeiten will, das einem jahrtausendealten Glauben entsprungen ist und entsprechende Erweckungen, Wachstumsphasen und Tiefgründigkeit erfordert, finde ich es fragwürdig, dies der Faulheit halber auf plakative Methoden zu reduzieren. Ja, wir wünschen uns alle schnelle, einfache und am besten noch leichtgängige Lösungen auch für die komplexesten Sachverhalte und Probleme, aber seien wir mal ehrlich: Etwas Realität und Anstand sollte man schon auch mitbringen, wenn man sich kultureller Elemente anderer bedient. Immerhin verbringen die Mönche und

Sadhus ihr halbes Leben damit, sich dem Pfad der Erleuchtung zu widmen, um dann in der Öffnung ihres Dritten Auges die höchste Form der Spiritualität zu erreichen. Das Konzept des Dritten Auges ist maßgeblich im Hinduismus und Buddhismus verankert und somit kulturell geprägt. Lass uns dem bitte mit dem nötigen Respekt begegnen.

ACHTUNG

Eine wichtige Sache, die es zu beachten gilt: Du solltest keine Magie wirken, wenn du gerade akut krank bist. Egal, ob es eine Grippe ist, du kürzlich operiert wurdest oder anderweitig angeschlagen bist. Dies gilt auch bei chronischen psychischen sowie physischen Erkrankungen, wenn du gerade wieder einen Schub hast. Natürlich ist deine Erkrankung immer irgendwie da oder zumindest sehr oft, sonst wäre sie nicht chronisch, aber du wirst dich für deinen Alltag zwangsläufig irgendwie damit arrangiert haben. Zu diesen normalen Zeiten kannst du durchaus Zauber praktizieren, da du dich und deine Energien am besten kennst. Wenn du aber gerade einen enormen Schub hast, dich superschlecht, ausgelaugt und schlapp fühlst, dann grätsch da bitte nicht noch mehr rein, indem du anfängst, magisch rumzuwerkeln.

Ich bin ein enormer Fan von »Selbst ist der Mensch«, aber wenn du in dieser Zeit wirklich magische Arbeit benötigst, würde ich doch anraten, jemanden zurate zu ziehen, der eine entsprechende Expertise hat und dir in diesem Zeitraum hilft. Zur Not nimm in dem Fall auch mal Geld in die Hand, wenn es dir wichtig ist und du niemanden kennst, der das so für dich machen kann. Bloß mach bitte keine magischen Experimente auf Kosten deiner Gesundheit!

ÄUSSERE FAKTOREN

Neben den vielen inneren Faktoren, die wir jetzt zur Genüge durchgegangen sind, kommen wir mal zu den äußeren Faktoren. Während Wissenschaftler davon ausgehen, dass alles aus Energie besteht, gehen spirituelle Menschen und Hexen an diesem Punkt gedanklich noch einen Schritt weiter. Natürlich handelt es sich dabei um Thesen, aber auch jede wissenschaftliche Theorie begann mit einer Annahme, also einer These, die mit der Zeit und viel Arbeit nach und nach faktisch bewiesen wurde. Also lass uns theoretisieren. Lass uns Entdeckerinnen neuer Wege und Gedanken sein, ganz mutig im Selbsttest. Lass mich dich inspirieren, und finde heraus, was für dich funktioniert!

Das große Ganze

Die Energien, von denen immer die Rede ist, umhüllen uns alle, die Erde, den Kosmos, schlichtweg alles. Wir sind sozusagen durch ein kosmisches Netz miteinander verbunden. Wenn wir das mal rein wissenschaftlich betrachten, besteht zu 99 Prozent alles aus Nichtmaterie Da könnte uns im Folgeschluss natürlich der Gedanke kommen, dass dieser Anteil, der so viel größer ist als der materielle, irgendwie auch eine tragende Rolle spielt. Doch wir tun so, als wäre das, was wir nicht sehen, nicht definieren und nicht nachweisen können, nicht wesentlich wichtiger als das bisschen, das physisch für uns greifbar ist. Wir Menschen neigen leider dazu, nur dem Glauben zu schenken, was wir sehen oder anfassen können. Aber selbst die Wissenschaft beschäftigt sich immer mehr mit dunkler Materie, dem Nichts, aus dem alles besteht. Und nichts ist es bestimmt nicht, wir können einfach nur noch nicht begreifen, was es genau ist.

Spirituelle Menschen versuchen mit diesen abstrakt wirkenden Energien, der feinstofflichen Ebene, mit dem, was alles verbindet, bewusst in Kontakt zu treten und es so zu nutzen und zu beeinflussen, dass es sich positiv auf ihr eigenes Leben und die Menschen, die sie lieben, auswirkt. Darin liegt begründet, wieso nicht nur die inneren Faktoren bei der Stärkung der Magie eine Rolle spielen, sondern auch die äußeren. Um uns herum ist so viel Potenzial, das wir nutzen können und mit dem wir eh verbunden sind, wieso sollten wir uns also die Chance entgehen lassen, unseren Zaubern damit eine Extraportion *Spice* zu geben? Wäre doch schade um die verpasste Gelegenheit.

Energien aus dem Außen

Da alles Energie ist, erklärt sich hier von selbst, wieso Werkzeuge ein wichtiger Aspekt der Hexerei sein können. Den Part mit den Feinstoffhexen habe ich ja schon erklärt, die lassen wir hier mal außen vor. Die traditionelle Hexe wie auch die meisten modernen Hexen arbeiten sehr gerne mit Energien aus dem Außen. Es fühlt sich einfach an wie die Zusammenkunft von Yin und Yang. Die Dualität. Innere und äußere Energien. Es ist ein meditativer Prozess, da man handwerklich etwas zu tun hat. Wir haben etwas zum Anfassen, du kannst die Dinge spüren, zusammenfügen, sehen, beobachten, verbinden, was auch immer. Allein diese handwerkliche Tätigkeit stärkt deinen Glauben, denn wie ich schon erwähnte, haben wir Menschen das Problem, dass wir Dinge mit unseren klassischen Sinnen wahrnehmen können müssen, um sie als wahr zu erachten. So machst du es dir gerade am Anfang unglaublich viel leichter, Zauber zu wirken, die letztendlich auch funktionieren. Weil du etwas tust, ist der Grundsatz, dass etwas dadurch passieren muss, direkt aktiv. Denn jeder Aktion folgt eine Reaktion, etwas, was physisch beobachtet werden kann, feinstofflich aber auf einer unsichtbaren Ebene geschieht. Entsprechend machst du dir die Außenenergie zunutze.

Dabei kannst du viele Aspekte im Außen nutzen, einige wurden schon erklärt, und viele andere findest du im magischen Glossar, wo sie dir im Detail nochmals erläutert werden. Nutzen kannst du Naturgegenstände in Form von Kristallen oder Kräutern, aber auch die Zeiten und Gezeiten. Du hast auch schon die Wirkung der Himmelsrichtungen kennengelernt, bekommst aber noch eine ausführliche Erläuterung zu den Planeten, allen voran dem Mond und seinen Phasen. Die verschiedenen

Sternzeichen kennst du auch schon. Du kannst aber auch Anderswesen zur Verstärkung deiner Magie hinzunehmen, egal ob Götter, Ahnen, Geister oder andere Wesenheiten. Dazu findest du auch ein eigenes Kapitel mit dem Namen »Entitäten«. Die verschiedenen Werkzeuge kennst du ja nun schon, einige Symbole werden dir später noch erläutert, obwohl du das eine oder andere bis hierhin auch schon aufgeschnappt haben solltest. Du kennst die Elemente, weißt, dass du mit Worten und Klängen arbeiten kannst, ebenso wie mit den Energien eines Raumes geistiger oder physischer Natur. Du kannst einen geheiligten Raum erschaffen oder sogar bei dir zu Hause alles nach Feng-Shui-Kriterien ausrichten. Du hast so viele Möglichkeiten, aus denen du dich bedienen kannst, dass auf jeden Fall etwas für dich dabei sein sollte. Bedenke auch: Mehr ist nicht unbedingt mehr, schon gar nicht am Anfang. Nutze am besten lieber weniger Aspekte, aber dafür effektiver. Du kannst dich mit deinem Erfahrungsgrad ja nach und nach steigern.

Wiederholung

Wenn du noch nicht so viel Erfahrung hast, ist es am Anfang leichter, deine Gedanken für einen Zauber bewusst zu wiederholen. So fokussierst du jedes Mal wieder neu Energie darauf, du manifestiert immer wieder in Stößen, sendest Energien in die richtige Richtung und trainiert dabei dein Gehirn, sich so zu fühlen, als sei dein Erfolg schon eingetreten. Das kann ein extremer Booster sein. Ich persönlich liebe diese Methode, und sie liegt mir auch am meisten. Immerhin kannst du damit einfach und schnell einem einmal gewirkten Zauber einen neuen Kick verleihen. Bleib bei der Sache, konzentrier dich drauf, schieß die Energie raus – und zack, ab zur nächsten Aufgabe. Später wiederholst du deine Intention wieder und wieder, sooft es dir eben einfällt, um den Zauber aktiv zu halten.

Die Wiederholung ist vor allem nützlich für Leute, die ungeduldig sind, sich emotional schlecht von ihren Zielen trennen können und denen die Methode von »Neutralität und Vergessen« noch nie gelegen hat. Zudem checkst du dabei immer wieder, ob das Ziel des Zaubers für dich noch relevant ist. Manchmal ändern sich Dinge recht schnell, und es ist nichts Schlimmes dabei, einen energetischen Cut zu vollziehen, wenn man merkt, dass es Energieverschwendung wäre, an dieser Stelle weiterzumachen.

Um deinen Zauber oder deine Manifestation zu reaktivieren, reicht es, in Gedanken oder mit Worten die Intention zu sprechen: »Ich reaktiviere hiermit meinen Zauber, mehr Liebe in mein Leben zu ziehen, denn nichts weniger habe ich verdient. Und während ich Liebe ausstrahle, sende ich Energien an dieses Ziel, sodass genau das, was ich gebe, wieder zu mir zurückkommt.«

Das kannst du dann entsprechend auf alles anpassen. Ich habe es jetzt mal locker, flockig vom Hocker ausformuliert. Nutze deine eigene Stimme, deine Wortart, deine Sprechweise, so wie es sich gerade richtig anfühlt. Geh da bitte nicht zu verbissen nach Vorlagen heran.

ZUSAMMENFASSUNG

Um deine Magie zu stärken, hast du jetzt also drei umfangreiche Kategorien, aus denen du wählen kannst. Diese fasse ich dir hier noch mal schnell für eine verständliche Übersicht zusammen. Let's go!

Kategorie 1: Innere Faktoren. Du bist dir selbst die Grundlage und das größte Potenzial, also arbeite an dir, deinen Energien, Gedanken, deiner Psyche und damit automatisch auch an deinem Körper und deinem gesamten Organismus.

Kategorie 2: Äußere Faktoren. Du kannst bestimmte Hilfsmittel, Werkzeuge, Materialien, Gegenstände und vieles mehr aus dem Außen verwenden, um die Energien zu allem auszurichten, zu erhöhen und optimal zu nutzen.

Kategorie 3: Stufen der Macht & Art der Magie. Du entscheidest vorab, auf welcher Basis du deine Magie aufbaust. Soll es niedere Magie sein, traditionelle Magie oder doch starke Magie? Die Art der Magie hat Auswirkung auf ihre Stärke: Wir haben kleine, reguläre und große Zauber sowie zeremonielle und heimische Magie.

ENTITÄTEN –
DIE VIELEN WESEN DER ANDERSWELT

Wie du diesem Buch schon entnommen haben könntest, ist »Entität« der übergeordnete Begriff für Wesenheiten, die sich in unterschiedliche Kategorien klassifizieren lassen. Diese Kategorien können sich teilweise auch überschneiden und verschwimmen, sie sind somit nicht immer klar zu differenzieren. Aber einige bekannte und sehr beliebte werde ich dir hier näherbringen.

ARTEN VON »GEISTERN«

Der Begriff »Geist« wird oft benutzt, aber kaum richtig verstanden, denn die wenigsten kennen die verschiedenen Unterteilungen dieser Kategorie von Wesenheit. Damit du als angehende Hexe Bescheid weißt, gehen wir sie mal gemeinsam durch.

Totengeist *(interactive personality ghost)*: Diese Geisterform ist die am häufigste vorkommende. Es geht hier um den Geist einer verstorbenen Person, die noch nicht hinübergegangen ist. Sie hängt also noch in unserer hiesigen Welt fest. Wichtig zu wissen ist, dass sich Geist und Seele dabei unterscheiden. Denn eine Seele ist im Jenseits und hat entsprechend mit der weltlichen Ebene abgeschlossen. Sie spukt nicht herum.

Plagegeist *(pester ghost)*: Ein Plagegeist ist ein feinstoffliches Wesen, das dich plagt und nervt und dir tierisch auf den Sack gehen kann. Grundsätzlich kann jede Entität ein Plagegeist werden. Der Schlussfolgerung nach natürlich auch ein Totengeist, also ein verstorbener Mensch oder ein Tier, von dem du dich genervt oder abgestoßen fühlst und das nicht mehr von dir oder deinem Heim weichen will. Plagegeister werden auch gerne mal von schwarzmagischen Hexen gesandt, um jemandem eins auszuwischen.

Poltergeist *(noisy spirit)*: Der wohl bekannteste und zugleich seltenste Geistertyp ist der Poltergeist. Er ist auch der zu recht besorgniserregendste. Der Begriff wurde aus dem deutschen Aberglauben heraus so bekannt, dass er sich sogar ins Englische geprägt hat. Aus der deutschen Folklore ist dieser Geist für böswilliges und schadhaftes Verhalten bekannt. Poltergeister haben die Fähigkeit, Dinge zu bewegen oder umzustoßen, Lärm zu machen und die physische Umgebung zu manipulieren.

Haus- und Herdgeister *(familiar spirit):* Zwar wird »Hausgeist« oftmals als Regenschirmbegriff verwendet, um alle Arten von Geistern, die im Haus auftreten können, zu beschreiben, im eigentlichen Sinne jedoch benennt er Schutzgeister, die als *familiar spirits*, also »vertraute Geister«, auftreten. Dies sind Geister, die für Schutz sorgen und innerhalb der Familie weitergegeben werden oder aber die du selbst auserwählst, um eine dauerhafte Bindung für diesen Zweck aufzubauen. Dann gibst du sie an die nächste Generation weiter.

Geistführer *(spirit guide)*: Geistführer ist der Oberbegriff für alle lehrenden und leiteten Entitäten, mit denen man einen Kontakt aufbauen kann, um auf seinem magischen Pfad geschützt und behütet zu sein. Es kann ein Tiergeist sein, ein Engel, ein Ahne oder eine Gottheit. Je nachdem, mit wem man arbeitet, verweist das oft schon auf den magischen Pfad, den man praktiziert. Eine drakonische Hexe hat selbstredend einen Drachen als Geistführer, während ein Schamane in aller Regel einen Tiergeist hat, ein sogenanntes Krafttier. Der Geburts-Schutzgeist ist noch mal eine Kategorie für sich, auf die ich später im Detail eingehe, weil er so essenziell ist und wir oft den Begriff *Spirit Guide* synonym dafür verwenden, was wiederum für Verwirrung sorgen kann, weil dies im Englischen ein Wort mit breit gefächerten Bedeutungen ist.

Phantomgeister *(funnel ghosts)*: Phantomgeister erscheinen oft als wabernder Nebelschwall. Diese dampfförmige Wolke schwebt normalerweise mehrere Meter über dem Boden und ist meistens entweder komplett still oder in rasend schneller Bewegung. Sie kann auch leicht mit einem Kugelgeist verwechselt werden. Die gespenstischen Erscheinungen wurden schon auf vielen Videos und Fotos festgehalten und können weiß, grau oder sogar schwarz sein.

Kugelgeister *(orb ghost)*: Kugelgeister sind eine der am häufigsten fotografierten Arten von Geistern und erscheinen normalerweise als blaue, weiße oder glänzende Kugeln. Sie zeigen sich als transparenter oder durchscheinender Lichtball, der über dem Boden schwebt. Es wird angenommen, dass Kugelgeister die Seele eines Menschen oder sogar eines Tieres sind, das gestorben ist und von einem Ort zum anderen reist – also gerade hinübergeht. Die kreisförmige Form, die sie annehmen, erleichtert ihnen dabei die Bewegung.

Ektoplasma *(ectoplasm oder echo-mist)*: Bei Ektoplasma handelt sich um einen wabernden Nebel, der von paranormalen Ermittlern auch als »gespenstischer Nebel« bezeichnet wird. Diese Dampfwolke erscheint normalerweise über dem Boden und kann sich schnell bewegen oder einfach starr stehen.

Obwohl sie einfach so erscheint, verweilt und sich dann schnell wieder auflösen kann, ist es manchmal auch die Vorstufe einer vollkommenen Präsenz mit körperähnlichen Strukturen. Die häufigsten Erscheinungen zeigen sich auf Friedhöfen, Schlachtfeldern und an historischen Stätten.

Naturgeister *(natural spirits/nature spirits)*: Naturgeister stehen in manchen Glaubensvorstellungen in Verbindung mit einem bestimmten Ort in der Natur. Somit gibt es, je nach Religion oder Mythologie, unglaublich viele Naturgeister, die ich hier nicht alle erwähnen kann. Wie du siehst, kann man im Grunde fast alle gängigen Fabelwesen unter der Kategorie »Geister« verbuchen, was aufzeigt, dass es ein übergeordneter Begriff ist.

Elementargeister: Eine Unterteilung der Naturgeister nach den vier Elementen lässt sich wie folgt vornehmen:

- **Erdgeister,** zu denen Trolle, Kobolde, Elfen und Gnome gehören. Faune und Dryaden aus der griechischen Mythologie sind ebenso Erdgeister.
- **Wassergeister** sind Undinen, Meerjungfrauen, Wassermänner, aber auch Nixen und Nymphen.

- **Luftgeister** sind die Hüter der Luft und steuern unter anderem Wind und Wolken. Dabei handelt es sich zum Beispiel um Sylphen, Harpyien, Luftelben, Sturmgeister und Feen.
- **Feuergeister** gibt es natürlich auch, und zu denen gehören neben Salamandern auch Lindwürmer, Drachen, Aitvaras, Kitsunes und Phönixe.

Tiergeister: Tiergeister unterteilen sich auch noch mal in einige Kategorien und zeigen sich in ihrer Astralhülle in der Form von tierischen Begleitern.

- **Tiergeistführer** *(spirit animal/spirit animal guide)*: Sie sind vor allem im Bereich des Schamanismus verbreitet. Der Begriff beschreibt einen geistigen Führer, dessen Hülle hauptsächlich in tierischer Gestalt erscheint. Dabei ist dein Tiergeistführer für dein Wachstum da, um dir beizustehen, dir zu helfen und dich auf dem rechten Weg zu leiten. Er ist ein Lehrer und Helfer in der Not und ein wichtiger Bestandteil deiner spirituellen Reise und deines inneren Wachstums. Dein Geistführer muss aber nicht zwangsweise ein Tier sein, wie du schon in der Erläuterung zu den Geisterarten gelernt hast.
- **Krafttier** *(power animal)*: Diese können kommen und gehen und senden dir immer dann Zeichen, wenn sie sich bemerkbar machen und mit einer Lernaufgabe an dich herantreten wollen. Sie widerspiegeln jeweils einen Aspekt deiner selbst, der Aufmerksamkeit und Zuwendung benötigt. Es gibt ganze Bücher zu den Bedeutungen und Botschaften der Krafttiere. Ihre Zeichen können durch die feinstoffliche Ebene über Träume und Astralreisen oder in Trance zu dir kommen, aber auch physisch, indem du real Tieren oder Dingen begegnest, die mit einem bestimmten Tier assoziiert werden.
- **Totemtiere** *(totem animals)*: Diese stammen aus der Kultur der Ureinwohner Amerikas und sind für uns eher irrelevant. Jeder Stamm hat sein Haupttier, sein Totemtier, das für alle Stammesmitglieder bedeutsam ist. Zusätzlich kommt jedes Mitglied mit zumeist fünf weiteren Totemtieren als Leitführern für sein Leben auf die Welt. Das Konzept der Krafttiere ist die adaptierte Version der westlichen Kultur. Entsprechend haben wir relativ wenig mit Totemtieren zu

tun, es sei denn, du hast Native-Vorfahren und durch diese Ahnen, die ihre Totems an dich weitergetragen haben, eine entsprechende energetische Verbindung zu diesem Konzept. In diesem Fall hättest du ein Geburtstotem.

- **Seelentier** *(animal soul/nagual)*: Dies beschreibt das Tier, dessen Gestalt deine Astralhülle, also deine Seele, auf natürliche Weise annimmt. Ein jeder von uns entspricht mit seiner Seele dem Archetyp eines Tieres, und so wie manche die Auren in Farben sehen können, können andere die Astralhülle in Form einer Tiergestalt erkennen.
- **Tiervertrauter** *(animal familiar/familiar)*: Dies ist kein Astralwesen, sondern ein echtes Tier in deinem echten Leben. Es ist ein Tier, das mit dir an magischen Praktiken teilnimmt, und dies aus freien Stücken. Wie eine Katze, die sich beim magischen Wirken immer auf deinen Schoß setzt, einen Hang für deinen Altar hat und generell versucht, sich bei deinen hexischen Tätigkeiten bemerkbar zu machen. Tiervertraute sind sehr selten, und in der Regel wird es sich bei deinem Haustier um genau das handeln: ein Haustier, das du liebst. Das reicht ja auch. Ich schreibe das so scharf, weil jeder natürlich in seinem Tier etwas Besonderes sehen möchte und dann gerne mal zu viel reininterpretiert. Die meisten Hexen begegnen auf ihrem Pfad in der Regel einem einzigen Tiervertrauten.

GEBURTS-SCHUTZGEIST

Was im Volksmund als Schutzgeist oder *Spirit Guide* bekannt ist, beschreibt in aller Regel den Geburts-Schutzgeist. Ein weiterer sehr geläufiger Begriff, der vor allem durch das Christentum geprägt wurde, ist »Schutzengel«. Alles drei bezieht sich auf ein und dieselbe Sache, die ich dir nun näher erläutern möchte.

Was ist ein Schutzgeist?

Schutzgeister sind Wesen, die ins Jenseits übergegangen sind. Aber anstatt wieder auf der Erde zu reinkarnieren, haben sie sich entschieden, ihre Existenz dem Dasein als dein Schutzgeist zu widmen, um die Evolution ihrer Seele fortzusetzen. Somit steht auch dir in der Schlussfolgerung nach deinem Ableben die Möglichkeit zu, der Schutzgeist eines Neugeborenen zu werden, um dessen Leben zu begleiten und daraus selbst zu lernen.

Wer ist dein Schutzgeist?

Dein Schutzgeist ist die Seele einer verstorbenen Person. In der Regel wirst du diese nicht kennen, und sie hatte nie etwas mit dir zu tun. Sehr selten kann es vorkommen, dass es sich um ein verstorbenes Familienmitglied handelt. Ich betone: absolut selten. Wir sind mit dem Schutzgeist gepaart, der uns für seine Lehraufgabe gewählt hat. Und hier nehme ich dem ganzen Konzept mal den Glanz: So wie wir als Menschen alle unterschiedlich sind, sind es natürlich auch unsere Schutzgeister, die ja nichts anderes sind als eine individuelle Seele wie wir selbst. Sicher hat jeder Schutzgeist nur das Beste für seinen Schützling im Sinn, aber je nachdem, wie die Seele so tickt, kann sich das eben unterschiedlich ausdrücken. Deswegen sind unsere Lebenserfahrungen so immens unterschiedlich, und auch die Erkenntnis, dass uns unsere Schutzgeister nicht vor allem Übel bewahren können, ist eine harte Tatsache.

Ist dein Schutzgeist dein ganzes Leben lang bei dir?

Die kurze Antwort ist: ja. Ein Schutzgeist begleitet dich vom Moment deiner Geburt bis hin zum Moment deines Todes, um seine Lehraufgabe an dir zu erfüllen und an deinem Leben mitzuwachsen. Jeder Mensch hat einen Geburts-Schutzgeist. Oft kann man irgendwo lesen, dass man als Mensch mehrere *Spirit Guides* hat, jedoch wird der

Geburts-Schutzgeist mit anderen möglichen Begleitern in einen Topf geworfen, mit Krafttieren, Tiergeistführern, Göttern oder anderen Entitäten, mit denen man arbeiten kann, aber eben nicht muss.

ACHTUNG

Während viele Geistführer lehrende Aufgaben haben, um dich daran wachsen zu sehen, hat dein Schutzgeist vor allem eine Aufgabe: dich zu schützen. Das kann vor deiner eigenen Dummheit sein, vor gefährlichen Situationen oder einfach vor der nächsten tollpatschigen Aktion deinerseits. Der Schutzgeist wächst dabei vor allem an dir und an der Begleitung deines Daseins, mehr als andersherum.

FABELWESEN

Die bekannten Fabelwesen können auch als Astralwesen bezeichnet werden, denn genau da existieren sie: in der feinstofflichen Welt der astralen Ebene. In der Anderswelt. Mittlerweile weißt du ja, dass es dafür viele Begriffe gibt. Eine bestimmte Unterform der Astralwesen sind die bekannten Elementarwesen, von denen du schon in der Kategorie der Geisterwesen gelesen hast. Wie du siehst, überkreuzen sich die Bereiche hier und ergeben so als Netzwerk ein großes Ganzes.

Die beliebtesten und bekanntesten Fabelwesen in unseren Breitengraden sind bis heute Drachen, Einhörner, Elfen, Feen, Trolle und Zwerge. Allen voran die Werke von Tolkien und etwaige Märchenfilme und Fantasystreifen haben nicht nur das Interesse für die alten Götter wiederaufleben lassen, sondern auch für die Vielzahl an Kreaturen, die den Mythen, Sagen und der Folklore der verschiedensten westlichen Kulturen entspringen. Das Schöne hierbei ist jedoch, dass Fabelwesen in aller Welt vorkommen. Viele davon ähneln sich, tragen dann zwar unterschiedliche Namen, beschreiben aber oftmals das Gleiche, was für Verwirrung sorgen kann. Aber mach dir nichts draus, greif dir einfach ein Buch zu den Bräuchen einer bestimmten Kultur, oder tauche in die Märchenwelt ab. Und wenn du vorhast, mit Fabelwesen Kontakt aufzunehmen, oder sogar das Gefühl hast, dass etwas versucht, deine Aufmerksamkeit zu erregen, lohnt es sich, die vielfältigen Wesen, ihre Zeichen und ihre Lebensart unterscheiden zu können.

GÖTTER

Es gibt viele polytheistische Götterglauben. Der Hinduismus ist heute einer der bekanntesten auf der Welt, aber auch die Religion der Shintō, die vor allem in Japan verbreitet ist, oder der sehr alte und fast vergessene Vielgötterglauben der Azteken. Die in der westlichen Welt und von den Heiden und Hexen unserer Kultur am meisten genutzten Pantheons sind jedoch die der alten Ägypter, der nordischen Völker, der alten Griechen und natürlich auch der alten Römer.

Ursprünglich war das Pantheon eine Begrifflichkeit für ein antikes Heiligtum im architektonischen Sinne, das speziell den Göttern geweiht war. Das in der römischen Antike errichtete Pantheon in Rom ist eines der bekanntesten Gebäude dieser Art. In der Religionswissenschaft jedoch wird das Wort »Pantheon« verwendet, um alle Gottheiten einer polytheistischen Religion zusammenzufassen. Somit kann dieser Begriff für alle Vielgötterglauben genutzt werden.

ACHTUNG

Götterarbeit ist nichts für Anfänger, denn einen Gott zu verstimmen kann ein anderes Level an Unheil nach sich ziehen als bei allen anderen Wesenheiten. Zudem sind es die Götter gewohnt, verehrt zu werden, und nichts weniger erwarten sie, mit dem gebührenden Respekt, den sie ihres Erachtens verdient haben. Götter sind nicht deine Freunde, deine Homies, deine Geliebten oder sonstige Fantastereien. Götter sind Lehrer, Beschützer und Antriebskraft. Bedenke, dass jeder Gott viele Schützlinge hat, die ihn verehren, und sei dir entsprechend deiner Stellung bewusst. Nimm dich nicht zu wichtig. Wenn Hexen mit Göttern arbeiten, haben sie in der Regel eine Hauptgottheit. Einige arbeiten auch mit mehreren Göttern, und, ja die Pantheons können dabei in der Regel auch gemischt werden, das scheint in der Praxis zumindest kein großes Problem zu geben. Jedoch sind mehr als drei Göttinnen oder Götter nicht zu empfehlen, da jeder Gott, mit dem du fest arbeitest, auch einen eigenen Schrein und in der Regel auch ein eigenes Kommunikationsmittel haben will. Wenn das bei dir zum Beispiel Karten sind, brauchst du allein dafür schon drei verschiedene Sets. Der Aufwand summiert sich also. Götter wollen natürlich deine volle Aufmerksamkeit, sodass du da energetisch und zeitlich recht schnell an die Grenzen deiner Kapazitäten kommen kannst. Götter verlangen zudem regelmäßige und passende Opfergaben auf ihrem Schrein, entsprechend solltest du dich gut mit ihnen, ihrer Geschichte und ihren Vorlieben auskennen. Das gilt aber für alle Wesenheiten, mit denen du arbeiten möchtest.

AHNEN

Mit deinen Ahnen in Kontakt zu treten oder dich ihrer Kräfte zu bedienen ist bei der Arbeit mit Entitäten wohl die am leichtesten umzusetzende Variante. Dadurch, dass du allein durch deine Existenz einen direkten Kontakt zu deinen Ahnen hast, kannst du sie viel leichter und effektiver rufen und um ihre Hilfe bitten. Beliebt dafür sind vor allem Ahnenaltare, die zumeist mit persönlichen Habseligkeiten der Verstorbenen angereichert sind. Besonders beliebt sind hierbei Fotos, allen voran, damit du dir immer ein Gesicht dazu denken kannst, wenn du mit der Person oder ihren Energien in Kontakt treten möchtest. Die Tradition, dafür Fotos in den Altar zu integrieren, finden wir in allerlei Kulturen. Vor der Erfindung der Fotografie waren es persönliche Gegenstände, Schmuck, Haare oder eine Sache, die der Verstorbene sehr schätzte.

Die Kraft deiner Ahnen muss dabei nicht auf eine dir namentlich bekannte Person beschränkt sein, sondern kann so weit zurückgehen, wie du es möchtest und nachvollziehen kannst. Räum auf deinem Altar dafür zumindest Platz für je einen Gegenstand eines Ahnen ein, der ihn repräsentiert. Du kannst ihnen kleine Dankesgaben geben, wie du es bei den Göttern oder Naturwesen tust, und mit ihnen über verschiedene Weissagungsmethoden kommunizieren. Du kannst sie beim Wirken der Magie anrufen und um ihre Mithilfe bitten. Ob es klappt und sie anwesend sind, wirst du spüren. Ganz sicher. Letztendlich sind deine Ahnen aber so oder so immer ein Teil von dir, und du kannst dich auf diese Urenergielinie beziehen, die bis zum Anbeginn der Menschheit zurückreicht. Alle Energie ist mit dir verbunden, alles Wissen ruht in dir.

VERBINDUNG ZU EINER ENTITÄT AUFBAUEN

Egal, zu welcher Wesenheit du eine Verbindung aufbauen möchtest, der Ablauf ist eigentlich immer ähnlich. Du hast letztlich zwei Möglichkeiten – na ja, eigentlich drei, aber die dritte ist nicht zu empfehlen. Ich werde sie nur der Vollständigkeit halber und für dein tieferes Verständnis erwähnen.

Erwählung

Wenn dies auf dich zutrifft, bist du genau das: auserwählt. Du wurdest von einer Wesenheit, zumeist einer Gottheit, erwählt, weil sie dich gern als Schützling hätte und mit einer Lehraufgabe an dich herantritt, die wichtig für deine kommende Zeit sein wird. Dies bemerkst du daran, dass die Gottheit spezifische Zeichen, passend zu ihrer mythologischen Figur, an dich aussendet. Dabei kann ein sehr markantes Zeichen immer wieder aufkommen, wichtig ist jedoch, dass es definitiv mehrere verschiedene sein müssen, damit du sie überhaupt als ein Muster interpretieren kannst, das auf die entsprechende Entität hinweist. Das setzt natürlich auch ein gewisses Maß an Wissen voraus, damit du die Zeichen richtig zuordnen kannst.

Dennoch wird eine Wesenheit, die dich erwählt hat, immer so mit dir kommunizieren oder es zumindest versuchen, dass du auch die Möglichkeit hast, auf die richtige Schlussfolgerung zu kommen. Hierbei ist es vor allem wichtig, nicht auf eine selbsterfüllende Prophezeiung reinzufallen. Wenn du unbedingt mit Wesen X arbeiten willst und dies und jenes die klassischen Zeichen dafür sind, kannst du diese natürlich im Alltag jeden Tag herausfiltern. Was du dabei bemerkst, sind jedoch keine Zeichen, es ist einfach deine Aufmerksamkeit, die du entsprechend lenkst. Zeichen kommen meist überraschend, unverhofft und ohne dass du Gedanken und Energie in ihre Richtung investiert hast.

Anrufung

Wenn du von deiner Seite aus Interesse daran hegst, mit einer bestimmten Wesenheit Kontakt aufzunehmen, dann ist die Grundvoraussetzung erst mal, dass du dich mit der entsprechenden Folklore oder Mythologie beschäftigst. Du musst lernen, woher diese Wesenheit kommt und wie sie so tickt. Du musst dich gut vorbereiten, um auch wirklich herauszukristallisieren, ob du mit dieser Wesenheit arbeiten willst, kannst und dich bereit dafür fühlst. Wichtig ist auch zu lernen, was diese Wesenheit für Gepflogenheiten hat, was sie mag und nicht mag.

Dann kannst du eine Anrufung machen, im englischen *Calling* genannt. Bei einem Ritual oder an deinem Altar kannst du dabei eine Gabe hinlegen und um ein Zeichen bitten. Dies kannst du mehrere Male versuchen und dann in den kommenden Tagen auf Zeichen und Feinheiten achten und schauen, ob sich etwas verändert. Sollte nach mehreren Versuchen nichts geschehen sein, dann hat die Wesenheit zumindest aktuell kein Interesse, dich als Schützling zu gewinnen. Respektiere das.

Beschwörung

Eine Beschwörung zwingt eine Entität dazu, zu erscheinen. Dadurch ist nur allzu klar, dass dieser Plan schnell nach hinten losgehen kann. Wenn jemand nicht will und etwas aufgezwungen bekommt, wie wird derjenige wohl reagieren? Ja, genau, das kannst du dir denken. Also lass lieber die Finger von dieser Variante.

KRÄUTER, KRISTALLE UND RÄUCHERWERK

In diesem Kapitel stelle ich dir drei kleine Listen mit magischen Helfern vor – aus dem Reich der Kräuter, der Kristalle und der Räucherwerke. Ich schreibe jeweils dazu, für welche Themen und Wirkungen sie stehen, damit du einschätzen kannst, für welche deiner Zauber du sie einsetzen willst.

ZWANZIG KRÄUTER & IHRE MAGISCHE WIRKUNG

Da ich die Liste sehr knackig halten will, stelle ich dir hier Kräuter vor, die du leicht bekommen kannst oder sogar vielleicht schon zu Hause hast.

Anis: Glück; gegen den bösen Blick. Für besseren Schlaf füll einen Mojo-Beutel mit Anissamen, und leg ihn unter dein Kissen; das sorgt auch für angenehme Träume. Gut geeignet auch für Purification-Bäder.

Bambus: nicht direkt ein Kraut, aber gut passend für Wünsche, Glück und Schutz. Schnitze einen Wunsch in Bambus und vergrabe ihn an einem abgelegenen Ort, um deinen Wunsch wahr werden zu lassen. Trag ein Stück Bambus als Glücksbringer.

Basilikum: Liebe, Reichtum, Sympathie, Schutz; vertreibt Verwirrtheit, Ängste und Schwäche. Trag Basilikum an dir, um trotz Hindernissen besser voranzukommen. Versprüh einen Basilikum-Aufguss außerhalb deines Wohn- oder Arbeitsgebäudes, um Geld und Erfolg anzuziehen.

Lorbeer: Schutz, Glück, Erfolg, Reinigung, Kraft, Geld, Geschäftssegen. Sehr beliebt für ein Wunschritual: Schreib einen Wunsch auf ein Lorbeerblatt, und verbrenn es zum Vollmond. Du kannst Lorbeer unter das Kissen legen, um prophetische Träume zu induzieren. Platziere ihn in den Ecken jedes Zimmers deines Hauses, um alle zu schützen, die dort wohnen.

Bergamotte: Geld, Erfolg, Wohlstand, Schutz vor Übel und Krankheit, verbessert das Gedächtnis. Trag beim Spielen einen Mojo-Beutel mit Bergamotte bei dir, um Glück und Geld anzuziehen.

Schwarzer Pfeffer: vertreibt Miasma; gegen Plagegeister; gegen Schadensmagie; zum Schutz, auch gegen den bösen Blick.

Kamille: Liebe, Heilung, Stressabbau. Füg es einem Beutel oder Zauber hinzu, um deine Erfolgschancen zu erhöhen. Versprühe einen Aufguss aus Kamille im ganzen Haus, um energetische Angriffe und Zauber zu entfernen. Verbrenne es, oder füg es Wohlstandsbeuteln hinzu, um dein Geld zu vermehren.

Zimt: Spiritualität, Erfolg, Macht, Liebe, Geld, Glück, Stärke und Wohlstand. Als Weihrauch verbrennen oder in einem Beutel verwenden, um spirituelle und schützende Schwingungen zu erhöhen. Am ersten Tag eines Monats auf die Haustürmatte pusten, um Geld anzuziehen und deine psychischen Kräfte zu stimulieren.

Koriander: Liebe, Gesundheit, langes Leben, Schutz. Binde frischen Koriander zu einem Bund, und häng ihn im Haus auf, um Frieden und Schutz als Ankerpunkt für deine häuslichen Energien zu setzen. Füg ihn Liebeszaubern und Zaubersprüchen hinzu, um Liebe in dein Leben zu ziehen. Für einen wirksamen Lusttrank füg pulverisierte Samen zu deinem Wein hinzu.

Kreuzkümmel: Treue, Schutz, Zauber auflösen. Der Samen soll den Diebstahl von Gegenständen, die ihn enthalten, verhindern. Du kannst ihn allein oder mit Salz auf den Boden streuen, um Miasma auszutreiben. Verwende Kümmel in Liebeszaubern, um Treue zu fördern.

Dill: Geld, Schutz, Glück, Lust, sehr nützlich für den Haussegen. Verwende Dillsamen in Geldzaubern, füge die Körner zu einem Bad hinzu, bevor du zu einem Date gehst, um dich unwiderstehlich zu machen.

Eukalyptus: Gesundheit, Stärke, Vitalität, zieht heilende Schwingungen an. Verwende die getrockneten Blätter in heilenden Mojo-Beuteln oder Kissen.

Ingwer: Sinnlichkeit, Sexualität, Vertrauen, für Abenteuer und neue Erfahrungen. Erhöht die Stärke jeder Mischung, von der es ein Teil ist. Eine Ingwerwurzel mit menschlichen Umrissen in ihrer Form ist ein mächtiges magisches Werkzeug und eine gute Grundlage für einen Zauber.

Jasmin: Geld, Konsum, Erfolg, prophetische Träume, innovative Ideen, verbesserte Weissagung. Gut zum Laden von Quarzkristallen. Verwende es in Beuteln und zum Aufladen von Zaubersprüchen, um spirituelle Liebe anzuziehen und einen Seelenverwandten zu finden.

Lavendel: Liebe, Schutz, Heilung, besserer Schlaf, gegen Albträume, zur Reinigung, für Frieden. Hilft zusätzlich neben einer Therapie bei depressiven Verstimmungen. Perfekt für Mojo-Beutel und für Bäder geeignet. Verbrenne die Blüten, um Schlaf und Ruhe zu fördern, verstreu die Asche später im ganzen Haus, um Frieden und Harmonie zu schaffen.

Pfefferminze: Heilung, erhöhte Energien, Träume provozieren. Verbrenne es in einem neuen Zuhause, um Miasma und energetische Anker zu beseitigen. Verwende es in deiner magischen Arbeit, um einen Impuls zur Veränderung deines Lebens zu setzen.

Rose: Leidenschaft, Liebe, Sehnsucht, Freundschaften, häuslicher Frieden, Glück, dauerhafte Beziehungen. Eine beliebte Opfergabe für Entitäten und die alten Götter. Die Rose kommt mit Liebe (Blüten), aber auch mit Schmerz (Dornen), also immer klare Intentionen setzen.

Rosmarin: Lust, Liebe, wilder Sex, für ein bessere Gedächtnis, gegen Albträume, für klares Denken und besseres Lernen. Verwende einen Aufguss mit Rosmarin, um die Hände vor jeder Heilmagie zu waschen. Ersatz für fehlende andere Kräuter in einer Mischung.

Salbei: Selbstreinigung, Langlebigkeit, starker Schutz, Umgang mit Trauer. Wird getragen, um geistige Fähigkeiten zu verbessern und Weisheit zu bringen. Verwende es in heilenden Beuteln oder als Räucherstäbchen.

Thymian: Loyalität, Zuneigung, gegen Kummer, für Gesundheit, Stärke, Mut. Häng ihn in deinem Zimmer auf, um bestimmte Dinge aus deinem Leben zu verbannen. Verwende ihn in Traumkissen. Füll ihn in einen Mojo-Beutel, und leg ihn unter dein Kissen oder dein Bett, um Albträume abzuwehren und einen erholsamen Schlaf zu gewährleisten.

ZWANZIG KRISTALLE & IHRE MAGISCHE WIRKUNG

Da ich auch diese Liste knackig halten will, stell ich dir hier Kristalle vor, die du relativ leicht käuflich erwerben kannst, um direkt mit ihnen durchzustarten.

Amazonit: Kommunikation, Einsamkeit überwinden, Schutz vor Elektrosmog, Wohlstand. Vertreibt negative Energie und Ärger. Glücksstein.

Bernstein: zum Erden, für Glück und Erfolg, zum Lindern von Depressionen, hebt die Stimmung, absorbiert negative Energie, stabilisiert.

Amethyst: Kreativität, Öffnung des Dritten Auges, Meditation, Spiritualität, Verbindung zum Kosmos, Schutz vor psychischen Angriffen, Beruhigung, Ausgleich, schenkt innere Ruhe.

Schwarzer Turmalin (Schörl): Vertrauen, Bodenständigkeit, stärkster Schutzstein, Erdung, lindert Panikattacken. Hilft, klarer Grenzen zu ziehen, sich abzuschotten, seine Energien zu schützen, sich in sich zurückzuziehen.

Karneol: Vitalität, Selbstvertrauen, Mut, Leidenschaft, in seine Kraft kommen. Gleicht sexuelle Energie aus, setzt Impulse, verstärkt Vorhandenes, macht Feuer unterm Hintern.

Citrin: Liebe, Vertrauen, Kreativität, Leidenschaft, Intuition, Manifestation, Reichtum, Wohlstand, Glück, Freude, Licht, Klarheit, Inspiration.

Wüstenrose: fördert Liebe und Stabilität in Beziehungen, sanfter Erdungsstein, Ruhe, Frieden, Entspannung. Gut für die Ecken eines Raumes, um diesen auszugleichen.

Granat: Kreativität, Manifestation, Leidenschaft, Erdung, Liebe, Stärke, Abschirmung, Wissensdurst, Kreativität, Zuversicht, Halt, Stärke, für die Partnerschaft.

Hämatit: Erdung, Fokus, Zentrierung, Gleichgewicht, Manifestation. Hilft, toxische Emotionen zu absorbieren, selbst auferlegte Grenzen zu lösen, Energien zu laden. Entgiftung, Abschirmung gegen Schadstoffe.

Jade: Mut, Weisheit, Geld, Gesundheit, Gerechtigkeit, Barmherzigkeit, Fruchtbarkeit, Langlebigkeit, emotionale Balance, Frieden, Stabilität, Pflege, Genesung.

Jasper: Schutz. Hilft bei Stressabbau und Erdung, fördert die Ruhe und die Ganzheit, starker Stabilitätsstein, lindert emotionalen Stress. Unterstützt bei der Abgrenzung und der Stabilisierung der Aura.

Labradorit: Kreativität, Freude, Vitalität, verbessert geistige und intuitive Fähigkeiten, Transformation, Stärke, verbessert psychische Fähigkeiten und Kommunikation, Erhöhung des Selbst.

Malachit: Vertrauen, Kreativität, Stärke, Heilung und positive Transformation, unterstützend bei emotionalen Störungen, zum Erzeugen innerer Bilder. Kann negative Erfahrungen und emotionale Traumata auflösen.

Mondstein: Intuition, Traumarbeit, Einsicht. Hilft, Veränderungen besser anzunehmen, gleicht Emotionen aus, fördert eine ruhige Stimmung. Fördert Frieden, Harmonie, Ausgeglichenheit, Leidenschaft.

Onyx: Abschirmung, starker Schutzstein, Regeneration, Glück, Intuition, verschärfte Instinkte, Lebensfreude, Stabilität, gestärktes Selbstbewusstsein, Harmonie, Erdung.

Kristallquarz oder Bergkristall: Klarheit, Fokus, Heilung, verstärkt Emotionen und hilft bei der Aufarbeitung. Verstärker für alles Denkbare. Programmierbar auf jede Absicht, kann anstelle jedes anderen Kristalls verwendet werden.

Rosenquarz: Selbstliebe, Romantik, fördert das Selbstwertgefühl, klärt Wut, Eifersucht und Groll, Heilung von Herzschmerz, zieht Liebe an. Für Zuneigung, Sanftheit, Nachsicht. Hilft dabei, sich seiner selbst bewusst zu sein oder zu werden.

Selenit (Satin Spar/Marienglas): Schutz, Abschirmung, stärkster Reinigungsstein, Lichtbringer. Für das Erreichen höherer Ebenen. Zur Reinigung der Aura, wenn man mit einem Selenit-Stab darüberwandert. Klärt Energieblockaden.

Rauchquarz: Klarheit, Ruhe, Schutz, starker Hilfsstein bei Depressionen und psychischen Problemen, Akzeptanz der Sexualität, Harmonie, Ausgeglichenheit, Heilung.

Tigerauge: Schutz, Glück, klares Denken, Integrität, Willenskraft, Praktikabilität, Erdung, Kraft, Mut, Anmut, Ausgeglichenheit, Vertrauen, Stärke, Angst loslassen.

FÜNFZEHN RÄUCHERWERKE & IHRE MAGISCHE WIRKUNG

Neben Kristallen und Kräutern möchte ich das Ganze noch mit einer kleinen Räucherliste für dich ergänzen. Das Räucherwerk kannst du lose verbrennen, als Kegel, Granulat oder Räucherstäbchen, oder du nutzt ein ätherisches Öl. Wie auch immer, der Duft in der Luft beeinflusst die Energien.

Amber: Liebe, Komfort, Glück, Heilung, Süße, Erleichterung, Harmonie, Hingebung, Sexualität, Sinnlichkeit, Sanftheit.

Bergamotte: Wohlstand, Kommunikation mit Geistern, Freude, Schutz, Konzentration, Wachsamkeit, Selbstvertrauen, Gleichgewicht, Stärke, Mut, Motivation, Durchsetzungsvermögen.

Zeder: Reinigung, Stimulierung, Stärkung der psychischen Kräfte, Kraft, Liebe anziehen, Albträume verhindern, Schutz, Gleichgewicht, Erdung, Klarheit und Einsicht.

Nelke: Schmerzlinderung, intellektuelle Stimulation, Fokus, Verbesserung des Gedächtnisses, Negativität zerstreuen, magische Räume reinigen.

Copal: Reinigung, Erweckung der Geister, Schutz, verstärkt die Spiritualität und das spirituelle Erwachen, Liebe anziehen.

Eukalyptus: Geist klären, Konzentration erhöhen, Schutz, prophetische Träume oder Trance, Zeichen erhalten, Meditieren, Tiefenentspannung.

Myrrhe: Tiefenreinigung, erhöht die Spiritualität, Geist klären, Zeremonienmittel zum Ausräuchern, als Gabe für Götter, zur Austreibung, zur Heilung.

Grüner Tee: Abwehr, Ausgleich, Ruhe, innerer Frieden, antiseptische Eigenschaften, Schläfrigkeit reduzieren, Wachsamkeit fördern, Gedächtnis verbessern.

Zitronengras: Gedächtnis verbessern, Konzentration fördern, Beseitigung der Müdigkeit und der Auswirkungen eines Schlafentzugs, natürliches Insektenschutzmittel und perfekt zum Verbrennen im Freien.

Moschus: Aphrodisiakum, für eine sinnliche Atmosphäre, steigert Leidenschaft, Mut, Vitalität, Fruchtbarkeit, für eine neue Liebe. Liebeszauber, Erregung, Sexualität.

Patschuli: Spiritualität, Meditation, Astralreisen, Shifting, kraftvolles Reinigungsaroma, Gleichgewicht, Klarheit, Fokus, Frieden, Schutz, Einklang.

Kiefer: Schutz, Reinigung, Heilung, Geborgenheit, Sicherheit, Hingabe. Der Rauch wirkt keimtötend und fördert die Durchblutung.

Sandelholz: Schutz, für eine heilende Umgebung. Fördert Willenskraft, Spiritualität, Fruchtbarkeit, Liebe, Selbstliebe, Entspannung. Aphrodisiakum.

Vanille: Sexualität, sanfte Lust, Liebe anziehen, sexuelles Verlangen steigern, Schlafhilfe, Intellekt steigern, Süße ins Leben ziehen, liebevolle Gesten provozieren.

Weißer Salbei: Beseitigt negative Energie, reinigt heilige Räume und rituelle Werkzeuge, fördert Weisheit und Klarheit. Unterstützt die Heilung, stärkt Konzentration, Kreativität und Intuition. Du kannst auch andere Salbeiarten nutzen, zumal der traditionelle Weiße Salbei vom Aussterben bedroht ist.

Magie der Gezeiten und der Gestirne

Das Timing deiner magischen Aktivitäten kann das Ergebnis erheblich beeinflussen. Insbesondere wenn du noch nicht so viel Erfahrung mit der Hexerei gesammelt hast, bietet es dir eine einfache und schnelle Verstärkung deiner Magie.

UHRZEITEN

Zuallererst gehen wir die Stunden des Tages durch, damit du weißt, wann du welchen Zauber am besten durchführst.

1 Uhr morgens: die erste Stunde eines neuen Tages. Der Fokus liegt auf dem vollkommenem Selbst und dem Aufarbeiten von Schatten.

2 Uhr morgens: Auflösen von Partnerschaften, Beziehungen oder negativen Verbindungen.

3 Uhr morgens: Entschlossenheit, Gerechtigkeit und das Lösen von Angelegenheiten, die dich zurückhalten.

4 Uhr morgens: Verbesserung, Glück, Sieg über erschwerte Umstände, schwere Entscheidungen treffen.

5 Uhr morgens: für das Wachstum deiner Psyche und den Ausbau einer verbesserten Selbstwahrnehmung.

6 Uhr morgens: Hartnäckigkeit, Ausdauer, gegen Prokrastination, für mehr Arbeitswillen, Fleiß und Durchhaltevermögen.

7 Uhr morgens: verstärkt Hoffnung, verbessert die Einsicht und ermöglicht es, die Perspektive zu wechseln.

8 Uhr morgens: für eine persönlicher Veränderung, die auf das Bewusstsein abzielt.

9 Uhr: Konkrete Angelegenheiten können verstärkt, besser verstanden und leichter strukturiert werden.

10 Uhr: Verbesserung persönlicher Überzeugungen und Vorsätze, stärkeres Durchsetzungsvermögen.

11 Uhr: vertstärkt Energien, die auf eine Transformation abzielen, insbesondere wenn diese schwerfällt und man sich aus alten Mustern lösen muss.

12 Uhr mittags, ebenso wie Mitternacht: Diese Zeit wird allgemein als Zwischenstunde bezeichnet. Es ist die aktivste Zeit für alle Entitäten und wird nicht umsonst als Geisterstunde betitelt. Sie ist hervorragend dafür geeignet, mit ihnen zu kommunizieren und Magie zu wirken, die einen Neubeginn initiieren soll.

13 Uhr: ideal für alles, was mit deinem Selbstbild und deiner persönlichen Sicherheit zu tun hat.

14 Uhr: Hilft beim Aufbau von Beziehungen, fördert Verständnis und Liebe zwischen Menschen ebenso wie die sexuelle Harmonie.

15 Uhr: für die Balance zwischen Körper, Geist und Seele. Das Thema Dreifaltigkeit kann jetzt gut aufgegriffen werden in allerlei Interpretationen.

16 Uhr: Diese Zeit hilft energetisch, wenn es um Struktur geht, um Timing, die Einhaltung von Zeitplänen, Planung im Allgemeinen, auch für Durchhaltevermögen und Ausdauer.

17 Uhr: Diese Zeit verhilft dir zu einem tiefen Blick in dein Selbst. Ebenso ist alles, was mit Kommunikation und dem Kontakt zu spirituellen Führern zu tun hat, jetzt angezeigt.

18 Uhr: Der magische Mehrwert dieser Zeit kommt bei allen Themen der Sicherheit, des Schutzes und der Vollendung zum Zuge.

19 Uhr: Jetzt geht es allen voran um Vielfalt, Expansion, Heilung und den Ausgleich von Unterschieden, außerdem um sanfte Fürsorge gegenüber anderen oder sich selbst.

20 Uhr: Diese Zeit ist perfekt für alle Themen rund um Führung, Befehl, Dominanz, Anleitung oder Stärke und Durchsetzungsvermögen.

21 Uhr: Am besten sind jetzt magische Themen geeignet, die sich um das Verständnis der universellen Wahrheit drehen, um die Entdeckung tieferer Ebenen, um luzides Träumen, Astralreisen oder Shifting.

22 Uhr: Diese Zeit gibt dir die beste Möglichkeit, deinen rationalen Verstand zu schärfen, dich deinem Umfeld gegenüber zu sensibilisieren und Klarheit in deine aktuelle Situation zu bringen.

23 Uhr: Dies ist der ideale Zeitpunkt zum Loslassen, aber auch, um mit drastischen Veränderungen besser umzugehen oder um solche drastischen Veränderungen anzustoßen.

TAGE

Genau wie das magische Timing des Tages kannst du auch über die Wochentage das Ergebnis deiner Zauberarbeit positiv beeinflussen. Also, dann schauen wir uns diese ebenso mal an:

Montag: Dieser Tag ist mit der römischen Mondgöttin Luna assoziiert, die in der griechischen Variation Selene heißt. Der ihr zugeordnete »Planet« ist der Mond, sein Element das Wasser, und Tageskristalle sind Aquamarin, Mondstein, Opal, Perlen und Selenit.

Themen für heute begünstigte Zauber: Intuition, Traumarbeit, psychische Fähigkeiten, Emotionen, Fruchtbarkeit, Schlaf, Illusion, Weiblichkeit, Frieden, Spiritualität, Gerechtigkeit und Heilung.

Dienstag: Dieser Tag ist mit dem römischen Kriegsgott Mars verbunden, den manche auch unter seinem griechischen Namen Ares kennen.

Der damit assoziierte Planet ist entsprechend der Mars und das Element das Feuer. Die Tageskristalle sind Blutstein, Feuerstein, Granat, Rubin und Rhodonit.

Themen für heute begünstigte Zauber: Krieg, Mut, Gerechtigkeit, Behauptung, Verschärfung, Rebellion, Erfolg, Stärke, Schutz, Konflikt, Energiearbeit, Kreativität und Leidenschaft.

Mittwoch: Dieser Tag ist dem römischen Kommunikationsgott Merkur gewidmet, der in seiner griechischen Version Hermes heißt. Sein Planet ist der Merkur, das Element Luft, aber auch Wasser, und seine Tageskristalle sind Achat, Aventurin und Citrin.

Themen für heute begünstigte Zauber: Geschäft, Schattenarbeit, Kunst, Versöhnung, Zufall, Kreativität, Vermögen, Schulden, Transport, Weisheit, Heilung, Kommunikation, insbesondere in Beziehungen, Verträge, Musik und Bildung.

Donnerstag: Dieser Tag ist dem römischen Göttervater Jupiter zugesprochen, der in der griechischen Variante Zeus heißt. Der ihm zugeordnete Planet ist Jupiter, die Elemente sind Luft und Feuer, und die Tageskristalle sind Amethyst, Lapislazuli, Lepidolith und Türkis.

Themen für heute begünstigte Zauber: Ehre, Erfolg, Finanzen, Glück, Blockaden einreißen, Reichtum, Heilung, Ernte, Wohlstand, Überfluss, Loyalität, Geschäfte, Reisen, Rechtsangelegenheiten, Händler und Bildung.

Freitag: Dieser Tag ist nach der germanischen Liebesgöttin Freya benannt, bei den Römern war ihr Äquivalent Venus und im Griechischen Aphrodite. Der ihm zugeordnete Planet ist die Venus, das Element die Erde, und die Tageskristalle sind Koralle, Smaragd, Jade, Lapislazuli, Malachit und Rosenquarz.

Themen für heute begünstigte Zauber: Liebe, Romantik, Sex, Leidenschaft, Schönheit, Fruchtbarkeit, Glamour, Geburt, Schwangerschaft, Freundschaft, Allianzen, Anmut, Gleichgewicht und Wohlstand.

Samstag: Dieser Tag ist mit dem römischen Gott des Ackerbaus Saturn verbunden. Im Griechischen wird er mit dem Gott Chronos gleichgesetzt. Der zugehörige Planet ist Saturn, die Elemente sind Erde und Wasser, und die Tageskristalle sind Hämatit, Obsidian und Serpentin.

Themen für heute begünstigte Zauber: Weisheit, Spiritualität, Reinigung, Schutz, Verbannung, psychischer Angriff, Selbstdisziplin, Beenden einer Beziehung, einer Partnerschaft oder eines Geschäfts, Karma und Umkehrung.

Sonntag: Dieser Tag gehört zum römischen Sonnengott Sol, dem im Griechischen der Gott Helios entspricht. Der zugehörige »Planet« ist die Sonne, das Element das Feuer, und die Tageskristalle sind Bernstein, Karneol, Quarz, Sonnenstein, Tigerauge und Topas.

Themen für heute begünstigte Zauber: Erfolg, Wohlstand, Ruhm, Macht, Reichtum, Beförderung, Wunder, Heilung, Gesundheit, Stärke, Einsicht, Beschäftigung und Anziehung.

MONATE

Für eine sinnvolle Zuordnung der magischen Kräfte zu den Monaten ziehe ich die Vollmonde des jeweiligen Monats mit hinzu. Zu diesen Zeiten kannst du am besten Zauber zu den jeweils genannten Themen wirken. Du bist natürlich nicht gezwungen, deine Zauber auf diese Weise abzustimmen. Jedoch sind es recht hilfreiche und einfach einzubindende Richtlinien, die deinem Zauber einen Extrapush geben können.

Januar: Diesem Monat wird der Wolfsmond zugeordnet. Der Vollmond des Januar wird auch alter Mond, Geistermond, Eismond, ruhiger Mond, Frostmond, Geistmond, Schneemond und Mond des kleinen Winters bezeichnet.

Magische Attribute: Erschaffung; ein Gefühl dafür entwickeln, wer du bist; innere Reise, deinen Weg beurteilen, Schutz, Altes loslassen, Entspannung in der Ruhe und Stille finden.

Februar: Diesem Monat wird der Schneemond zugeordnet. Der Vollmond des Februar wird auch Hungermond, Eismond, keuscher Mond und belebender Mond genannt.

Magische Attribute: Klarheit, innere Kraft, sich selbst mit persönlichen Wahrheiten konfrontieren, in die eigene Dunkelheit sehen, sowohl physisch als auch spirituell.

März: Diesem Monat wird der Wurmmond zugeordnet. Der Vollmond des März wird auch Saftmond, Zuckermond, Krähenmond, Krustenmond, Sturmmond und Fastenmond genannt.

Magische Attribute: Cleansing und Purification, körperlicher und geistiger Frühjahrsputz, Vorbereitung auf neues Wachstum und neue Projekte, Gleichgewicht zwischen Hell und Dunkel, Erwachen und Erneuerung.

April: Diesem Monat wird der rosa Mond zugeordnet. Der Vollmond des April wird auch sprießender Grasmond, Eimond, Fischmond, Hasenmond und Ostermond genannt.

Magische Attribute: in Fluss mit allem kommen, Veränderung, neues Leben, neue Projekte, Planung, frische Ideen, Fruchtbarkeit, Geburt, Entdeckungen und Wachstum.

Mai: Diesem Monat wird der Blumenmond zugeordnet. Der Vollmond des Mai wird auch Hasenmond, Pflanzmond, Maispflanzmond, Milchmond und Marienmond genannt.

Magische Attribute: Feenmagie, Elfenmagie, magischen Wesen begegnen, Sanftmut, Fröhlichkeit, blühendes Leben, Glückseligkeit, Liebe und Ehe. Blumen, Früchte und Gemüse in der Magie nutzen.

Juni: Diesem Monat wird der Erdbeermond zugeordnet. Der Vollmond des Juni wird auch Rosenmond, heißer Mond, Metmond, Honigweinmond, Flitterwochenmond und Brachmond genannt.

Magische Attribute: Natur, Sommerwärme, das Leben feiern, Sinnlichkeit, Bewusstsein, Kräuter ernten, Tanzen, Singen, Selbstliebe und Selbstpflege.

Juli: Diesem Monat wird der Bockmond zugeordnet. Der Vollmond des Juli wird auch Donnermond, Sonnenmond, Würzmond, Bärenmond und Heumond genannt.

Magische Attribute: Sonne, Feuer, innere Flamme, frische Kräutermagie, Fruchtbarkeit, Wassermagie; Wertschätzung dessen, was man im Leben hat; Freunde, Familie und Feiern zelebrieren.

August: Diesem Monat wird der Störmond zugeordnet. Der Vollmond des Monats wird auch grüner Maismond, Fruchtmond und Getreidemond genannt.

Magische Attribute: Freude, Genuss, Freiheit, Sommervergnügen und Erinnerungen, Sturmmagie, Sammeln, Ernten und Nutzen.

September: Diesem Monat wird der Kornmond zugeordnet. Der Vollmond des September wird auch Gerstenmond, Jagdmond, Holzmond, Engelmond oder Erntemond genannt, wenn er der Herbsttagundnachtgleiche am nächsten kommt.

Magische Attribute: Dankbarkeit, Zurückgeben, Ausgleich schaffen, Fülle, Reichtum, Familie, Freundschaft und Transformation.

Oktober: Diesem Monat wird der Jägermond zugeordnet. Der Vollmond des Oktober wird auch Reisemond, sterbender Mond, heiterer Mond, Blutmond oder Erntemond genannt, wenn er der Herbsttagundnachtgleiche am nächsten kommt.

Magische Attribute: Stärke, Ausdauer, Tod, Wissen um verborgene Dinge, Geheimnisse, Ahnenverehrung, Schutz, Führung, leichter Zugang zur Anderswelt aufgrund des sehr dünnen Schleiers zwischen den Welten.

November: Diesem Monat wird der Bibermond zugeordnet. Der Vollmond des November wird auch Frostmond, Trauermond, Eichenmond, Schneemond, Trauermond, Windmond, Schlachtmond und dritter Herbstmond genannt.

Magische Attribute: Vollendung, Reflexion, persönliche Ziele, Fortschritt, Wahrsagerei, gewählter Weg, Affirmationen, Wiedergeburt, Familie und Freunde, Engagement und Wärme des Feuers.

Dezember: Diesem Monat wird der kalte Mond zugeordnet. Der Vollmond des Dezember wird auch Lange-Nächte-Mond, Vorweihnachtsmond, Lange-Nacht-Mond, Christmonat und Heilmond genannt.

Magische Attribute: Erinnerung, Selbstbeobachtung, Selbstreflexion, Reise in die Anderswelt, neue Dinge beginnen, Wahrsagen und Visualisierung.

MAGIE DES MONDES

Der Mond bestimmt mit seiner anziehenden Wirkung auf die Erde die Gezeiten. Er sorgt für Ebbe und Flut, und viele Menschen berichten davon, zum Vollmond oder um die Zeit darum schlechter schlafen zu können als üblich. Wer also glaubt, der Mond hätte keinerlei Auswirkungen auf die Erde und uns, die wir darauf leben, der hält sich selbst zum Narren.

Kein Wunder aber, dass der Mond gerade bei den Hexen eine so große Bedeutung hat. Vor allem die weiblichen Hexen fühlen sich ihm in großer Mehrheit verbunden, was allen voran daran liegt, dass seine Zyklen oftmals synchron zum weiblichen Zyklus verlaufen. Jede Mondphase bringt zudem andere magische Werte in den Vordergrund, die wir uns jetzt genauer anschauen, damit du sie in deinem hexischen Wirken nutzen kannst.

Zunehmender Mond: Der wachsende Mond ist ein Verstärker.

Attribute: Wachstum, Beginn neuer Projekte, Initiierung, Verbesserung, Vitalität, Freiheit, Inspiration, frische Ideen, konstruktive Magie für Liebe, Reichtum, Erfolg, Mut, Freundschaft, Glück und Gesundheit.

Vollmond: Der Vollmond ist perfekt, um etwas in die Fülle zu bringen.

Attribute: Manifestieren von Zielen, Leidenschaft, Heilung, Stärke, Macht, Liebe, Wissen, rechtliche Angelegenheiten, Geld, Träume provozieren, Klarträumen, Wahrsagen, Prophezeiungen erbitten, Schutz ersuchen, neuen Job antreten oder anziehen.

Abnehmender Mond: Der abnehmende Mond ist perfekt, wenn etwas verringert werden soll.

Attribute: Reduzierung, Altes loslassen, negative Einflüsse entfernen, schlechte Angewohnheiten ablegen, Beseitigung von Hindernissen und Krankheiten, Neutralisieren von Feinden, Beseitigen von Schäden, Verstand klären, Weisheit, Situationen umkehren, Verbannung, Entfernen von unerwünschten Energien.

Neumond: Der Neumond steht für einen Neustart, für Anfänge und Neubeginn.

Attribute: Loslassen, Anfänge, Neubeginn, Schönheit, Gesundheit, Selbstverbesserung, Jobsuche, Liebe, Romantik, neue Freundschaften, neue Ziele, neue Ideen, Kreativität, Gerechtigkeit, Prophezeiung, Verbannung.

Blauer Mond: Der Blaue Mond heißt im englischen Sprachraum *Blue Moon* und beschreibt einen zweiten Vollmond innerhalb eines Monats im gregorianischen Kalender. In der Umgangssprache meint man mit dem Spruch *»Once in a blue moon«* entsprechend ein seltenes Ereignis. In astronomischer Definition wird damit der dritte Vollmond innerhalb einer Jahreszeit mit vier Vollmonden bezeichnet.

Attribute: Hier erhältst du sogar die doppelte Mondenergie, was für eine starke Wirkung sorgt und somit für besonders mächtige Magie geeignet ist.

Blutmond: Ein Blutmond beschreibt eine Mondfinsternis, bei der sich der Mond oftmals rot färbt. Bei einer Mondfinsternis stehen Sonne, Mond und Erde in einer seltenen Konstellation zueinander, die Erde befindet sich hierbei auf einer geraden Linie zwischen Sonne und Mond und wirft für kurze Zeit ihren Schatten auf den Mond. Der Grund für die besondere Farbe des Mondes ist dabei das Zusammenspiel von Sonnenlicht und Erdatmosphäre. Je nach Wellenlänge wird das Sonnenlicht durch die Atmosphäre unterschiedlich gebrochen, wodurch die verschiedenen Farben entstehen.

Attribute: Die schützende Energie des Mondes ist in den 24 Stunden um die Mondfinsternis herum am schwächsten, weswegen es sich empfiehlt, jedwede magische Praxis kurzfristig einzustellen. Wenn jemand jedoch unbedingt Magie wirken will, bietet sich hier Schadensmagie am ehesten an, da man sich so den fehlenden Schutz zu eigen macht und besser angreifen kann. Es ist also eine Nacht für schwarzmagische Hexen, und du solltest dich besonders gut schützen.

Supermond: Wenn der Mond um etwa 14 Prozent größer als normal erscheint, sprechen wir von einem Supermond.

Attribute: Die Mondenergie wirkt stärker als sonst.

Mikromond: Wenn der Mond um etwa 14 Prozent kleiner als normal erscheint.

Attribute: Die Mondenergie wirkt schwächer als sonst.

MAGIE DER PLANETEN

Die Planeten spielen natürlich in der Astrologie eine tragende Rolle, und um die ging es im Kapitel zur Himmelsmagie. Da sie aber so wichtig für die Hexenkunst und das richtige Timing dabei sind, bekommen sie hier einen eigenen Abschnitt. Je nachdem, in welchem Sternzeichen die Planeten zum aktuellen Tageszeitpunkt stehen, kann das dich und die Welt um dich herum ganz schön stark beeinflussen. Manche Planeten eignen sich perfekt, um ein bestimmtes Element für eines deiner Rituale zu repräsentieren oder zu verstärken. Andere Planeten brauchen dafür eine bestimmte Kombination mit einem Sternzeichen, wie du es im Kapitel zu den fünf Elementen schon gelernt hast.

Auf einschlägigen astrologischen Seiten (dem Internet sei gedankt!) kannst du erfahren, wie es um die Ephemeriden unseres Sonnensystems steht. So findest du heraus, wie sich die Planeten gerade zur Erde verhalten, ob sie rückläufig sind, in welchen Sternzeichen sie stehen und was sie sonst noch so treiben. Eine Ephemeride ist ein Tabellenwerk mit den täglichen Positionen der Planeten und der Mondknoten.

Sonne (☉): eigentlich kein Planet, sondern ein Stern. Sie steht für Ego und Selbstdarstellung.

Attribute: Ego, Selbst, Persönlichkeit, Selbstbild, Lebenskraft, Anmut, Stärke, Entschlossenheit, Kunst, Ruhm, Gesundheit, Ehre, Wertschätzung, Einfluss, Führung, Adel, Organisation und Lehre.

Mond (☽): eigentlich auch kein Planet, sondern eben ein Mond – der Mond der Erde. Er ist ein schützender Begleiter, der für das Unterbewusstsein steht.

Attribute: Gefühle, Emotion, Sensibilität, Stimmung, Herz, Subjektivität, Seele, Unbewusstes, tieferes Selbst, erweitertes Bewusstsein, feinstoffliche Ebene, Schutz, Reinheit, Klärung, emotionale Reaktionen, Inspiration, Instinkt, Sensibilität und Hingabe.

Merkur (☿): Merkur regiert die Kommunikation.

Attribute: Intelligenz, Verstand, Denken, Logik, Informationsübertragung, Informationsaufnahme, Heilung, Intellekt, Klugheit und Vielseitigkeit, Neugier, Gelegenheit, Erfindung, Reisen, Lernen und Humor.

Venus (♀): Venus ist der Planet der Liebe.

Attribute: Schönheit, Harmonie, Kreativität, Liebe, Beziehungen, Gleichgewicht, Wachstum, Entwicklung, Liebe, Ehe, weibliche Energien, Zuneigung, Tanz, Musik, Mode, Materialismus, Vergnügen, Sexualität und Vereinigung.

Mars (♂): Mars symbolisiert die Konfrontation.

Attribute: Wille, Aggression, Durchsetzungsvermögen, Freiheit, Unabhängigkeit, Selbstbestimmung, Begeisterung, Entschlossenheit, Konzentration, männliche Energien, Abenteuerlust, Mut, Kraft, Krieg, Gerechtigkeit, Risiko, Reaktionsschnelligkeit, Wettbewerb und Auseinandersetzung.

Jupiter (♃): Jupiter regiert über die materielle Fülle.

Attribute: Glaube, Vitalität, Zuversicht, Weite, Großzügigkeit, Fröhlichkeit, Widerstandsfähigkeit des Geistes, Überfluss, Glück, Geld, Fernreisen, Humor, Hochschulbildung, Recht, Optimismus, Reichtum, Expansion, Antrieb und Impulse.

Saturn (♄): Saturn steht für die notwendigen Übel.

Attribute: Selbstdisziplin, Selbstachtung, Glaube an das eigene Schicksal, Frieden mit der Einsamkeit, Ängste, Phobien, Schrecken, Schwächen, Leiden, Disziplin, Ausdauer, Widerstand, harte Arbeit, Durchhaltevermögen, Frustrationstoleranz, Hindernisse überwinden.

Uranus (♅): Uranus bringt unerwartete Veränderungen.

Attribute: Individualität, Autoritätsfähigkeit, Transzendenz der kulturellen/sozialen Programmierungen, Einfallsreichtum, Wissenschaft, psychische Angelegenheiten, plötzliche Geistesblitze, Wandel, Revolution, Altes vernichten und Neues erschaffen.

Neptun (♆): Neptun birgt die Kraft der klaren Hellsinne.

Attribute: Bewusstsein, Geist, Seele, Trennung vom Ego, Identität, verletzlicher Bereich, Spiritualität, Okkultismus, Mystizismus, Übernatürliches, Übersinnliches, siebter Sinn, Intuition, Inspiration, Träume, psychische Empfänglichkeit, Illusion und Verwirrung.

Pluto (♇): Pluto wurde der Planetenstatus aberkannt, er gilt als großer Asteroid. Er regiert die Willenskraft und ist dabei eng mit dem Mars verwandt.

Attribute: Verwirklichung des eigenen Schicksals, Wahrheitssuche, eine Vision umsetzen, Eroberung, Transformation, Zielstrebigkeit, Willenskraft, etwas initiieren, Veränderungen, Führungsqualitäten, Mut, Tatkraft, Ehrgeiz, gute Noten, in Aktion treten und sich durchsetzen.

Magie der Feste & Feiertage

Der traditionelle keltische Jahreskreis umfasst eigentlich nur die vier Hochfeste Samhain, Imbolc, Beltane und Lammas. Wenn heute jedoch von Jahreskreisfesten gesprochen wird, sind darin acht Feste inbegriffen. Dazu gehören noch Ostara, Mabon, Litha und Yule. Sie haben jedoch ganz unterschiedliche Ursprünge. Gehen wir die acht Feste mal durch, inklusive traditioneller Herangehensweisen und moderner Möglichkeiten, sie zu zelebrieren.

IMBOLC, 2. FEBRUAR

Imbolc wird auch als Tag der Heiligen Brigid bezeichnet und in ihrem Namen gefeiert. Brigid ist die keltische Göttin des Lichts und der Dichtung. Imbolc bedeutet so viel wie *Fest des Lichts*.

Alternative Namen für Imbolc: Imbolg, Oimelc, Fest der heiligen Brigid, Brigidentag, Brautfest, Ground Hog Day, Imbolc Brigantia, Imbolic, Disting, Lubercus, Candlemas, Candlelaria, Schneeglöckchenfest, Lichterfest, Fest der Jungfrau, Februarabend, Lichtmess.

Wann ist Imbolc? Imbolc ist in der Nacht vom 1. auf den 2. Februar. Da es zwischen Wintersonnwende und Frühjahrstagundnachtgleiche gefeiert wird, ist es zudem auch ein astrologisches Fest. Imbolc ist nämlich der Tag zwischen der Wiedergeburt des Lichts (21. Dezember) und der Wiedergeburt des Lebens (21. März).

Was wird bei Imbolc gefeiert? Imbolc trägt auch den Namen Oimelc und ist zusammen mit Beltane (1. Mai), Lugnasad/Lammas (1. August) und Samhain (1. November) eines der vier großen irischen Feste, die durch die damaligen Landarbeiter entstanden sind. Der Name Imbolc bedeutet so viel wie »Rundum-Waschung«. Es handelt sich dabei also um ein Fest zur energetischen Reinigung. Es ist zugleich aber auch ein großes Fruchtbarkeitsfest, das den meteorologischen Beginn des Frühlings zelebriert. Die Sonne erwacht wieder zu neuer Kraft, und das neu in die Natur einkehrende Leben wird groß zelebriert. Das erste Frühlingslicht wird mit Fackeln und Kerzen feierlich begrüßt.

Als Oimelc im Speziellen wird das erste Milchgeben der Schafe im Frühjahr bezeichnet. Imbolc wird dadurch auch als Hirtenfest betrachtet.

Was ist mit Imbolc verbunden? Die symbolisch wichtigen Attribute von Imbolc sind Ruhe, Frieden, Sterne, Stille, Feuer und Kerzen. Die klassischen Pflanzen, die damit assoziiert werden, sind Wacholder Beeren, Schneeglöckchen, Krokus, Ebereschen und Narzissen.

Wie wird Imbolc traditionell zelebriert? Imbolc gilt als Lichterfest, da die Tage wieder länger werden und die Kraft der Sonne die aufkeimenden Hoffnungen widerspiegelt. Traditionell werden alle Lichter im Heim für einige Minuten eingeschaltet, und Kerzen werden angezündet. Dabei werden Lebensmittel wie Bannockbrot (ein Fladenbrot aus Hafer- und Gerstenmehl), Butter und Milch verzehrt. Wer draußen ist, hat zumeist eine selbst gebastelte Strohfigur vorbereitet, die im heiligen Gedenken an Göttin Brigid verbrannt wird. Feuer ist an diesem Tag das A und O der symbolischen Darstellung. Es symbolisiert die Sonne, die in den kommenden Monaten ihre Kräfte steigern wird und die Erde zurückerobert.

Wie kann Imbolc modern zelebriert werden? Setz dich mit deinen Liebsten an ein kleines Lagerfeuer, macht euch Stockbrot und Dips. Spielt auf der Gitarre, und singt ein Lied, verbringt fröhlich die Nacht miteinander, genießt das Leben, begrüßt den Frühling, und stellt euch auf viele schöne, gemeinsame Abende in Geselligkeit und Glückseligkeit ein. Faltet Papier, auf das ihr zuvor Wünsche geschrieben habt, und werft sie ins Feuer. Schaut dabei zu, wie sie verbrennen und die kleinen Funken und Fitzel aufsteigen in den Nachthimmel, um dort mit dem Universum zu verschmelzen.

OSTARA, 20., 21., 22., 23. MÄRZ

Im Zusammenhang mit Ostern ist des Öfteren auch von Ostara die Rede. Die germanische Göttin Ostara steht allerdings zum Frühlingsanfang im Mittelpunkt. Sie ist die Göttin der Morgenröte und steht für das Wiedererwachen der Natur und die Entstehung neuen Lebens. Ihr Feiertag selbst bedeutet auch so viel wie »Fest des Frühlings«, und genau darum geht es bei Ostara.

Alternative Namen für Ostara: Frühlingstagundnachtgleiche, Vernal Equinox, Spring Equinox, Oestara, Eostre's Day, Eostre, Rite of Eostre, Equinozio della Primavera, Alban Eiber, Bacchanalia, Festival of the Trees, Lady Day, Ostern, Baumfest.

Wann ist Ostara? Ostara wird immer zur Frühlingstagundnachtgleiche gefeiert, die zwischen dem 20. und 23. März liegt, sie kann jedes Jahr an einem anderen Tag stattfinden. Dieser Tag markiert den Frühlingsanfang am Widderpunkt.

Was wird bei Ostara gefeiert? An diesem Tag kommen der Tag und die Nacht, das Licht und die Dunkelheit in eine perfekte Balance und sind für einen Tag in völliger Harmonie. Von nun an wird jedoch das Licht an Stärke gewinnen, und die Tage werden länger. All dies steht auch symbolisch für die Harmonie von weiblicher und männlicher Energie. Die Ankunft des Frühlings gebiert neues Leben. Darum ist es nicht verwunderlich, dass Fruchtbarkeit hier gleichsam zelebriert und geheiligt wird wie die wundervolle weibliche Göttin Ostara selbst.

Wer wird bei Ostara verehrt? Im Hexentum ist dieser Sabbat allen voran der Göttin **Ostara** gewidmet. Sie steht für Fruchtbarkeit, Wiedergeburt, Unschuld und die Magie des Lebens. Ostara wird laut der Mythologie zum Frühlingsanfang wiedergeboren und sorgt fortan für Wachstum in der Natur.

Was ist mit Ostara verbunden? Die symbolisch wichtigen Attribute von Ostara sind Eier, natürliche Zyklen, Frühlingsbeginn, Fruchtbarkeit, Gleichgewicht, Wachstum, Schöpfungskraft und neues Leben. Damit verbundene Aspekte sind des Weiteren Küken, Lämmer, Hasen, Blüten, Knospen, Blumen, Stroh und Kerzen.

Wie wird Ostara traditionell zelebriert? Ein alter Brauch ist das Schöpfen von sogenanntem Märzwasser. Früher gingen junge Frauen und Mädchen am Ostara-Morgen mit Tonkrügen schweigend zum Fluss, um dort Wasser zu schöpfen. Dann liefen sie weiterhin schweigend nach Hause zurück und füllten es dort in Gefäße. Dieses im März abgeschöpfte Wasser galt als das reinste und somit magischste Wasser des gesamten Jahres. Darum wurde daraus mit magischen Praktiken Heilwasser hergestellt, Wasser zum Segnen und Reinigen (Asperging) sowie zur Verwendung als Schönheitselixier.

Wie kann Ostara modern zelebriert werden? Was auch heute ganz modern mit der ganzen Familie einfach umgesetzt werden kann, ist die Herstellung von farbigen Ostara-Eiern. Du kannst sie frei gestalten. Die Eier stehen für Fruchtbarkeit und energetische Reinigung. Ein besonders schönes Ei vergräbst du am besten in der Erde als Geschenk an die Göttin Ostara, oder du wirfst es in das Ostara-Feuer, sofern du eines hast. Auch der Hase als schokoladige Nascherei hat jetzt seine Daseinsberechtigung, denn er symbolisiert Wiedergeburt und Auferstehung.

BELTANE, 1. MAI

Samhain und Beltane liegen auf dem Rad des Jahres genau gegenüber voneinander. Beide Tage werden als Zwischenzeit betrachtet, wo der Schleier zwischen den Welten am dünnsten ist. Bei Samhain bezieht man sich dabei auf die Welt der Lebenden und die Welt der Toten. Bei Beltane jedoch beschreibt man dabei den dünnen Schleier zwischen unserer menschlichen Welt und der Welt der Feen und Naturgeister.

Es wird nämlich davon ausgegangen, dass die Naturgeister und Feen zu dieser Zeit des Jahres besonders aktiv sind. Der Begriff *Beltane* bedeutet dabei so viel wie *»helles Feuer«*.

Beltane oder Walpurgis? Hier sind wir an einem Punkt, der etwas unangenehm für Leute werden könnte, die sich geschichtlich noch nicht mit bestimmten Aspekten befasst haben. Die Christen haben in der Vergangenheit regelmäßig versucht, heidnische Feiertage zu adaptieren und zu übernehmen, um so die Heiden zur Konvertierung zu inspirieren oder letztendlich zu zwingen. Ähnlich war dies auch mit dem Fest Beltane, das sie in Walpurgis umzuändern versuchten. Dafür nutzten sie die heilige Walpurga, eine Äbtissin des Klosters Heidenheim, die an einem 1. Mai heiliggesprochen wurde. Diese Dame musste nun also als Vorwand herhalten, um einen Ersatz für ein viel älteres Fest zu schaffen.

Alternative Namen für Beltane: Beltene, Beltaine, Walpurgisnacht, Walpurgis, Hexentanz, Tanz in den Mai, Bhealltainn, Bealtaine, Cétsamuin, Maifeuer, Osterfeuer, Hexenbrennen & Hexenfeuer.

Wann ist Beltane? Üblicherweise wird Beltane in der Nacht vom 30. April zum 1. Mai gefeiert. Einige Hexen feiern es jedoch auch alternativ am 5. Mai.

Was wird bei Beltane gefeiert? Beltane ist das Fruchtbarkeitsfest schlechthin und findet in der blühendsten Phase der Natur statt. Alles gedeiht, die Blumen erwecken ihre Farben, die Luft schwirrt vor Insekten, und alles steht in seinem Saft. Im Rahmen von Beltane wird die Erde mit allem, was auf ihr kreucht und fleucht, geehrt. Es werden Mutter Natur Dankbarkeit sowie Opfergaben dargebracht.

Wer wird bei Beltane gefeiert? Götter, die man zu dieser Zeit gut ehren kann, sind die folgenden: Ostara, Flora, Fauna, Faunus, Artemis, Bes, Bacchus, Cernunnos, Flora, Hera, Kokopelli, Mbaba Mwana Waresa, Pan, Priapus, Sheela-na-Gig, Xochiquetzal, Aphrodite, Diana, Venus, dazu alle Feenwesen, Beli Mawr und Belenus.

Was ist mit Beltane verbunden? Die symbolisch wichtigen Attribute von Beltane sind Sexualität, Fruchtbarkeit, Feuer, Licht, Reichtum und Befruchtung. Weitere Verbindungen im magischen Sinne bestehen zu Katzen, Schwalben, Tauben, Mariengold, Gänseblümchen, Samen, Blumen, Efeu, Eicheln, Weihrauch und Flieder.

Wie wird Beltane traditionell zelebriert? Der Maibaum ist ein beliebtestes Symbol für den Tanz in den Mai und somit auch für Beltane. Dabei wird ein phallischer Stab in die Erde eingeführt, um die Kraft Gottes zu repräsentieren, und ein Blumenring am oberen Ende befestigt, der die fruchtbare Göttin symbolisiert. Die vielen farbigen Bänder und der darunter zelebrierte Webtanz zeigen die Spirale des Lebens und die Vereinigung von Gott und Göttin. Man stellt also die Vereinigung von Erde und Himmel dar.

Neben diesem Brauch, der die Fruchtbarkeit feiert, ging es auch noch eine Stufe schärfer. Traditionell wurde an diesem Abend nämlich die Kunst des Freiluftvögelns praktiziert. Paare verbrachten die Nacht in den Wäldern und Feldern, ließen es heiß hergehen, um dabei die Erde zu befruchten. Sie brachten am Morgen Dornenblüten von den Feldrändern mit zurück, um ihr Heim damit zu schmücken. Dieser Weißdorn wurde auch wirklich nur zum Feiertag Beltane mit nach Hause gebracht, denn ansonsten galt er als Unglücksbringer.

Wie kann Beltane modern zelebriert werden? Du hast einen Partner? Dann ist das die perfekte Zeit, um eure Liebe mit Ritualen, Zaubern oder einfach grundsätzlich auch ohne Magie neu zu befeuern. Lasst die alten Flammen und das Verliebtsein neu auflodern. Solltet ihr zu Zaubern greifen, müssen natürlich beide einverstanden sein.

Aber auch wenn du allein bist, gibt es viele schöne Dinge, mit denen du dir selbst guttun kannst. Nimm dir einfach Zeit für dich, und genieße deinen Körper. Du hast es dir verdient und dein Körper, der so viel für dich aushält, erst recht!

Wenn du es etwas gediegener angehen möchtest, dann bau den Naturgeistern in deiner Umgebung ein kleines Häuschen, und leg ein paar Opfergaben hinein. Dieser Tag ist der beste, um einen ersten Kontakt aufzubauen und der Natur etwas Gutes zu tun. Auch kannst du für die

Vögel kleine Futterbeutel aufhängen, für die Bienen und Insekten Blumen in deinen Balkon setzen und dich ganz allgemein mehr mit der Natur verbinden.

LITHA, 20., 21., 22. JUNI

Bei Litha handelt es sich um den längsten Tag des Jahres und den Punkt, an dem die Sonne regungslos am Firmament zu stehen scheint. Das Wort Sonnenwende heißt im Lateinischen *Solstitium* und bedeutet so viel wie *»die Sonne steht still«*. Diese Hochpunkte und allgemein die Wege der Sonne wurden seit Langem markiert und aufgezeichnet. Steinkreise wie das weltweit bekannte Stonehenge wurden genau danach ausgerichtet, um den Sonnenaufgang an diesem Tag der Sommersonnenwende zu markieren. *Litha* bedeutet so viel wie *»das Licht des Sommers«*.

Alternative Namen für Litha: Mittsommer, Sommersonnenwende, Meán Samhradh, Alban Hefin, Alban Heruin, Johannistag, Johannisabend, Johannisnacht, Midsommar, Midsommardag, Juhannus und Sankt Hans.

Wann ist Litha? Der Mittsommer und das damit verbundene Fest der Litha ist jährlich zwischen dem 20. und 22. Juni. Es ist die Markierung des Sommerbeginns.

Was wird bei Litha gefeiert? Die Sonne hat jetzt ihren Höhepunkt erreicht. Es ist der längste Tag im Jahr, und die Nacht ist am kürzesten. Ab diesem Zeitpunkt werden die Nächte jedoch auch wieder länger. Die Bahnen der Sonne werden allmählich tiefer, was auch bedeutet, dass die Tage heißer werden. Der Hochsommer beginnt. Selbst die Nächte werden jetzt flauschig warm und laden uns zu Aktivitäten ein. Dennoch müssen wir uns jetzt schon vom Sommer verabschieden, denn es bleibt nicht mehr viel von seiner Zeit.

Christliche Alternative: Dieser Tag, der im Christentum als Johannestag gefeiert wird, zelebriert die Geburt des Bußpredigers Johannes des Täufers. Wie zumeist üblich begannen auch hier die Feierlichkeiten schon am Vorabend. Dieser Vorabend wurde Johannisabend oder Johannisnacht genannt. Das Besondere ist, dass neben diesem Geburtstag in der christlichen Tradition sonst nur der von Jesus und der von Maria als Feiertage gelten. Bei allen anderen Heiligen hat der Sterbetag eine besondere Bedeutung.

Was ist mit Litha verbunden? Die symbolisch wichtigen Attribute von Litha sind Licht, Feuer, Offenbarung, Wärme, Zuneigung und Erschaffung. Andere magische Aspekte sind Tanz, Gesang, Zwerge, Irrlichter, Waldgeister, Gemüse, Obst, Honig, Wein, Rosen, Lilien, Pfingstrosen und Eiche.

Wie wird Litha traditionell zelebriert? Eine uralte Tradition ist der Tanz um das Feuerrad. Ein Kreis aus Feuer wird gezogen, um den die Hexen herumtanzen, während sie Opfergaben in das Feuer werfen. Einen besonderen Stellenwert hat dabei der schwarze Holunder. Seine Wurzeln, die Rinde, die Blätter, Zweige und Beeren werden dem Feuer zum Verzehr gegeben. Liebende werfen Wunschzettel in die sengende Hitze und tanzen über dem Feuerkreis umher. Die Asche des Litha-Feuers wird später auf die umliegenden Felder verteilt, damit sie fruchtbarer werden.

Wie kann Litha modern zelebriert werden? Diesem besonderen Tag wird nachgesagt, dass er ebenso ein magischer Feiertag für alle Elfen, Feen und Alben ist. An diesem Tag nutzen sie ihre Verwandlungsfähigkeiten und gehen unter die Menschen, um mit ihnen zu feiern. Dabei hinterlassen sie ihre Magie in kleinen Bruchstücken in unserer Welt. Es wird gesagt, dass diese sich im Morgentau verfängt und dann von dir eingesammelt werden kann. Diesen Tau solltest du also am nächsten Morgen holen, denn er bildet die perfekte Grundlage für alle Zauber, vor allem wenn sie für Heilung und zur Stärkung wirken sollen. Du kannst zum Beispiel eine Kerze darin rollen, etwas hineinritzen, was du loslassen oder was du heilen willst, und sie dann bis zum Ende brennen lassen, während du innerlich alle energetischen Anker dazu kappst. Stell es dir bildlich vor, wie du die Verbindungen mit einer Schere durchtrennst und sie niedersinken, weit weg von dir.

LAMMAS, 1. AUGUST

Lammas kennzeichnet einen Zeitraum der Ernte, weswegen es sich dabei um ein Erntedankfest handelt. In unseren Breitengraden wird es *Lammas* genannt, was aus dem Angelsächsischen kommt und so viel wie *»Fest des Brotlaibs«* bedeutet. Ein anderer weitverbreiteter Name ist *Lugnasad*, was mit der Gottheit Lugh in Verbindung steht.

Alternative Namen für Lammas: Lagnasad oder Lughnasadh (Tötung des Lugh), Haustblót, Schnitterfest, Kornfest, Lunasda oder Lunasdal, Laa Luanys, Laa Lunys, Lúnasa, Lunasda, Luchar, An Lughna Dubh (das dunkle Lugh-Fest), August Eve und Erntedankfest.

Wann ist Lammas? So wie es meistens Tradition ist, wird schon am Abend vor dem Tag selbst zelebriert. Die Lammasnacht ist der Abend vor dem 1. August. Das Fest markiert den meteorologischen Herbstbeginn, und wir streichen große Gaben der Natur ein.

Was wird bei Lammas gefeiert? Lammas ist das Fest der ersten großen Ernte. Schau einfach raus, und du kannst sehen, wie die Natur uns alles gibt, was wir zum Überleben brauchen.

Egal, ob es die dicken Früchte an den Bäumen sind, das reife Getreide und die üppigen Gemüsebeete – es ist alles da, was uns und die Tiere sättigen kann. Auch kannst du endlich im großen Stil Waldpilze sammeln und Beeren pflücken. Die Landwirte fahren nun lange Schichten, bis die Sonne untergeht, um mit ihren Geräten so viel zu ernten, wie sie schaffen können. Denn so prall, wie die Felder auch

Früchte tragen mögen, so leicht können Sommergewitter, Stürme, Wolkenbrüche und Hagel alles zunichtemachen.

Wer wird bei Lammas gefeiert? Im Ursprung der keltischen Kultur stand dieses Fest vor allem im Zeichen des Lugh. Er ist einer der angesehensten keltischen Götter, der Gott der Sonne. Sein Mythos rührt von den beiden großen Urvölkern Irlands her. Der nordischen Folklore nach gedenkt Lugh an diesem Tag seiner verstorbenen Ziehmutter Tailtiu und widmet ihr dieses Fest des Dankes, der Üppigkeit und der Gaben, um ihr etwas von dem zurückzugeben, was sie ihm schenkte.

Was ist mit Lammas verbunden? Die symbolisch wichtigen Attribute von Lammas sind Dankbarkeit, Fülle und Genuss. Naturgüter, die damit assoziiert werden, sind Pilze, Körner, Mais, Brot, Beeren, Kartoffeln, Früchte, Gemüse. Bei den Tieren sind es Bienen, andere bestäubende Insekten, Schmetterlinge und Vögel.

Wie wird Lammas traditionell zelebriert? Dieser Tag wird traditionell an Gipfeln, Bergen oder Flussufern gefeiert. Dazu gehört auch eine gute Menge frisch geernteter Pflanzen und das gemeinsame Brotbacken. Unterstrichen wird dies alles mit Musik, Tanz und auch sportlichen Wettkämpfen. Vor allem alles, was zur Kategorie der Tailteann-Spiele gehört, war immer besonders beliebt. Dazu gehören Dinge wie Wrestling, Speerwerfen, Laufen sowie Weit- und Hochsprung, aber auch Pferderennen.

Eine weitere sehr klassische Herangehensweise ist das heidnische Hochzeitsritual des *Handfastings*. Dabei werden Paaren mit Bändern die Hände zusammengebunden und sie so zur Probe vereint. Diese Probeehe würde dann genau ein Jahr und einen Tag andauern.

Wie kann Lammas modern zelebriert werden? Versammel dich mit deinen Freunden, der Familien und Menschen, die du zusammenbringen willst. Schmeißt eine große Grillparty, backt gemeinsam Brot, webt ein paar Wünsche in die Zutaten hinein, und verschlingt genüsslich alles, was ihr zwischen die Finger bekommen könnt. Noch perfekter könnte es werden, wenn ihr vorbereitend für diesen Tag gemeinsam Pilze sammelt, Beeren pflückt und möglichst viele Zutaten selbst herstellt.

Ritze in eines der Brote eine Sigille, eine Rune oder ein Zeichen, das etwas symbolisiert, was du verinnerlichen möchtest. Vielleicht ein Wunsch, eine aufkeimende Idee, ein Gedanke, der in dir gesät werden soll. Jetzt ist der perfekte Moment, das alles mit grüner Magie zu verbinden und die Kräuterhexe in dir zu erwecken, um dir und deinen Liebsten etwas Gutes zu tun.

Wenn du es aufregender findest, kannst du aber auch zu einem Pferdewettrennen gehen und mit kleinen Beträgen auf verschiedene Pferde setzen, mit unterschiedlicher Intention und um dir so weissagen zu lassen, was in den kommenden Monaten auf dich wartet.

MABON, 21., 22., 23., 24. SEPTEMBER

Mit Lammas hatten wir schon einen Vorboten für das Erntedankfest, aber hier haben wir das richtige, das volle, das, was den Abschluss der fruchtbaren Zeit des Jahres markiert. Natürlich ist das grundsätzliche Konzept von Erntedankfeiern nichts Neues, sie werden seit Jahrtausenden in allen Kulturen zelebriert. Im antiken Griechenland nannte man es Oschophoria, und bei diesem Feiertag wurde im Herbst die Ernte der Trauben, aus denen Wein gemacht wird, gefeiert. Im 18. Jahrhundert erfanden die Bayern das Oktoberfest, das noch heute existiert. Chinas Mittherbstfest hingegen wird immer auf die Nacht des Erntemonds (siehe im Kapitel »Magie der Gezeiten und Gestirne« unter dem Punkt »Monate«) gelegt und ist ein Ehrentag zur Vereinigung der Familie.

Alternative Namen für Mabon: Herbsttagundnachtgleiche, Erntedankfest, Alban Elued, Alban Elfed, Winterfinding, Harvest Home, Feast of the Ingathering, Meán Fómhair, Erntezeit, Ernteheim, Erntefest, Fest von Avalon und Gwyl canol Hydref.

Wann ist Mabon? Es handelt sich um den Tag der Herbsttagundnachtgleiche, die jedes Jahr zwischen dem 21. und 24. September stattfindet.

Was wird bei Mabon gefeiert? Die Kräfte der Sonne lassen nun nach, und die Dunkelheit übernimmt langsam, aber stetig. Nun ernten wir die letzten Gaben der Natur – von Pilzen über Früchte hin zu Nüssen. Es wird karger, aber vorher erstrahlen die Bäume in protzigen schönen Farben, ein letztes Mal, bevor es karg und kalt wird. Wir wissen, dass der Winter naht, und darum müssen wir genau dafür unsere Speicher füllen. Es ist die Zeit des Abschieds: von Sonnenlicht, von der Pracht der Natur und ebenso von den schön warmen Tagen.

Wer wird bei Mabon gefeiert? Der Feiertag selbst wurde nach dem alten walisischen Helden Mabon ap Modron benannt. Ähnlich wie Apollo aus der griechischen Mythologie wird Mabon als hübscher junger Mann mit einer Leier dargestellt. Er soll als Neugeborenes in der Unterwelt gefangen gehalten worden sein. Eine Geschichte, die an den Mythos von Persephone und ihrer besorgten Mutter Demeter erinnert.

Was ist mit Mabon verbunden? Die symbolisch wichtigen Attribute von Mabon sind Loslassen, Ziehenlassen, Abschied, letzte Gaben, Balance, Dankbarkeit, Ernte und Selbstbeobachtung. Die Repräsentation in der Natur findet sich allen voran im Apfel wieder, denn er ist ein Hauptsymbol, und seine Erntezeit beginnt nun. Weitere Möglichkeiten bieten aber auch Eicheln, Herbstblätter, Zapfen, roter Wein, Melonen, Kuchen, Trauben, Hammelfleisch, Kürbis, Wurzelgemüse und Geflügel.

Wie wird Mabon traditionell zelebriert? Der Mittelpunkt des Festes ist ganz klar schon immer eine üppige Mahlzeit gewesen. Die Dankbarkeit wird hier im Schlemmen ausgedrückt, auch weil ab diesem Tag die Menschen früher sparsamer mit allem umgehen mussten. Um der Kornmutter für ihre Gaben zu huldigen, wirft man draußen beim großen Festessen drei Früchte über die Schulter nach hinten. Bei der Getreideernte selbst sollte die letzte Garbe zusammengebunden stehen gelassen werden.

Wie kann Mabon modern zelebriert werden? Hier dreht sich alles um Gemeinschaft, und so steht auch das gemeinsame Kochen im Fokus. Wenn das nicht möglich ist, lade dennoch ein paar Leute ein, die dir wichtig sind. Bestellt euch das, was ihr am liebsten mögt, und spielt ein paar Gesellschaftsspiele. Es geht nicht nur ums Essen, sondern auch um das Gemeinschaftliche in den letzten warmen Stunden. Bald igeln sich alle wieder ein, und auch die sozialen Kontakte werden weniger.

Kauf auch ein paar Glückskekse, und gib jedem einen davon als kleinen Abschluss zum Gericht und für einen Blick in die Zukunft. Wie wird das Jahr wohl ausklingen? Was wartet noch? Als Nachtisch solltet ihr auf jeden Fall einen Apfelkuchen, Apfelkompott oder zumindest Pfannkuchen mit Apfelmus essen.

Das Fest steht für den feierlichen Abschied vom Sommer und dient zur innerlichen Vorbereitung auf den Winter. Nach dem Essen, froh und glücklich, kann darüber reflektiert werden, was im kürzer werdenden Jahr alles geschehen ist und worauf man sich für das kommende vorbereiten möchte.

SAMHAIN, 31. OKTOBER

Samhain ist der Tag, an dem der Schleier zwischen Diesseits und Jenseits so dünn ist wie sonst nie. Es ist eine magische Nacht, in der die Geister umgehen und auch die ruhelosen Seelen bemüht sind, ein Zuhause zu finden. Der Tag steht im Zeichen des Todes, wobei die Lebenden erinnert werden, dass ohne ihn kein Leben existieren kann. Und ohne Abschied kein Wiedersehen. Diese zwei Gegensätze bilden die absolute Grundlage jedweder Existenz und ergeben gemeinsam ein großes Ganzes. Der Name des Festtages wird auch mit *»Feuer des Friedens«* übersetzt.

Alternative Namen für Samhain: Samhuin, Samain, Saman, Oidhche Shamhna, Allerseelen, Halloween, Hallows, Hallowtide, Shadow Fest, Allantide, Third Harvest, Harvest Home, Geimredh, Day of the Dead, Feast of the Toten, Geisternacht, Kerzennacht, Novemberabend, Nussknackernacht, Ahnennacht, Apfelfest, All Hallows Eve, Hallows Eve, Santos, Devil Night, Mischief Night und Martinmas.

Wann wird Samhain gefeiert? Samhain wird in der Regel vom Sonnenuntergang am 31. Oktober bis Sonnenuntergang am 1. November gefeiert. Alte Quellen beschreiben es manchmal auch als ein dreitägiges Fest.

Was wird bei Samhain gefeiert? Samhain ist eine Zeit, um mit den Geistern unserer Lieben zu kommunizieren, die verstorben sind. Sie ist allen voran den Ahnen gewidmet. Aber Samhain ist auch eine gute Gelegenheit, sich mit Gottheiten oder anderen Wesen zu verbinden und mit ihnen zu arbeiten.

Was steckt noch hinter Samhain? Dem Totengott der Kelten, Cromm Cruach (der »dunkle, schwarze Kopf«), auch Cenn Crúach (»der blutige Kopf«) genannt, wurde zu Samhain das Opfer der Erstgeborenen oder andere blutige Opfergaben dargebracht. In der Legende des Tigernmas wird erzählt, dass die Anhänger zu Samhain dem Totengott ihre Verehrung zeigten, indem sie sich die Köpfe auf Steinen blutig schlugen. Für keltisches Verständnis waren es nämlich die Götter der Unterwelt, die der Welt Fruchtbarkeit schenkten, und deshalb mussten sie mit den besten »Früchten« geehrt werden.

Was ist mit Samhain verbunden? Die symbolisch wichtigen Attribute von Samhain sind Transformation, Reisen, Vorfahren, Erbe, Tod, Trauer und Schattenarbeit. Weitere Verbindungen bestehen zu Ahorn, dem Pentagramm, der Sense, Eicheln, zu Zuckerschädel (Sugar Skulls), Jack O'Lantern, Kürbis im Allgemeinen, Glühwein, Nüssen, Zimt, Muskatnuss, Karneol, Obsidian und Schwarzem Turmalin. Bei den Tieren sind es vor allem Katzen, Spinnen, Motten, Wölfe, Eulen, Krähen, Raben, Skorpione, Fledermäuse, Geier und Ratten.

Wie wird Samhain traditionell zelebriert? Samhain ist eine Zeit im Jahr, in der der Schleier zwischen unserer Welt und der Anderswelt am dünnsten ist. Samhain setzt einen Punkt an das Ende der Erntezeit und wird als eines der zwei wichtigsten Feuerfeste angesehen. Das andere ist Beltane. Samhain wird entsprechend mit einem großen Feuer zelebriert, dazu mit paradeartigen Tänzen in Tierfellen oder Kostümen. Es wird damit durch die Stadt gezogen, und man überbringt symbolische Opfer an die Entitäten der Anderswelt.

Samhain wird bis heute mit dem Tod in Verbindung gebracht, auch weil früher um diese Zeit viele Tiere geschlachtet wurden. Der Tag selbst markiert den meteorologischen Beginn des Winters und das Ende der Fruchtbarkeit. Als logische Folge wurde Samhain immer mit Geistern und auch schwarzer Magie, mit der Kommunikation mit den Toten und entsprechenden Kontaktaufnahmen in Verbindung gebracht. Zur Ehrung der Ahnen ist es Brauch, beim Festmahl einen Teller mehr auf den Tisch zu stellen und einen Stuhl leer zu lassen, damit die Geister der Ahnen am Festmahl ebenso teilnehmen können. Die Kerzen und Lichter in den Fenstern, die nach außen scheinen, zeigen den Ahnen den Weg in die Häuser ihrer Familien.

Wie kann Samhain modern zelebriert werden? Wenn du Kinder hast, ist es für sie und vielleicht auch für dich eine besonders spannende Zeit, denn es geht wieder los: »Süßes! Sonst gibt's Saures.« Und der Brauch, so modern er auch wirken mag, hat dennoch alte Wurzeln. Zu Samhain verkleideten sich die Menschen früher als Geister, Dämonen oder irgendwelche anderen Kreaturen, gingen umher, machten allerlei Possen und erhielten im Austausch dafür Speis und Trank. Dieser Brauch wird als *Mumming* bezeichnet oder auch als Mummenschanz. Es ist der Vorläufer unserer heutigen Tradition.

Wenn du es lieber etwas schauriger magst, sind zu dieser Zeit auch Séancen mit dem Ouija Board sehr beliebt, Weissagungen mit Knochenorakeln und im Allgemeinen die Kontaktaufnahme und Ehrung von Geistern, Dämonen, Göttern und Astralwesen. Und wenn du trotz allem die Energien erhöhen willst und gerade kein großes Feuer und Freunde dahast, die nackt mit dir durch den Wald tanzen wollen, wie es in alter Manier eben so üblich war, dann brezelt euch geil auf. Sucht die verrücktesten Kostüme, und geht auf eine große Halloweenparty. Feiert, trinkt, zelebriert, tanzt und habt Spaß. Denn das zieht die Energien hoch und stimmt euch auch die kommenden Tage noch glücklich.

YULE, 21. DEZEMBER

Es ist kein Geheimnis, dass überall auf der Welt und in allen Kulturen Winterfeste gefeiert werden. Genau genommen handelt es sich dabei um Lichterfeste. Neben dem uns sehr bekannten Beispiel von Weihnachten gibt es unter anderem Chanukka mit seinen hell erleuchteten Menoras oder eben Yule, in unseren Breitengeraden auch als Julfest bekannt. Grundsätzlich sind dies alles Feste der Sonne, und somit ist das Wichtigste daran das Lichtspiel mit Kerzen, Lagerfeuer, glänzendem Schmuck und allem, was dazugehört. An die alten Bräuche erinnern uns bis heute der mit zahlreichen Lichtern geschmückte Weihnachtsbaum und die allseits bekannten vier Kerzen auf unseren Adventkränzen.

Alternative Namen für Yule: Julfest, Jul, Saturnalien, Jól, Joulu, Jõulud, Joelfeest, Jül, Jööl, Julblot, Jólablót, Joulu, Yuletide, Yulefest, Christmastide, Christmas, Weihnachten.

Wann ist Yule? Der heidnische Feiertag Yule findet am Tag der Wintersonnenwende statt, die auf unsere Seite der Erdhalbkugel auf den 21. Dezember fällt. Die darauffolgenden zwölf Raunächte stammen als magische Tradition aus dem keltisch-germanischen Kulturkreis.

Was wird bei Yule gefeiert? Auf der Nordhalbkugel wird schon seit Jahrtausenden die Wintersonnenwende gefeiert. Dabei nannten es die nordischen Völker Jul und betrachteten es vor allem als eine Zeit zum Feiern und für Fröhlichkeit. Zudem gilt es in Island auch als eine Zeit des Opfers und der Opfergaben, um das Kommende gut vorzubereiten.

Und die christliche Alternative? Erstaunlicherweise unterschieden die früheren Christen zwischen dem wahren Geburtstag von Jesus und der Feier des entsprechenden Ereignisses. Somit ist es nicht verwunderlich, dass die tatsächliche Einhaltung des Geburtstages recht lange auf sich warten ließ. Vor allem in den ersten zwei Jahrhunderten des Christentums gab es starken Widerstand gegen die allgemeine Ehrung der Geburtstage von Märtyrern und auch von Jesus. Etliche Kirchenväter waren dem Brauch gegenüber sarkastisch eingestellt, denn das Feiern von Geburtstagen war bisher eine rein heidnische Sache, die sie belächelten. Letztendlich adaptierten sie das Ganze dann dennoch, da sie darin eine weitere Chance sahen, die Heiden zum Konvertieren zu bringen.

Was ist mit Yule verbunden? Die symbolisch wichtigen Attribute von Yule sind Gemeinschaftlichkeit, Nähe, Zusammengehörigkeit, Auferstehung, Neusortierung, Planung, Entspannung, Akzeptanz und Neubeginn. Weitere Verbindungen bestehen zu Tannenbäumen, Geschenken, Glocken, Mistelzweigen, Tannenzapfen, Apfelwein, Zimt, Keksen, getrockneten Früchten, Eierlikör, Lebkuchen, Glühwein, Weihrauch, Gold, Grün, Rot, Hirschen, Eulen, Rentieren, Schneegänsen und Eisbären.

Wie wird Yule traditionell zelebriert? Wenn du oder deine Familie während der Weihnachtszeit traditionell einen Weihnachtsbaum verwendet, ist dies perfekt, um ihn mit einem Segensritual zu weihen und dein Heim für die Zeit seiner Anwesenheit zu einem geheiligten und stark geschützten Raum zu machen. Es empfiehlt sich auch, das Dekorieren mit Intentionen zu versehen. Während du also einen Gegenstand an den Baum hängst, webst du einen Wunsch mit hinein – so kannst du die Stimmung des Raumes beeinflussen. Es gibt verschiedene Theorien über den Ursprung des Weihnachtsbaums. Eine nimmt an, dass er seine Wurzeln in einem römischen Fest namens Saturnalia hatte. An diesem Tag wurden ebenfalls Bäume mit Metallgegenständen dekoriert. Die Ornamente darauf galten meist der Ehrung des Gottes Saturn. Ein immergrüner Baum wie die Tanne repräsentiert dabei übrigens die Fähigkeit, jeden Wechsel der Jahreszeiten zu überstehen, also widerstandfähig und lebensstark zu sein.

Wie kann Yule modern zelebriert werden? Eine schöne Art dafür, die sich dennoch aus alten Traditionen ableitet, ist in seiner Urform das Wassailing. Dabei geht es um Weihnachtslieder oder das Caroling. Wir kennen es vor allem aus amerikanischen Filmen, wenn die Leute in Gruppen von Tür zu Tür laufen und Weihnachtslieder singen. Genau das interpretieren wir neu und führen es als Chanting in unsere magische Arbeit mit ein. Sing einen Zauberspruch, der die Magie des Tages nutzt, um das nächste Jahr mit der Macht deiner Worte und dem Klang deiner Stimme entsprechend auszurichten. Es muss also nicht der Klassiker »Last Christmas« im Radio sein, sondern lieber ein paar eigene Worte, die du in die kalten Wintertage hauchst.

SYMBOLE, FARBEN, ZAHLEN

Nun soll es um weitere magische Helfer gehen, die für dich auf den ersten Blick vielleicht einfach alltäglich sind. Schaut man tiefer hin, haben sie eine große Kraft und können sehr mächtig sein – und wenn du dies erkennst, kannst du sie in deine Magie einbeziehen.

MAGIE DER SYMBOLE

Pentagramm und Pentakel inklusive der invertierten Version hast du schon kennengelernt. Ebenso die Symbole für die Planeten, sie standen immer beim jeweiligen Planeten anbei – schau gern noch mal nach, falls du es übersehen hast. Und auch ein paar andere Symbole konntest du bisher in diesem Buch schon entdecken. Wie du also selber schlussfolgern kannst, gibt es etliche Symbole, und sie sind wichtig für uns Hexen. Ein paar weitere gängige Symbole, die dir als Hexe nützlich sein können, sollst du hier noch kennenlernen.

Ankh

Dieses Symbol wird auch als »Schlüssel des Lebens« bezeichnet und stammt von den alten Ägyptern. Es steht für die Unendlichkeit des Lebens, für die Vereinigung von Weiblichkeit und Männlichkeit, aber auch die Vereinigung von Wasser, Luft und Sonne. Es gilt zudem als das erste, ursprüngliche Kreuz. Nicht umsonst wird es sehr häufig bei großen ägyptischen Persönlichkeiten gefunden. Es war und ist heute noch ein heiliges, magisches Symbol mit enormer mystischer Kraft.

Hexagramm

Wie du unschwer erkennen kannst, hat das Hexagramm sechs Ecken. Vor allem bei den Christen war diese Zahl, geprägt durch ihre Kirche, verpönt. Und warum? Weil darin die Vereinigung der dreifachen Göttin mit ihrem Gemahl, der einen Dreizack hält, gesehen wurde. *Crazy shit*. Und du weißt ja, Sex, sexuelle Lust und Begierde ohne die Tugend des Kinderkriegens war schon immer eine furchtbare Sünde. Sowohl das dir schon bekannte Pentagramm als auch das Hexagramm sorgen dafür, dass Fremdenergien es schwer haben, Zugang zu deinen Räumlichkeiten zu finden.

Horusauge

Das Horusauge ist dem Glauben der alten Ägypter nach das vom Magiegott Thot geheilte und wiederhergestellte linke Auge des Himmelgottes Horus. Es wird auch als Mondauge bezeichnet. Zudem trägt es die Beinamen Udjat-Auge oder Udzat-Auge, was so viel wie »vollständig geheilt« oder »gesund« bedeutet. In seiner Verbindung zum Mond mag es für dich nicht wunderlich sein, dass es als Schutzsymbol verwendet wurde. Insbesondere gegen den bösen Blick.

Auge des Re

Ebenso aus der alten Ägyptologie stammt das Auge des Re, auch Auge des Ra, vom entsprechenden Gott Ra, dem Sonnengott. Sein Auge, das Sonnenauge, wurde dem Mondauge gegenübergestellt. Es ist wohl eines der wichtigsten Symbole aus dieser Zeit. Denn die Sonne war bei unserer Schöpfung maßgeblich beteiligt. Sie wurde nicht erschaffen, sondern war schon immer da. Zumindest nach dieser Mythologie. Ra war der wichtigste Gott des altägyptischen polytheistischen Glaubens. Das Symbol selbst steht für die königlichen Autorität, für Nährkraft und für Schutz.

Tipp: Um das Auge des Re und das Horusauge auseinanderzuhalten, merke dir einfach, dass das Auge des **Re** sein **re**chtes Auge ist. Wenn du dir also an dein eigenes, rechtes Auge fasst, wäre dies das Auge des Re, während dein linkes das von Horus wäre.

Fatimas Hand

Die Hand der Fatima oder Hamsa ist ein aus dem islamischen Volksglauben Nordafrikas stammendes Symbol. Es wird mit universellem Schutz assoziiert und als wirksamste Abwehrmaßnahme gegen böse Geister, welche auch Dschinns genannt werden, und gegen den bösen Blick genutzt. Nach dem islamischen Glauben können Dschinns sowohl gut als auch böse sein, jedoch niemals besiegt werden. Das Einzige, das helfen kann, ist ein entsprechender Abwehrzauber, um sie zu vertreiben. Und genau dafür wird Fatimas Hand genutzt.

Nazar

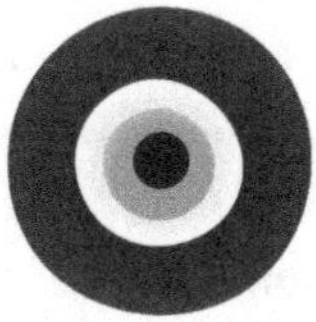

Das Wort entspringt dem Arabischen und bedeutet so viel wie »sehen« oder »Einsicht«. Ein gängiger Name für das typische blaue Auge als Kette ist auch »Auge der Fatima«, weswegen es oft mit Fatimas Hand kombiniert wird. Es ist dabei nach der jüngsten Tochter des Propheten Mohamed benannt. Das Nazar-Amulett wird als starker Glücksbringer genutzt und ist in der Türkei entsprechend sehr verbreitet. Auch dieses Symbol soll seine Träger vor dem bösen Blick schützen.

Dreifache Göttin

Das Zeichen der dreifachen Göttin ist der Mond in seinen Phasen. Der Mond ist dabei das Symbol des Lebens, der bei der Geburt beginnt, beim Tod endet und bei der Wiedergeburt neu startet. Dabei wird dieser Zyklus mit den Phasen des Mondes assoziiert, der zunimmt, voll ist und wieder abnimmt. Diese Dreifaltigkeit kann in vielerlei Hinsicht interpretiert werden. Die klassische Version ist die der dreifachen Göttin in den Phasen der Jungfrau, der Mutter und der alten Weisen.

Keltischer Knoten

Wenn es um keltische Symbole geht, sind diese Art der Knoten wohl am bekanntesten. Ihre ineinander verwobenen Schleifen haben keinen wirklichen Anfang und somit auch kein Ende. Dadurch stehen sie für Einheit, Ewigkeit und die Unendlichkeit des Lebens. In jedem Knoten wird ein Faden genutzt, um aufzuzeigen, wie Leben und Ewigkeit verbunden sind. Oftmals wurden diese aufwendigen Designs als dekorative Elemente für eine Vielzahl von Gegenständen verwendet.

Hexenknoten

Auch der Ursprung dieses Knotens liegt bei den Kelten. Dort wird das linke Symbol als Triquetta bezeichnet. Das musst du wissen, damit du gleich verstehst, wie der Hexenknoten entstand. Die Triquetta steht auch wieder, wie die keltischen Knoten im Allgemeinen, für den Kreislauf von Leben, Tod und Wiedergeburt. Durch seine drei Schlaufen symbolisiert er auch die Dreieinigkeit von Körper, Geist und Seele. Außerdem werden diese Schlaufen mit drei Elementen verbunden, nämlich Erde, Wind und Feuer – im modernen Okkultismus. Wie du aber weißt, arbeiten wir Hexen mit vier Elementen. Also fehlte eins, und so entstand der Hexenknoten mit den vier Schlaufen, den du auf der rechten Seite sehen kannst.

Triskele

Auch hier wieder: ein keltisches Symbol und wohl das beliebteste Spiralmotiv. Es wurde schon in frühesten bronzezeitlichen Formen gefunden, ist damit ziemlich alt und hat eine lange, prägende und somit stark magische Reise hinter sich. Die drei Spiralen der Triskele verweisen auch hier auf eine Dreiheit, auch Trinität genannt. Ähnlich wie der dreifachen Göttin. Die Triskele bezieht sich auf Vergangenheit, Gegenwart und Zukunft, kann aber auch für andere Dreiheiten gedeutet werden.

Gehörnter Gott

Dieses Symbol wurde vor allem durch die Anthropologin Margaret Alice Murray geprägt. Du kennst sie noch aus dem Kapitel zur Entstehung des Wiccas. Sie nahm an, dass eine männliche gehörnte Gottheit als Gegenpol zur Muttergöttin verehrt werden müsste. Dabei war sie wohl von Cernunnos, einem keltischen Gott, inspiriert, dessen Name »der Gehörnte« bedeutete. In all seinen Darstellungen gilt er als Gott der Natur, der Tiere und der Fruchtbarkeit.

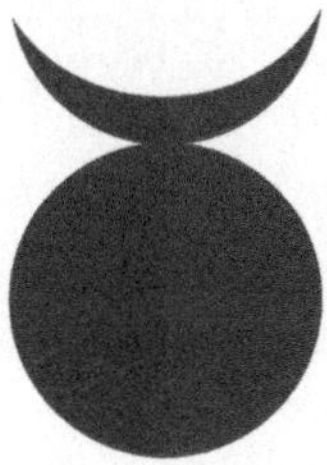

Yin-Yang

Dieses Symbol kennt wirklich jeder, und eigentlich heißt es Taijitu. Übersetzt bedeutet das so viel wie »Symbol des Höchsten«, des »Ultimativen«. Wir kommen hier zum Dualismus, der besagt, dass alles aus zwei unzertrennlichen Gegensätzen besteht, die gemeinsam eine Einheit bilden: eben Yin und Yang. Dieses philosophische Konzept stammt aus dem Daoismus. Ähnliches gab es aber auch bei den Kelten, Etruskern und Römern. In unserer Kultur heute wird es oft auch mit zwei Liebenden assoziiert, die sich gegenseitig ergänzen.

Hexenalphabet

Das Hexenalphabet trägt auch den Namen thebanisches Alphabet, Engelsschrift, Engelsalphabet oder Alphabet des Honorius. Es ist ein Schriftsystem, dessen Herkunft nicht geklärt ist. Es wartet mit 24 Zeichen auf und dient hauptsächlich zur Codierung von Texten, die geheim gehalten werden sollen. Dabei ist es so ausgelegt, dass es nicht nur für eine einzige Sprache funktioniert, sondern mannigfaltig genutzt werden kann.

MAGIE DER FARBEN

Ich würde glatt behaupten, Farben gehören zu den einfachsten Möglichkeiten, deine Absicht in einem Zauber spielend leicht zu unterstreichen. Jede Farbe hat mehrere unterschiedliche Assoziationen und Eigenschaften. Du kannst die Farbmagie entsprechend bei so gut wie allem einbinden, egal ob Kerzen, Outfits, Make-up, Nagellack, Kristalle, Kunst, Federn, Lebensmittel, Pflanzen, Blumen, Kräuter oder was du noch so für deine Zauberarbeit nutzt. Also, widmen wir uns mal der Vielfalt der Farben:

Rot: Leidenschaft, Lust, Liebe, Stärke, Sex, Gefahr, Krieg, Feuer, Unabhängigkeit, Vitalität, Überleben, Leidenschaft, Wut.

Orange: Kreativität, Selbstdarstellung, Überwindung von Sucht, Rechtsfragen, Gerechtigkeit, Freude, Geschäftserfolg, Ehrgeiz, Handeln, Investitionen, Feiern.

Gelb: Freude, Erfolg, Glück, Lernen, Gedächtnis, Konzentration, Inspiration, Fantasie, Charme, Selbstvertrauen, Reisen, Flexibilität.

Grün: Wohlstand, Überfluss, Geld, Heilung, Wachstum, Glück, Ehe, Natur, Wetter, Neid, Gier, Eifersucht, Akzeptanz.

Hellblau: Spiritualität, Himmel, Ruhe, Frieden, Schutz.

Indigo: Kommunikation, Willenskraft, Fokus, Kommunikation, Vergebung, Wahrheit, Geduld, häusliche Harmonie, Organisation, Aufrichtigkeit, Astralprojektion, Wasser.

Violett: spirituelle Führung, psychische Fähigkeiten, Klatsch und Tratsch, Lügen erkennen, Wahrsagerei, Vermittlung zwischen Parteien, Ehrgeiz, Überwindung von Depressionen, Wissen, Intuition.

Pink: Liebe, Mitgefühl, Fürsorge, Weiblichkeit, Freundschaft, Romantik, Partnerschaft, Heilung, Schutz von Kindern, häusliche Harmonie, Selbstverbesserung, Reife, Selbstliebe.

Braun: Haussegen, Erde, Erdung, Bodenständigkeit, Konzentration, materielle Güter, Stabilität, Lokalisierung verlorener Gegenstände, Immobilien, Finanzen.

Schwarz: Erdung, Weisheit, Lernen, Schutz, Sicherheit, Miasma lösen, Magie auflösen, Abwehr schwarzer Magie, Verbannen, Verteidigung, Wahrsagen, Stolz, Dunkelheit, Schattenanteile, Verhüllung, Entdeckung.

Weiß: Allzweckfarbe, Einheit, Reinheit, Reinigung, Frieden, Spiritualität, Heilung, Unschuld, kleine Kinder, Ehrlichkeit, Wahrheit, Gerechtigkeit, Ausgleich der Aura.

Grau: Einsamkeit, Glamour, Beseitigung negativer Einflüsse, Neutralität, Ausgeglichenheit, Entspannung, Entlastung, unauffällig und gedeckt.

Silber: weibliche Göttlichkeit, Stabilität, psychisches Bewusstsein, Intuition, Träume, Sieg, Kommunikation, Mondmagie, Mondenergie, Glücksspiel, Erfolg.

Gold: männliche Göttlichkeit, Überfluss, Wohlstand, Verständnis, Wahrsagerei, schnelles Glück, Sonnenenergie, Positivität, Gerechtigkeit, Gesundheit, Glamour und Luxus.

MAGIE DER ZAHLEN

Wenn Zahlen mit einer bestimmten energetischen Frequenz verbunden sind, die über ihren mathematischen Zahlenwert hinausgeht, bezeichnet man sie als Engelszahlen. Diese Zahlen tauchen gern auf, wenn du einen guten Draht zu deinem Schutzgeist hast und er dir etwas mitteilen will. Vielleicht wirst du von einer bestimmten Zahlenkombination auch schon dein ganzes Leben lang verfolgt, oder an einem bestimmten Tag begegnen dir vermehrt bestimmte oder ganz unterschiedliche Zahlenkombination. All das kann in deinen Weg als Hexe einfließen. Schauen wir uns die Bedeutungen mal an, damit du künftig weißt, was gemeint ist:

Einstellige Engelszahlen

0: Ewigkeit, Evolution, Unendlichkeit.
1: Neuanfang, Unabhängigkeit, Manifestation.
2: Vertrauen, Partnerschaft, Gleichgewicht.
3: Fülle, Abenteuer, aufgestiegene Meister.
4: Vertrauen, innere Weisheit, Praktikabilität.
5: Veränderung, Lektionen fürs Leben, Anpassung.
6: Liebe, Zuhause, Stabilität.

7: psychische Fähigkeiten, Selbstbeobachtung, Lernen.
8: Überfluss, Freiheit, innere Kraft.
9: Ende, Lichtarbeiter, spirituelles Erwachen.

Zweistellige Engelszahlen

00: Ein Ende naht, damit etwas Neues beginnen kann.
10: Positives Denken ermöglicht der Situation, sich optimal zu entfalten.
11: Deine Manifestation ist auf dem Weg, wenn du den Fokus behalten kannst.
12: Du musst durchhalten und darfst den Glauben und die Hoffnung nicht verlieren.
13: Sei liebevoller und freundlicher in deinem Handeln.
14: Du solltest dich mal wieder zentrieren und deine Energien klarer ausrichten.
22: Versuche friedvoller zu sein, sodass Harmonie einkehren kann.
24: Du bist auf dem richtigen Weg, mach genau so weiter.
33: Du musst deine Dreiheit von Seele, Körper und Geist wieder in Einheit bringen.
41: Schau auf die kleinen positiven Aspekte, um wieder Hoffnung zu schöpfen.
44: Dein Schutzengel will dich wissen lassen, dass er an deiner Seite ist und dir hilft.
55: Eine große Veränderung kommt auf dich zu, lass dich darauf ein.
66: Beruhige deine Ängste, und lass dich von deinem Schutzgeist führen.
77: Du erlebst gerade eine spirituelle Veränderung, die mit einer tieferen Verbindung zu dir selbst einhergeht.
88: Deine Kräfte werden stärker, weil du immer besser darin wirst, deine Energien zu beherrschen.
99: Es tun sich für dich neue Wege auf, die Welt mit deinen Energien positiv zu beeinflussen. Nutze sie!

Dreistellige Engelszahlen

000: Dir stehen unendliche Möglichkeiten zur Verfügung, und dein Verstand ist eine unerschöpfliche Quelle an Ideen, denen du mutig nachgehen solltest! Es gibt nicht den perfekten Moment, um zu starten, jeder Tag ist der perfekte Anfang.
111: Lebe deinen Traum. Du bist auf dem besten Wege zu erreichen, was du dir gewünscht hast. Gib jetzt nicht auf! Mach genau so weiter, und gib am besten noch mehr Power rein. Du schaffst das!
222: Du solltest versuchen, durch den Glauben an deine Kraft voranzukommen. Doch dafür musst du auch in Harmonie mit dir und der Welt kommen. Beende die Selbstsabotage, und trainiere dein Denken!
333: Deine Wünsche wurden erhört, und wenn du auf deine Impulse achtest und ihnen folgst, wirst du die Ressourcen und Gelegenheiten bekommen, die dich der Erfüllung näher bringen.
444: Dein Schutzgeist will dich wissen lassen, dass er in deiner Nähe ist. Er will dir die Sicherheit geben, dass er momentan sehr aufmerksam über dich wacht. Du darfst jetzt also mutig sein und auch schwere Entscheidungen treffen. Aufschieben ist nicht mehr!
555: Ein Wachstumsschub wartet auf dich. Das kann dich anfangs überfordern oder dich sogar in schwierige Situationen bringen. Aber diese Veränderung ist wichtig, um deine Potenziale freizulegen.
666: Du bist auf der Reise zu deinem vollendeten Selbst oder sollst dich wieder mehr auf dich besinnen. Auf deine Schönheit, deinen Wert, dein Sein. Das Bedürfnis nach Ausgewogenheit ist stark. Geh ihm nach, und lass dich nicht verunsichern. Behalte dir deine Integrität!
777: Deine spirituelle Arbeit trägt Früchte. Du erlebst eine neue Phase des Erwachens oder erlangst Erkenntnisse, die dir bisher verborgen waren. Fühl dich in dich selbst hinein, lass deine Hellsinne erwachen, und bau tiefes Vertrauen in deine Fähigkeiten auf!
888: Dir stehen alle Möglichkeiten offen, die Fülle liegt schon direkt vor dir, du musst nur noch zugreifen. Egal ob es um Liebe, finanzielle Fülle oder einen sicheren Ort geht: Nutze deine Möglichkeiten, und lass dich durch Zweifel nicht von deinem Glück abbringen!
999: Etwas kommt zu seinem Ende oder findet endlich zur Vollendung. Du bist kurz vor der Ziellinie, falls du gerade ein Projekt hast. Also zieh

es jetzt noch eiskalt durch. Es kann aber auch eine schwer verdauliche Nachricht auf dich zukommen, vor der du gewarnt wirst.

Vierstellige Engelszahlen

0000: Deine spirituellen Energien sind lebendig und wohlauf. Eine Situation in deinem Leben rundet sich ab. Du stehst kurz vor dem Abschluss, und die kosmischen Energien sind mit dir im Einklang.
1111: Diese Zahlenkombination steht für eine hohe Schwingung und ist ein Zeichen für dein spirituelles Erwachen, deine spirituelle Entwicklung und das Ausbauen deiner intuitiven Fähigkeiten.
2222: Halte an deinem Glauben fest. Dein Vertrauen in deine Gefühle ist jetzt das Einzige, auf das du dich verlassen solltest. Insbesondere, wenn du gerade eine schwere Situation durchleben musst.
3333: Dies ist wieder eine Mahnung, dass du mehr Balance in deinem Leben brauchst. Du hast die Möglichkeit, deine Wünsche in den Äther zu senden, um aus einer festgefahrenen Situation heraus endlich in Aktion zu treten.
4444: Es wartet harte Arbeit auf dich. Jedoch werden sich all die Mühen und Opfer der letzten Monate endlich bezahlt machen. Jetzt heißt es, noch mal Zähne zusammenbeißen und durchziehen, egal wie sehr du deswegen gerade auch leiden magst.
5555: Große Veränderung ist auf dem Weg, und du hast sie bitter nötig. Wenn du Widerstand leistest, kann das sehr schmerzhaft für dich werden. Darum lass dich mitreißen, auch wenn es dich vorerst komplett aus der Bahn werfen mag. Am Ende bist du selbst für dein Glück verantwortlich.
6666: Du wirst auf das Thema Gleichgewicht und Ordnung aufmerksam gemacht. Möglicherweise befindest du dich in einer Phase des Ungleichgewichts, an dem du dringend arbeiten musst. Zudem kommt diese Zahlenkombination als Erinnerung an die Verantwortungen, denen du nachkommen musst.
7777: Du bist auf dem richtigen Weg, und Zielstrebigkeit und Ehrgeiz sind genau das, was du bis zum Ende benötigst. Diese Zahl ist ein sehr positives Zeichen und bedeutet, dass du bald mehr glückliche Momente in deinem Leben erfahren wirst.

8888: Du erhältst eine Nachricht über Fülle, Reichtum und Glück. Es gibt ein Licht am Ende des Tunnels, und es ist die Botschaft für dich, nicht zu zögern, wenn du einen weiteren mutigen Schritt machen musst. Oder es bedeutet, dass du endlich mal die Früchte deiner harten Arbeit genießen darfst und sollst.
9999: Ein Zyklus in deinem Leben nähert sich dem Ende. Lass los, und nimm die Veränderungen an. Du solltest deine Fähigkeiten und Talente anerkennen und diese zum Guten einsetzen. Sei weniger egoistisch, und erwecke dein volles Potenzial, indem du deine Stärken teilst und offenbarst.

MAGIE IM ALLTAG

Magie kommt im Leben der meisten ganz alltäglich vor, ohne dass sie es bemerken. Häufig zeigt sie sich einfach über das Bauchgefühl oder den siebten Sinn. Aber du kannst auch ganz bewusst mit kleinen, unkomplizierten magischen Gesten und Ritualen in das Thema einsteigen und es in dein Leben einweben.

ABERGLAUBEN

Doch bevor wir dazu kommen, lass mich dir noch ein paar kleine Gesten, die als Aberglauben bekannt sind, aufzeigen. Schauen wir mal, was es eigentlich wirklich damit auf sich hat.

Hals- und Beinbruch: Die Redewendung »Ich wünsch dir Hals- und Beinbruch« fand ich als Kind immer sehr verstörend, zugegeben. Aber woher kommt dieser Satz eigentlich? Ursprünglich stammt das Ganze von den Hebräern, eine jiddische Form dieser Version war *hatslokhe un brokhe*, was übersetzt so viel wie »Erfolg und Segen« bedeutet. Da die Deutschen aufgrund der Sprachbarriere nicht wirklich verstanden, was gesagt wurde, wandelten sie das Ganze in ein »Hals- und Beinbruch« um. Zudem war es in unseren Breitengraden auch üblich, das Gegenteil von dem zu wünschen, was man wollte, um kein Unheil anzuziehen. Verrückt, oder? Gerade für die Leute kaum zu glauben, die alles nach dem Gesetz der Anziehung ausrichten. Aber auch dadurch merkt man wieder: Du musst deine Philosophie finden und nach ihr leben. Dann wird energetisch schon das kommen, was du auch glaubst.

Juckende Handflächen: Es gibt den Glauben, dass juckende Handflächen eine Botschaft in sich tragen. Sollte bei dir die linke Handinnenfläche jucken, so wird gesagt, dass du auf dein Geld achten musst und es nicht verprassen darfst, denn sonst wirst du dich schnell in einem finanziellen Dilemma wiederfinden. Es kann aber auch sein, dass du unverschuldet in einer schwierigen finanziellen Lage landest. Bei einer rechten juckenden Handinnenfläche kehrt sich die Bedeutung um. Sie kündigt einen Geldsegen an oder will dich ermahnen, fleißig zu sein, da du dann gute finanzielle Aussichten hast. Das Konzept entstammt wohl dem Glauben daran, dass die linke Hand passive Energie innehat und die rechte aktive.

Salz über die Schulter werfen: Der Aberglaube, sich Salz über die Schulter zu werfen und damit Unheil abzuwenden, ist weit verbreitet. Bei dieser Geste geht es darum, das Böse abzuwehren, und damit ist nichts Geringeres als der Teufel selbst gemeint. Der Brauch geht einher mit dem Konzept, dass auf unseren Schultern ein Teufel und ein Engel sitzen. Der Teufel hockt auf der linken Schulter, und wenn wir Salz werfen, gerät es ihm in die Augen und hält ihn davon ab, uns weiterhin negative Gedanken und furchtbare Flausen ins Ohr zu flüstern.

Dreimal auf Holz klopfen: Auch dieser Brauch ist heute noch sehr verbreitet. Du kennst es bestimmt, jemand sagt etwas Positives, was sich auf die Zukunft bezieht, und schnell klopft er dreimal auf den Holztisch. Just in Case. Kann ja nicht schade, man weiß ja nie. Damit soll eine Umkehrung der positiven Annahmen ins Negative abgewendet werden. Ursprünglich sollte diese Handlung böse Geister verschrecken. Klopftöne galten schon seit jeher als Sprache der Geister. Aber auch das Klirren der Gläser beim Anstoßen erfüllt den Zweck, sie zu vertreiben.

Die teuflische Dreizehn: Die Zahl dreizehn wird teilweise so sehr gefürchtet, dass bei Flugzeugen die entsprechende Sitzreihe fehlt, bei Hotels das Zimmer und bei Blocks die Etage. Schon lange wird die Zwölf als eine vollkommende Zahl angesehen, und die Dreizehn als Folgezahl zerstörte genau diese Perfektion, was sie nicht sonderlich beliebt machte. Außerdem ist es noch interessant zu wissen, dass die Menschen früher dreizehn Mondmonate zu je achtundzwanzig Tagen hatten. Doch der dreizehnte Monat wurde abgeschafft zugunsten unserer heutigen zwölf. Die Dreizehn galt also wieder einmal als unerwünscht. Für Hexen jedoch steht sie als eine Art Glückszahl zur Verfügung, und gerade ein Freitag, der Dreizehnte, ist unser Tag und tief mit der weiblichen Urkraft verbunden. Magie an diesem Tag hat einen ganz besonderen Vibe.

ALLTAGSMAGIE

Jetzt kommen wir mal zu dem Punkt, wie du durch Kleinigkeiten dein Leben ganz explizit magischer gestalten kannst, ohne dass du direkt die dicken, fetten Geschütze von Ritualen, Kreiswerfen und Zauberstab-Schwingen auffahren musst.

Teemagie: Das ist so eine wundervolle kleine Sache, die du in dein tägliches Leben einbauen kannst. Nicht nur, dass die verschiedenen Teesorten mit großartigen Vorteilen verbunden sind, auch ist es einfach, etwas Magie darin einzuweben. Also, mach dir einen Tee, nimm deinen Zauberlöffel, das kann jeder Löffel sein, den du dafür nutzen möchtest, gib gern etwas Honig für mehr Süße in deinem Leben hinzu, und rühre mit dem Uhrzeigersinn, um ein Ziel, eine Intention, eine Manifestation in dein Leben zu ziehen. Füll deine Tasse mit positiven Gedanken, Absichten und Wünschen, und dann – *gluck, gluck, gluck* – in dich hinein mit dem köstlichen Drink. Wenn du etwas loswerden möchtest, es aus deinem Leben oder deinem System entfernen willst, dann rühre gegen den Uhrzeigersinn, und visualisiere, was beim Trinken aus dir oder deinem Leben rausgezogen wird. Et voilà, da haben wir sie schon, die Teemagie. Einfach, schnell und alltagstauglich.

Kristallwasser, Mondwasser und Aurawasser: Wenn du Kristallwasser herstellen möchtest, nutze einen Kristall, dessen magischer Mehrwert dem entspricht, worauf du dein Wasser programmieren möchtest. Nimm eine Flasche, leg den Stein hinein, halte sie in beiden Händen und richte das Ganze noch mal bewusst energetisch aus. Dieses Wasser nennt man nun Kristallwasser. Wichtig ist, dass der Stein nicht mit irgendwelchen Ölen oder Parabenen behandelt ist, damit es deiner Gesundheit nicht schadet.

Für Mondwasser platzierst du Wasser unter dem entsprechenden Mond, dessen Energien du im Getränk speichern möchtest. Dabei ist es sinnvoll, dass so viel direktes Mondlicht wie möglich darauf trifft und du es vor Sonnenaufgang wieder reinholst.

Bei der Herstellung von Aurawasser kombinierst du beides: Du lädst zuvor hergestelltes Mondwasser mit einem Kristall auf. Dann hast du beides in einem und den maximalen Effekt. Es ist sinnvoll, das Mondwasser mit seiner energetischen Wirkkraft mit einem Stein, der dazu passt, zu kombinieren, um die Wirkung zu pushen und das Wasser energetisch nicht zu sehr zu verwirren. Es sei denn, das ist genau das, was du möchtest.

Wünsche wirken: Egal, ob es die Kerzen auf dem Geburtstagskuchen sind, der Neujahrswunsch zu Silvester, der Wunsch bei einer vorbeifliegenden Sternschnuppe, beim Pusten von Pusteblumen oder beim Wegpusten einer ausgefallenen Wimper. All diese Dinge zeigen, wie normal es ist, im Alltag kleine Wunschrituale zu vollziehen. Und diese kannst du noch viel bewusster für dich nutzen. Schicke deine Energie, dein Begehren in den Kosmos. Lass die Kraft durch dich strömen, und gib ein wenig davon raus, um wiederum neue Energien zu erhalten. Das Schöne ist, auch deine nicht hexischen Freunde machen da sicher mit oder machen es sowieso hier und da. Da fühlt man sich doch direkt verbunden.

Kronenchakra bedecken: Menschen trugen schon seit jeher Kopfbedeckungen. Sie sind ein Teil all unserer Kulturen, und das, schon lange bevor es Aufzeichnungen darüber gab. Sie schützen uns seit jeher vor Wind, Kälte oder Sonne, können aber auch unsere Schönheit unterstreichen oder einen besonderen Status kennzeichnen.

Generell wird davon ausgegangen, dass der Kopf – und damit das Kronenchakra – mit dem Göttlichen verbunden ist. Und genau darum geht es auch beim Bedecken: dass du nämlich deine Energien schützt und die Quelle, über die sie zu dir kommt. Dein Kronenchakra saugt energetisch am Äther, aber sicherlich willst du keine Energien reinbekommen, die dir nicht guttun. Wie zum Beispiel bei einer Familienfeier, wo Leute aufkreuzen, die dich einfach nur belasten. Eine Kopfbedeckung kann dir etwas helfen, dich energetisch zurückzuziehen und im Folgenden dann zusätzlich nonverbal Grenzen zu setzen.

Geld finden: Wer den Cent nicht ehrt, ist den Euro nicht wert. Kennste, oder? Genauso ist das, wenn du einen Cent auf der Straße findest. Wenn du ihn aufhebst, soll dir das für den Rest des Tages Glück bringen. Wenn es sich um eine ganz besondere Münze handelt, kannst du sie auch in deinem Portemonnaie tragen, um mehr Wohlstand, Reichtum und finanzielle Sicherheit in dein Leben zu ziehen. Jedes Mal, wenn du sie siehst, kannst du sie einmal zwischen Daumen und Zeigefinger reiben und deine Intention wieder frisch ausrichten.

Glückskekse: Du kennst sie, er kennt sie, sie kennt sie, jeder kennt sie. Sie sind beliebt und eigentlich überall, wo es asiatisches Essen gibt, gang und gäbe. Es handelt sich um kleine, trockene Kekshüllen, in denen sich Zettel mit mysteriösen Botschaften verstecken. Ich persönlich mag die Kekse nicht so sehr, einfach nicht mein Geschmack, aber ich liebe es, die kleinen Weissagungen daraus zu beziehen. Vor allem, weil es eine Sache ist, die kein großes Aufsehen erregt und auch von ganz durchschnittlichen Leuten gern genutzt wird. Also, wenn du das nächste Mal asiatisch essen oder einkaufen bist, nimm doch ein paar für dich und deine Freunde mit, und sei gespannt, was dir die Botschaft zu sagen hat.

Funfact: Ich war mit meiner Mom mit dreizehn mal asiatisch essen und habe von ihr einen Glückkeks bekommen. Als ich ihn aufmachte, stand darauf genau das, was ich jemals hören wollte, nämlich: »One day your name will be famous.« Also übersetzt: »Eines Tages wird man deinen Namen kennen.« Ich habe diesen Glückskeksspruch jeden Tag, bis heute noch, in meinem Portemonnaie herumgetragen – und schau mal einer an, wo ich jetzt bin. Du kennst meinen Namen schon mal. Ist doch ein guter Anfang.

Energien zurückholen: Stell dich dafür mit beiden Beinen fest auf den Boden. Hab einen stabilen Stand. Dann stemmst du eine Hand in die Hüfte, und die andere lässt du etwas vor deiner Brust schweben. Drück alle Finger so zusammen, dass deine Handfläche mit deinen Fingern eine Fläche bildet. Sprich die folgenden Worte, und nutze deine Hand dabei wie ein Messer in einer kraftvollen Bewegung vor deinem Herzen, um alle Verbindungen wortwörtlich zu kappen:

»Ich schicke alle fremden Energien fort und ziehe die meinen von jedem Ort, jeder Person und jedem Gegenstand zu mir zurück.«

Dies ist eine Sache, die du, wann immer du sie brauchst, tätigen kannst. Mir hat sie sehr oft durch den Alltag geholfen, gerade in schweren Situationen, in denen mich Geschehnisse durch Dritte sehr belastet haben. Zudem erinnerst du dich immer wieder daran, dass du Herrscherin über deine Emotionen bist und diese Macht nicht an andere abgeben wirst.

Hufeisen gegen Hexenzauber: Dieser kleine Gegenstand stand auch bei uns zu Hause auf dem Kamin. Das Hufeisen wurde so ausgerichtet, dass die offene Seite nach oben zeigte. Auf diese Weise soll es Glück, Harmonie und glückliche Zufälle einfangen und in den Räumlichkeiten halten. Über Türen aufgehängt, soll die Öffnung jedoch nach unten zeigen, um so Schadensmagie, schädliche Entitäten und böse Absichten fernzuhalten. Unter anderem brachte man deswegen auf Sargdeckeln von Frauen, die als Hexen verurteilt waren, ein Hufeisen an, sodass diese nicht wiederauferstehen konnten.

Schutz vor dem bösen Blick: In jeder Kultur prägten sich verschiedenste Symbole, die zum Schutz genutzt wurden. Somit gab es auch schon immer Amulette, die vor Unheil oder dem bösen Blick bewahren sollten. In der Antike wurden dafür zum Beispiel Korallenketten genutzt. Auch heute noch werden einigen Kräutern und Pflanzen entsprechende Wirkungen nachgesagt. Besonders beliebt gegen den bösen Blick sind aber Ketten, die indirekt auch das dritte Auge symbolisieren, das alles sieht und erkennen kann. Damit auch die bösen Absichten Dritter, die dann abgewendet werden. Die bekanntesten Symbole dieser Art sind wohl das Nazar, das Horusauge, das Auge des Re und das allsehende Auge.

LIEBE IN DER SPIRITUALITÄT

Wofür es ein paar Extrazeilen braucht, das ist die allseits beliebte Liebesmagie. Zuerst einmal ist es wichtig, dass du nach bestem Gewissen niemals jemandem deine Liebe aufzwingen solltest und noch weniger jemanden dazu zwingen solltest, dich zu lieben. Denn, dass das Ergebnis dann Liebe wäre, ist ein Trugschluss. Es würde sich mehr um Obsession handeln als um echte, tiefgehende Gefühle. Die Folgen von »erfolgreichen« Liebeszaubern könnten sein, dass derjenige dich nicht mehr in Ruhe lässt, dich verfolgt und stalkt, selbst wenn du kein Interesse (mehr) hast. Diese fälschliche Liebe kann schnell in Hass und Rachegelüste umschlagen, die du dann als harte Strafe ausbaden darfst. Mal abgesehen davon, dass du im Sinne des energetischen Ausgleichs von noch ganz anderen unglücklichen Dingen betroffen sein könntest.

Es ist ein gut gemeinter Rat, dir so etwas nicht anzutun. Aber natürlich kann es auch sein, dass du deine eigenen Erfahrungen machen musst und erst mal auf die Schnauze fliegen möchtest. Wir Menschen können der Ignoranz und dem Egoismus sehr auf den Leim gehen. Vielleicht bist du mit einem anderen Menschen mal so im Schmerz und von diesem falschen Ideal des Zusammensein-Müssens gejagt, dass dir alles recht ist. Bedenke nur: Wenn du selbstsüchtig, manipulativ und rücksichtslos bist, wirst du auch genau das in dein Leben ziehen, früher oder später. Dennoch steht es dir frei, diesen Weg zu gehen. Wie ich immer sage: Am Ende musst du mit den Konsequenzen deines eigenen Handelns leben. Kein anderer.

Ich empfehle: Wenn es schon Liebeszauber sein sollen, dann bitte unbestimmte Liebeszauber. Damit ziehst du einfach allgemein Liebe in dein Leben, beschleunigst vielleicht etwas, was sich eh schon anbahnt, und pfuschst dem Universum in seine energetische Entscheidung nicht hinein. Das Universum wird senden, was du gerade brauchst. Manchmal bist du das selbst, manchmal ist es eine Person, die dich zum Wachsen bringt. Auf die gute oder auf die schlechte Weise.

Aber kommen wir von diesem magischen Aspekt mal zu einigen sehr beliebten Konzepten der seelischen Verbindung in der Spiritualität. Dafür schauen wir uns die Begriffe Seelenverwandte, Zwillingsflamme, Dualseele und karmische Partner an.

Seelenverwandte

Hast du schon einmal jemanden kennengelernt und eine sofortige Verbindung gespürt? Egal, ob es ein leidenschaftlicher Funke oder einfach ein unerklärliches Verständnis zwischen euch beiden war, es könnte ein Zeichen dafür sein, dass die Person einer deiner Seelenverwandten ist. Im Gegensatz zu dem, was du vielleicht gehört hast, kannst du im Laufe deines Lebens unzählige Seelenverwandte treffen. Das ist ein großer Unterschied zur Zwillingsflamme, die als Begrifflichkeit immer populärer wird – sie gibt es für dich nur einmal. Seelenverwandte müssen auch gar nicht romantischer Natur sein. Können sie, sind sie aber oftmals nicht, einfach weil du in deinem Leben immer wieder auf Seelen treffen wirst, die dir ähneln, unabhängig vom Geschlecht und deinen leidenschaftlichen Präferenzen. Doch so wie du dich energetisch und intellektuell entwickelst, tun es manchmal auch deine Seelenpartner und manchmal nicht. Du kannst dich also mit ihnen auseinanderleben und wieder neue finden. Manchmal halten diese Verbindungen aber auch ein ganzes Leben oder zumindest sehr, sehr lange. Der ursprüngliche Funke zwischen euch geht trotz stetiger Entwicklung nie ganz verloren. Denn eure Seelen sind sich im Kern einfach zu ähnlich dafür.

Zwillingsflamme

Zwillingsflammen, auch Zwillingsseele oder auf Englisch *Twinflame* genannt, sind das Yin und Yang einer Seele. Wie alles im Universum hat eine Seele eine Polarität – männlich und weiblich, wobei hier jetzt nicht unbedingt die Geschlechter gemeint sind, du kannst auch eine gleichgeschlechtliche Twinflame haben. Eine Zwillingsflamme ist die Hälfte einer Seele. Wenn diese beiden Teile derselben Seele in verschiedenen Körpern in dieser Welt inkarnieren, gehen sie auf verschiedene Reisen, um sich am Ende wiederzufinden. Basierend auf dieser Theorie bist du dazu bestimmt, sie auf deiner Reise durch dein Leben zu entdecken, damit ihr euch wiedervereinigen könnt. Während das alles atemberaubend romantisch klingt, ist es nichts, nach dem du aktiv suchen solltest, es sei denn, du bist bereit, eine Bandbreite von Emotionen zu erleben, die dich auch zusammenbrechen lassen könnten.

Einer der wichtigsten Bestandteile deiner Zwillingsflammenreise ist es, eine falsche Zwillingsflamme zu verstehen und in der Lage zu sein, diese zu erkennen. Bevor du deine echte Zwillingsflamme triffst, triffst du in aller Regel auf eine falsche Zwillingsflamme. Fast so, als sei es eine Prüfung, die du zuerst bestehen musst. Wichtig zu verstehen ist jedoch, dass du nur eine echte Zwillingsflamme haben kannst. Alles andere ist Humbug. Und, nein, deine Katze kann nicht deine Zwillingsflamme sein, außer du wärst eine Katze. Man einigt sich sozusagen auf die gleiche Spezies, bevor man auf die Erde niederprescht. Dennoch, auch wenn es nach purer erotischer Liebe klingen mag, muss diese Verbindung nicht partnerschaftlicher Natur sein. Sich zu ergänzen heißt nicht immer, sich körperlich vereinigen zu müssen.

Dualseele

Vielen deutschen Bloggern und Autoren war das Wort Zwillingsflamme im Deutschen wohl nicht fancy genug, weswegen sie es eiskalt in »Dualseele« umtauften. Durch die Verwässerung der Begrifflichkeit entstand bei einigen in der Szene der Eindruck, dass es sich dabei um eine Sonderkategorie von seelischen Verbindungen handelt. Tut es aber nicht. Die Dualseele ist im deutschsprachigen Raum eine weitere Beschreibung der Zwillingsflamme, die manchmal mit einigen kleinen Unterschieden daherzukommen versucht, aber grundsätzlich auf dem absolut selben Konzept basiert. Lass dich da nicht verunsichern. Viele versuchen gerade in Sachen Liebe alles zu kommerzialisieren, da ist ein Begriff mehr, den man dir andrehen kann, natürlich umso besser. Aber die drei Verbindungen, die hier erklärt werden, sind doch eigentlich erst mal genug, oder? Das Konzept von Zwillingsflamme als auch Dualseele basiert übrigens auf Platons »Symposion« und die darin enthaltene Vorstellung vom Kugelmenschen, der irgendwann in zwei Hälften geteilt wurde. Damit ist auch schon belegt, dass es sich um ein und dieselbe Sache handelt.

Karmischer Partner

Eine karmische Beziehung ist dazu gedacht, dass du wichtige Lektionen in deinem Leben zwangsläufig erlernen wirst – ob du willst oder nicht. Eine karmische Verbindung könnte als eine Art Seelenbeziehung angesehen werden, die von Natur aus auf deine Heilung und die deines Gegenübers ausgelegt ist. Höchstwahrscheinlich wird jede und jeder von uns in seinem Leben mindestens eine dieser karmischen Beziehungen haben. Es ist die Liebe, die deine Knöpfe drückt, die Verbindung, die dich festhält, die Abhängigkeit, die dich fordert. Aber egal wie: Sie zwingt dich meistens recht unsanft zu wachsen. Aus spiritueller Sicht ist die Idee hinter karmischen Beziehungen, dass du eine Vereinbarung mit deinem karmischen Partner getroffen hast, bevor eure Seelen in dieses Leben eingetreten sind, damit ihr euch gegenseitig auf euren jeweiligen Wegen helfen und voranbringen könnt. Sehr oft gibt es dabei zahlreiche ungelöste Probleme aus vergangenen Leben. Diese Beziehung soll dir dabei helfen, auf der Seelenebene zu wachsen und reifer zu werden, sodass du dieses Wachstum in deine kommenden Leben mitnehmen kannst.

SHISHAS KLEINE ZAUBERSAMMLUNG

Hier gibt es eine einsteigerfreundliche Zaubersammlung von mir, die einen kleinen Ausschnitt aus meinem Grimoire darstellt. Von allem etwas, aber auch nicht zu viel, damit du eher angetrieben bist, dein eigenes zu machen, und weil einen zu viel am Anfang auch schlichtweg erschlägt. Ich gehe davon aus, dass du alle hier im Buch gelernten Dinge anwendest. Die meisten dieser Zauber werden bei einem entsprechenden Ritual sinnvoll im Gesamtablauf platziert. Wenn keinerlei Ritual notwendig ist und du den Zauber einfach so drauflos anwenden kannst, ist dies angemerkt. Davon habe ich absichtlich ein paar mehr Zauber reingenommen, da am Anfang so ein volles Ritual für dich sehr erschöpfend sein kann. Dennoch solltest du dich nach und nach auch darin übern.

EINFACHE ZAUBER

Sie kannst du schnell und einfach nachmachen. Wenn kein Ritual benötigt wird und du es somit auch mal ohne große Vor- und Nachbereitung durchführen kannst, steht es mit dabei. Dennoch solltest du die Energien ausrichten und gezielt absenden, damit es überhaupt klappen kann. Immer musst du schon irgendwie gescheit mit den Energien arbeiten, damit diese wissen, was sie zu tun haben.

Hexensalz herstellen

(kein Ritual nötig)
Schwarzes Salz wird als Zutat für Zauber zum Schutz und zum Bannen verwendet, aber auch zum Brechen von Zaubern. Fast jede gute Hexe hat in ihrem Hexenschränkchen auch etwas Hexensalz, das sie als Grundlage oder als Füllstoff für Zauber oft und gerne nutzt. Hier ein ganz einfaches Rezept:

Nimm etwas Meersalz, schwarzen Pfeffer und Aktivkohlepulver und fülle es in einen Mörser. Bearbeite das Ganze so lange mit dem Stößel, bis es möglichst fein ist. Sprich dabei:

»Und während ich Stoß für Stoß Magie lass wirken,
höre ich nur die Lichter zirpen,
vollgefüllt an Energie,
bringt das Salz mir Harmonie,
Ausgleich, Sicherheit und Schutz,
gut gedacht für jeden Nutz.«

Bei diesem Rezept kannst du das Hexensalz in kleinen Mengen sogar noch zum Würzen nutzen oder für Küchenmagie. Bedenke aber, dass Aktivkohle in größeren Mengen abführend wirken kann.

Banishing Spell für schlechte Angewohnheiten

Du kannst diesen Zauber auf alle möglichen Eigenschaften anwenden, die du loswerden willst, zum Beispiel auch, um dem Rauchen abzuschwören und dafür den ersten Meilenstein zu setzen. Wichtig ist, dass du für das Ritual eine Schale mit einem Gegenstand vorbereitest, der symbolisch für diese Eigenschaft steht, die du ablegen möchtest. Dann sprichst du diese Worte, und idealerweise zerstörst du den Gegenstand auf eine von dir bevorzugte Art:

»Ich lös mich los von diesem Teil,
sodass ich gehen lassen kann mit Heil,
diese Eigenschaft ist nicht mehr mein,
auch wenn ich weiß, sie sollte sein,
sodass sie mich belehrte,
und ich lern bestimmte Werte,
doch nun brauch ich dies nicht mehr,
verbanne, lass es los und zeige Wehr.«

Löse das Ritual vernünftig auf, und entsorge den zerstörten Gegenstand dann fachgerecht.

Loslösungszauber

Dafür benötigst du zwei längliche Kerzen, einmal eine Kerze, die in einer passenden Farbe dich darstellt, und einmal eine Kerze, welche die andere Person darstellt. In beide ritzt du die entsprechenden Namen ein. Dann bindest du im oberen Drittel ein dünnes Kordelband um beide herum, das nicht zu dick sein sollte. Platziere die Kerzen dabei etwa fünfzehn Zentimeter auseinander. Der Untergrund sollte brandfest sein. Dann zündest du beide Kerzen an und sprichst, während sie samt der Kordel verbrennen, folgende Worte:

»Der Brand, das Feuer trägt uns nieder,
und alte Bindung'n brenn' wie Fieber.
Getrennt sind wir für immer nun,
da gibt es nicht mehr viel zu tun.
Und von allen Ankern bin ich frei,
es ist vollbracht, wir sind entzwei.«

Wichtig ist, dass du damit nicht die Person verbannst, sondern deine emotionale Anhaftung an sie final löst. Es handelt sich hier um einen recht mächtigen Zauber, der aber auch einiges an Zeit braucht, da du die Kerzen komplett niederbrennen lassen musst und in der gesamten Zeit anwesend sein solltest. Sowohl körperlich, geistig als auch energetisch, um wirklich alle Ankerpunkte, die diese Person in deinem energetischen Netz noch hat, zu lösen. Erfahrene Hexen können aus dem Brandbild, wie die Kerzen und das Kordelband brennen, sehr gut herauslesen, welche Dynamik die Beziehung hatte und wer in welchem Maßstab Energien vom jeweils anderen gezogen hat. So ein Ritual wirkt in aller Regel noch einige Tage nach. Du solltest alle Überbleibsel restlos entsorgen.

Schutzzauber

(kein Ritual nötig)
Hierfür nutzen wir Knotenmagie, um eine Hexenleiter, im Englischen als *Witch's Ladder* bezeichnet, zu gestalten. Diese kann man sich dann an die Tür hängen. Am besten nutzt du dickes Lederband oder Wollfäden in Farben, die dir besonders gut gefallen. Schwarz ist gut für den Schutz, weiß zum Reinigen und dann vielleicht eine dritte Farbe, mit der du dich verbunden fühlst. Knote die drei Stränge am Anfang so zusammen, dass du oben noch eine Schlaufe zum Aufhängen nutzen kannst. Zusätzlich kannst du noch Federn, Perlen und andere Artefakte mit in die Hexenleiter einflechten. Während du knotest, sprichst du folgende Worte:

»Den ersten Knoten setze ich
und bilde Schutz ganz absichtlich.
Den zweiten, dritten, vierten hier,
da web ich ein, das Biest in mir,
sodass jeder Knoten Schutz gebiert
und negatives komprimiert.
Weiter knote ich voran,
fange ganz von vorne an.«

Das kannst du entsprechend so oft wiederholen, bis deine Hexenleiter fertig ist. Et voilà: Du hast dir ein gutes Schutzmittel für dein Heim selbst erschaffen.

Emoji-Spells

(kein Ritual nötig)
Emoji-Spells werden immer ähnlich aufgebaut. Du bildest eine Kette an passenden Emojis für deinen Zauber und schreibst dann einen reimenden Zwei- bis Vierzeiler dazu. Dann beendest du den Zauber mit derselben Emoji-Kette wie zu Beginn. Wichtig ist, dass du den Zauber in den energetischen Äther der Nullen und Einsen des Internets einwebst, indem du ihn zum Beispiel als Tweet auf Twitter abschickst. Aber auch alle anderen Plattformen funktionieren genauso gut. Hier ein paar Beispiele, die du verwenden kannst:

🔮🕯👪👹🛡👪🕯🔮
Sei Schutz mir treu
und halt fern die Wilden,
sodass ich frisch und neu
meine Community kann bilden.
🔮🕯👪🛡👹🛡👪🔮

💞♀💄🌺☀🌺💄♀💞
Und wenn ich in den Spiegel schau,
so sehe ich die wilde Frau,
die Schönheit, Sanftheit, Nachsicht nährt
und fortan Liebe ihrer selbst erfährt.
💞♀💄🌺☀🌺💄♀💞

💰✨🌜🛫☀🛬🌛✨💰
Ching, Ching, fließt das Geld in meine Hand.
Ching, Ching, gönn ich mir Urlaub am weißen Strand.
Ching, Ching, ist alles, was ich denke, mein.
Ching, Ching, lass ich mich auf dieses Mindset ein.
💰✨🌜🛫☀🛬🌛✨💰

Schönheitszauber

(kein Ritual nötig)
Im April und Mai zeigen sich die Kirschblüten. Im Vergleich mit Rosen sind sie zarter, haben keine Dornen, stehen für Liebe und Harmonie, aber ohne den Teil des Leids. Sie sind für Paare, Bindungen, aber auch perfekt für Selbstliebe geeignet. Nimm jeweils ein Blütenblatt, und leg es auf dein Cake-Make-up, auf Puder, Lidschatten, Bronzer, Highlighter und Co. Wenn du die ersten Blüten auf das Make-up legst, sprichst du folgende Worte:

»Mit jedem neuen Kirschenblatt
leg ich alte Muster ab,
sodass ich meine Schönheit fühle
und Liebe meiner selbst nun spüre.«

Lass die Blätter so lange drauf, bis sie vertrocknet sind. Das setzt natürlich voraus, dass sie vorher frisch und neu waren. Symbolisch saugt das Make-up die Frische und Schönheit der Blüte ein.

Erfolgszauber

Für diesen Zauber brauchst du ein Stück Papier, das passend zu deinem Ziel gewählt wird. Du willst eine Prüfung absolvieren? Nutze dafür ein Lernblatt. Du willst das Vorstellungsgespräch bestehen? Nutze eine Broschüre der Firma. Du willst eine Gehaltserhöhung? Nutze Geldscheine als Grundlage. Egal wie, du brauchst ein etwa zehn mal zehn Zentimeter großes Stück Papier, das du dir selbst zusammenbastelst oder schneidest. Dann schaust du im Internet unter dem Begriff »Origami Schwein« nach. Diese Figuren sind recht leicht, auch für Anfänger geeignet und perfekt, um dir einen Glücksbringer zu formen. Wenn du das Papier faltest, nimm dabei statt der Fingernägel gern eine Münze, und sprich:

»Knicken, Falten, Formen, Sein,
so bilde ich das Glück als Schwein.
Alle Erfolge werde ich erreichen
und nutze die gesandten Zeichen.
Ich schaffe das, das ist doch klar,
denn nur so wird alles wahr.«

Platziere den Glücksbringer in deinem Portemonnaie. Wenn du deinen Erfolg erzielt hast, lass das Schweinchen als kleine Überraschung an einem schönen Ort stehen. Irgendjemandem wirst du damit ein Lächeln ins Gesicht zaubern, vor allem, wenn das »Papier« aus zwei Fünfeuroscheinen besteht. Aber hey, bei einer Gehaltserhöhung darf man auch mal was ins Universum zurückgeben. Von Gier und Geiz ist noch keiner ins Gönnen und Ernten gekommen.

Return-to-sender-Zauber

Wenn du das Gefühl hast, dass dich jemand angegriffen hat, dann kannst du diesen Zauber wirken. Wichtig ist, dass du dich dabei gut schützt. Wenn du sicher weißt, wer es ist, umso besser. Es ist jedoch nicht zwangsweise nötig. Hierbei handelt es sich um Neutralmagie oder graue Magie, weil du etwas eventuell Schadhaftes an seinen Absender zurücksendest, statt es Jesus-like zu neutralisieren. Soll sich derjenige damit rumschlagen, der es dir gesandt hat. Nimm ein Stück Papier, und schreib folgende Worte darauf, gern kannst du sie dabei auch laut sprechen:

»Ich sende alle Energien fortan an dich zurück
und schütze mich vor deinem Blick.
Alles, was du an mich sendest,
ist, womit du dich nun selbst nur blendest.
Nichts bleibt bei mir hier an diesem Ort,
denn ich schicke es zu dir nun fort.«

Solltest du wissen, um wen es geht, kannst du noch den Namen mit dazuschreiben, das macht es sehr viel wirkungsvoller, weil es dann ein gezielter und gebundener Zauber ist.

Gute-Nacht-Zauber

(kein Ritual nötig)
Bereite dir einen beruhigenden Tee zu, den du gern trinkst. Gut sind vor allem Kamille, Lavendel und Baldrian. Im Uhrzeigersinn zu rühren bedeutet, etwas anziehen, gegen den Uhrzeigersinn zu rühren bedeutet, etwas abzuwenden oder loszuwerden. Nimm deinen Löffel, und rühre damit im Uhrzeigersinn, denn du möchtest ja einen guten Schlaf anziehen. Sprich dabei folgende Worte:

»Mit jeder Umdrehung zieh ich an,
was ich dringend brauchen kann,
das Schläferchen, das meine Augen küss',
sodass ich schlafe tief und träume süß.«

Viele Freude beim Trinken. Genieß es, komm zur Ruhe, und lass den Tee und die Magie wirken.

GÖTTERMAGIE

Voraussetzung: Du brauchst einen Altar für eine Opfergabe, die du nach dem Wirken des Zaubers als Dank platzierst. Ist dein Zauber mit Erfolg gesegnet, solltest du abermals eine Opfergabe auf deinem Altar platzieren. Beides jeweils für drei bis sieben Tage, je nachdem, ob es etwas Haltbares ist oder etwas, das schlecht werden kann. Grundsätzlich gibt man Opfergaben der Natur zurück. Bei Speisen und Getränken verzehrt man sie zumeist nicht, außer es ist mit der Entität (in diesem Falle der Gottheit) abgesprochen, um Verschwendung zu vermeiden. Ansonsten kann es als Respektlosigkeit aufgefasst werden.

Liebeszauber mit Aphrodites Macht

Wichtig: Wenn du deinen Schutzkreis errichtest, nutzt du dabei Rosenblätter, als Opfergabe für Aphrodite bietest du ihr eine Schale Honig mit einem Rosenkopf darin und stellst sie am Ende des Rituals auf deinen Altar.

Stell dir eine Tasse bereit, kochendes Wasser und ungespritzte Rosenblätter, die auch zum Verzehr oder direkt zum Brühen eines Tees geeignet sind. Bereite dir den Tee zu, füge dem Ganzen Honig hinzu, rühre dreimal in Richtung des Uhrzeigersinns, und sprich:

> *»Geliebte Aphrodite, lass Liebe auch in mein Leben treten und mich fähig sein, diese zu erkennen und zu erwidern.«*

Dann trinkst du den kleinen Liebestrank und löst das Ritual sachgemäß auf. Nun platzierst du die Opfergabe. Lass sie drei bis sieben Tage stehen. Sei aufmerksam und offen neuen Möglichkeiten gegenüber, die nun in dein Leben treten werden.

Geldzauber mit Njörds Macht

Male die Rune Fehu (ᚠ) innerhalb eines Rituals auf eine Muschel. Sie ist nun mit der Intention geladen, dass du Geld erhältst, anziehst, findest, zurückbekommst und es sich vervielfacht. Geh dann bei zunehmendem Mond zu einem bewegten Gewässer, sprich die folgenden Worte, und wirf die Muschel dann ins Wasser:

> *»Oh heiliger Njörd, ich danke dir für deine Sicherheit, deine Absicherung, dein Sein, und ich vertraue dir, dass ich genau so viel bekomme, wie ich benötige.«*

Lausche dem Ploppen, wenn die Muschel ins Wasser fällt und in der Strömung mitgenommen wird. Bleib noch einige Momente dort. Wenn du dann später zu Hause angekommen bist, falte ein Schiffchen aus einem Blatt Papier, das du vorher mit Danksagungen beschriftet hast, und stell es als Opfergabe auf deinen Tisch. Lass es dort sechs Tage stehen, und bring es dann zum selben bewegten Gewässer, um es dort ebenfalls fortschwimmen zu lassen.

Selbstbewusstseinszauber mit Liliths Macht

Nimm einen Apfel, bohre ein Loch hinein, und nimm dir ein kleines Blatt Papier. Auf dieses schreibst du all deine Unsicherheiten und wie du diese positiv zu einer Stärke umformulieren kannst – oder zumindest in eine positive Betrachtungsweise rückst. Dann rollst oder faltest du das Papier so klein zusammen, dass es in das Loch des Apfels passt. Dort stopfst du es hinein und sprichst:

> *»Ich umarme meine vollumfängliche Weiblichkeit, denn ich scheine von innen und außen, und alle Zweifel begrabe ich hiermit. So, oh Lilith, nimm diese Gabe an, und lass mein Selbstbewusstsein Wurzeln fassen.«*

Dann vergräbst du den Apfel und gibst ihn so der Natur zurück. Du gibst damit deinen neuen Gedanken, deiner positiven Ausrichtung dir selbst gegenüber die Möglichkeit, Wurzeln zu fassen. Dies ist ein Prozess, bei dem du dich auch immer wieder selbst ermahnen musst, aber die erste Saat wurde von dir nun buchstäblich gesät. Du bist perfekt!

SCHWIERIGE ZAUBER

Wie versprochen kommen hier noch die angekündigten Zauber aus den Grundlagen, die aber doch wesentlich zu komplex für eine Junghexe sind. Bitte geh mit diesem Wissen vorsichtig um. Da ich aber möchte, dass du dieser Zauber irgendwann mächtig sein kannst, will ich sie dir nicht vorenthalten. Nur sammle bitte genügend Erfahrung, bevor du damit herumspielst, da du die Wesenheiten bei einem Misserfolg sehr, sehr wütend machen kannst.

Banishing Ritual

Fünf Parteien müssen an diesem Zauber teilnehmen. Das können vier andere Personen, vier Entitäten oder die vier Elemente neben dir selbst sein. Du entscheidest.

Zuallererst reinigst du energetisch den Ort (Cleansing), an dem du das Ritual durchführen willst. Dann ziehst du ein Pentakel als Schutzkreis (Kreis ziehen). Dann setzt du dich in die Mitte des Pentakels, ordnest kurz deine Energien und machst dann eine Anrufung für alle vier der fünf Zacken des Pentakels. Je nachdem, mit welchen Wesenheiten du arbeitest, kannst du zum Beispiel für die Wächter der Elemente je ein Element in einer Schale in eine der Zacken stellen. Oder die Leute, die anwesend sind, stellen sich auf diese Punkte. Sie sollten vorher mit dir im Kreis gewesen sein und nicht von außen eintreten. In die fünfte Zacke kommt die Darstellung der Entität, die du gefangen nehmen willst. Klassisch wäre zum Beispiel eine Puppe, in die du einen Zettel mit dem Namen oder zumindest der Kategorie der Entität stopfst, die du verbannen willst. Damit wird sie erzwungenermaßen anwesend sein müssen bei diesem Ritual. Du beschwörst sie damit. Stopf den Zettel hinein, und näh das Loch zu, bei jedem Nadelstich sprichst du:

> *»Du bist hier (Name oder Art einfügen), ich kann dich spüren, weil deine Energien in diese Puppe führen, mit jedem Stich binde ich dich daran, sodass deine Seele nicht mehr fortgehn kann.«*

Dann gehst du oder geht ihr die anderen klassischen Schritte eines magischen Rituals durch: Centering, mögliche Zutaten, die jetzt genutzt werden, dann Raising, und zu guter Letzt wird die Energie gechannelt. Du setzt damit einen letzten finalen Stoß, um die Entität aus deinem Radius hinauszukatapultieren. Das ist wortwörtlich ein harter, energetischer Angriff.

»Ich verbanne dich (Name oder Art einfügen) von diesem Ort, löse alle Anker, alle Wege zurück und schick dich fort. Dies ist nicht mehr der Ort für dein Verweil, und kommst du zurück, wird dich unsäglicher Schmerz ereil'n.«

Mit einer Schere zerschneidest du die Naht der Puppe beim letzten Wort des Zauberspruchs. Danach beendest du das Ritual, wie in der Nachbereitung beschrieben. Am besten lüftest du ordentlich durch und sprühst alles mit geheiligtem Wasser aus (Asperging).

Trapping

Du kannst rein theoretisch das eben beschriebene Banishing-Ritual anpassen, die Entität in der Puppe gefangen nehmen, den Zauber dann beenden und die Puppe weit, weit weg vergraben. Ansonsten gibt es hier noch eine andere Version. Bedenke, dass Trapping wirklich eine grausame Form sein kann, da du die Entität damit wirklich dauerhaft bestrafst. Außerdem solltest du wissen, dass dir dabei keine Fehler unterlaufen sollten. Das kann sonst unschön enden, wenn man eine Wesenheit so gegen sich aufbringt.

Eine Falle (*trap*) muss immer individuell für die entsprechende Wesenheit gestellt werden, dafür ist ein Flaschenzauber gut geeignet, Watte und geweihte Nägel, die hineingestopft werden, neben einem Zettel, der die Wesenheit ruft. Hierbei ist es jedoch keine Beschwörung, sondern eher eine Anrufung. Um die Entität anzulocken, braucht es natürlich ein entsprechendes Lockmittel, das können Früchte sein, ein beschriebenes Band mit Versprechungen, das beim Platzieren vorgelesen wird, oder alles, bei dem du dir sicher bist, dass es funktioniert.

Das kommt ins Fläschchen hinein. Dann lässt du den Raum, deine Flasche und die Entität darin allein und hoffst, dass sie anspringt. Von Natur aus sind die meisten Entitäten recht neugierig. Wenn die Entität dann mit der Falle interagiert, bleibt sie stecken. Wichtig ist, dass das Ganze wie eine Gabe statt wie eine Falle wirkt. Be smart. Immerhin gibt es auch bei Wesenheiten verschiedene Stufen von Bewusstsein, Intelligenz und Macht. Nicht umsonst habe ich dich gelehrt, vorab sicher zu wissen, womit oder mit wem du es zu tun hast und ob du dem gewachsen bist.

Woher weißt du, ob es geklappt hat? Wenn du den Raum betrittst, die Flasche berührst und dabei irgendein Gefühl bekommst, ist das ein sehr starker Indikator. In krassen Fällen kannst du sogar Wut und Empörung verspüren, wenn die Entität in der Flasche viel von diesen Energien abgibt. Es empfiehlt sich, Handschuhe zu tragen und keinen direkten Hautkontakt mit der Flasche mehr zu haben. Du weißt ja nie ...

Was machst du dann damit? Du kannst die Entität bei dir in der Nähe gefangen halten, was ich jedoch nicht empfehlen würde, oder weit, weit weg. Such dir einen Ort, an dem du die Flasche vergräbst. Wenn das dein Plan ist, dann solltest du die Flasche mit Wachs und Bändern so verschließen, dass sie sich besser niemals von allein öffnen kann. Du kannst sie rein theoretisch auch an dich binden und so unter Zwang zu einem Familiar machen, der dir fortan dient. Aber das ist Next-Level-Shit und grundsätzlich nichts, was ich moralisch vertrete. Dennoch möchte ich dir nicht vorenthalten, was es für Möglichkeiten geben könnte. Letztendlich bist du allein für dein Handeln verantwortlich, das wird und kann dir keiner abnehmen. Falls du das Wesen freilassen willst, macht es Sinn, es mit einem *No-Return*-Zauber zu versehen, sodass es sich dir und deinem Heim nie wieder nähern kann. Einfach um vor Racheplänen gesichert zu sein. Vorsicht ist besser als Nachsicht.

EIGENE ZAUBER ERSTELLEN

In diesem Buch hast du jetzt wirklich alle absoluten Grundlagen gelernt, die du kennen und anwenden können solltest. Jetzt heißt es nur noch üben. Und um deine eigenen Zauber zu erstellen, gebe ich dir hier eine Liste an Fragen und Antworten mit, die es für dich leichter macht, deine Magie individuell auf dich abzustimmen. Das Schöne an eigenen Zaubern gegenüber denen von Dritten ist, dass sie viel tiefer mit deinem energetischen Fingerabdruck verwoben sind. Sie kommen von dir und sind für dich. Noch passender wird es kaum werden. Alternativ kannst du natürlich auch mit Zaubern aus Büchern, dem Internet oder von anderen Hexen, mit denen du dich austauschst, arbeiten. Wichtig ist nur, dass sie sich richtig anfühlen, weil nur dieses Gefühl dir sagen kann, ob sie für dich auf der richtigen Schwingung sind. Und das ist ein Aspekt, der letztendlich entscheidend für den Erfolg deiner magischen Praxis ist.

Welchen Erfahrungsstand kannst du anwenden? Bist du erst am Anfang, schon recht erfahren oder im Laufe der Zeit irgendwann sogar schon sehr weise geworden? Danach solltest du die Komplexität deines Zaubers bestimmen. Je mehr Erfahrung du hast, desto ausschweifender und energetischer darf es werden, ansonsten halte es lieber reduziert und sicher. Um dies einzuschätzen, helfen dir die Stufen der Macht – siehe gleichnamiges Kapitel.

Was ist deine Intention? Was soll das Ziel des Zaubers sein? Deine Intention muss klar sein, damit du weißt, wie du mit dir und gegebenenfalls Zusatzmitteln, Werkzeugen und Utensilien arbeiten musst und welche du wählen solltest, um genau den gewünschten Effekt zu erzielen.

Welche Art von Zauber möchtest du anwenden? Wirkungszauber? Schadenszauber? Heilungszauber? Schutzzauber? Eine Verhexung? Gegenzauber? Es gibt so viele Kategorien, aus denen du wählen kannst, was maßgeblich von deiner Intention beeinflusst wird. Dennoch ist es gut, wenn du deinen Zauber auch definieren kannst, damit du weißt, was du da gerade wirken möchtest. Das gehört zum Lernprozess mit dazu, um nicht nur anzuwenden, sondern auch zu verstehen.

Wie willst du deine Magie wirken? Deine Intention zu setzen ist unabdingbar. Das kannst du in Stille in deinem Kopf tun, das kannst du dir in Zukunftsbildern erdenken, das kannst du visualisieren oder in Zauberworte verpacken, das kannst du singen, tanzen oder in einem Gemälde festhalten, aber egal wie, du musst klar und deutlich mit dem Universum kommunizieren, was du genau erreichen möchtest.

Wie willst du deinen Zauber aktivieren? Dafür hast du viele Möglichkeiten, vom klassischen Zauberwort oder Zauberspruch über Gesang bis hin zu bestimmten Bewegungen in Form von Kraftbewegungen, Tänzen oder bestimmten Handgesten, die auch Mudras genannt werden. Natürlich geht auch so etwas wie die Urkraft eines Orgasmus oder eine starke, abrufbare Emotion zum Aktivieren. Das ist ganz dir selbst überlassen. Jedoch sollte dein Ritual mit einem Knall enden, sodass du auch das Gefühl bekommst, deine Absicht wurde glasklar und verständlich in den Äther gesendet.

Diese Fragen bisher waren unabdingbar für deine magische Grundlage, nun kommen wir zu den Fragen, die etwas flexibler sind. Du kannst manche Fragen komplett außen vor lassen, wenn du nicht daran interessiert bist, diese Dinge einzubinden, ebenso wie du andere davon mehrfach einbinden kannst. Das ist ganz dir selbst überlassen.

Wo möchtest du deine Magie wirken? Ein geheiligter Raum, dein Altar, dein Arbeitsplatz, ein für dich sehr magischer Ort draußen in der Natur? Ist es ein geheiligter Ort, wie eine alte Stätte oder der Kraftort, der nur in deinem Geist existiert? Willst du dich dabei in eine bestimmte Richtung ausrichten? All diese Dinge beschreiben deine Positionierung und können entsprechend eingebunden werden.

Wann möchtest du Magie wirken? Diese Frage bezieht sich nicht nur auf den Tag, die Uhrzeit, die Planetenstellung, sondern auch auf deine physischen und psychischen Voraussetzungen. Direkt nach der Arbeit? Lieber an einem freien Tag? Schätze ein, wann es passt, ob du fit genug dafür bist, ob deine körperliche und geistige Verfassung es gerade zulässt und, wenn ja, wann genau am besten. Alle diese zeitlichen Faktoren spielen eine große Rolle. Die äußeren als auch die inneren.

Was soll dein Hauptmedium sein? Ob du Knotenmagie als Grundlage nutzt, Kerzenmagie oder die Macht der Worte, ist ganz allein dir überlassen. Es gibt unzählige Richtungen, die ein Hauptmedium als wichtigste Grundlage haben, um auf diesem aufzubauen. Es kann Sinn machen, sich dessen vorher bewusst zu sein, um das Vorgehen entsprechend durchdacht zu planen.

Mit welchem Verstärken möchtest du arbeiten? Du hast ein Meer an Möglichkeiten, Zutaten und Werkzeugen, aus denen du wählen kannst. Ob es dein Athame ist, ein Zauberstab, Kräuter, Kristalle, tierische Gegenstände, bestimmte Symbole oder doch ganz andere Dinge. Du entscheidest, was du dazunehmen möchtest, um die Energien zu verstärken. Mach dir nur vorher einen Plan, was passt, sinnvoll ist und auch einen echten Mehrwert für dein Anliegen mitbringt.

Mit wem möchtest du arbeiten? Von Göttern, Ahnen, Krafttieren, deinem Schutzgeist über die Wächter der Elemente bis hin zu deinen besten Freundinnen, die mitmachen wollen, ist alles möglich oder aber auch nichts davon. Du musst mit nichts und niemandem arbeiten. Du kannst dich auch nur auf dich selbst beziehen, das wäre vollkommen okay. Fühl dich nicht unter Druck gesetzt.

ZAUBERSPRÜCHE ENTWICKELN

Die meisten Hexen bauen ihre Zauber gern wie Gedichte auf, in den meisten Fällen gereimt, wenn das für ein Gedicht auch kein Zwang ist. Ich denke, das ist für uns Menschen wie Musik, der Wohlklang der Worte, die zusammen ein großes Ganzes ergeben, vollgefüllt mit Emotion und Energie. Allerdings ist das klingende, wohltuende Reimen eine eigene Kunst für sich. Worte zu finden und Reime darauf zu suchen mag zuerst einfach sein, aber allein darauf kommt es nun mal nicht an. Neben möglichst frischen und nicht schon tausendmal verwendeten Wörtern kommt es vor allem auf das Versmaß an. Es bestimmt den Rhythmus in einem Gedicht. Der Rhythmus wird maßgeblich von der Anzahl der Silben beeinflusst. Das bedeutet, für einen harmonischen Klang sollten alle Zeilen die gleiche Anzahl an Silben haben. Wobei du auch gut mit einem kurzen und einem langen Satz als Kombi arbeiten kannst. Aber als Daumenregel für den Anfang übt es sich mit gleicher Silbenanzahl am leichtesten. Generell ist aber für alle Texte die Betonung superwichtig. Wir schauen uns mal ein Beispiel mit unausgeglichenen Silben an und dann mit ausgeglichenen dann wirst du merken, was sich angenehmer lesen lässt:

Unharmonisch

»Ab sofort bist du blind für meine Sicht,
weil dieser Satz spricht,
deinen Fluch brech ich ohne großes Drama,
zurück bekommst du es von dem Karma!«

Harmonisch

»Ab sofort bist du blind für meine Sicht,
weil dieser Satz hier tief aus meiner Seele spricht,
deinen Fluch brech ich ohne großes Drama,
zurück bekommst du, was du verdienst, vom Karma!«

ACHTUNG

Wichtig ist auch deine Aussprache, der Singsang, den du dem Ganzen verleihst. Bei falscher Betonung kann das perfekteste Gedicht in seiner Harmonie zerstört werden. Also ist etwas Taktgefühl gefragt!

Chanting

Chanting ist eine magische Unterkategorie, bei welcher der Gesang genutzt wird, um Zauberworte wirken zu lassen. Entsprechend beschreibt dies im Grunde einen gesungenen Zauber. Dabei bedeutet Chanting nicht zwangsweise, dass es wohlklingend sein muss. Viele Urvölker haben ihre ganz eigene Form von Gesang, die für unsere Ohren erst mal merkwürdig klingen mag, aber eine ganz einzigartige Schwingung mit sich bringt, die bewusst durch Mark und Bein geht.

HEXIKA:
DAS MAGISCHE LEXIKON

Hier findest du eine Zusammenfassung vieler Begriffe, die auf dem Pfad der Hexerei häufig verwendet werden, was gerade am Anfang sehr verwirrend sein kann. Ich hätte mir so eine Übersicht damals gewünscht, darum mache ich dir damit das Leben nun etwas leichter. Hier kannst du immer nachschlagen.

ACHTUNG

Viele der folgenden Begriffe haben auch normale, alltägliche Bedeutungen. Ich beziehe mich hier ausschließlich auf die spirituelle und magische Auslegung.

A

Affirmation: Damit werden bestimmte positiv ausgerichtete Sätze oder Gedanken beschrieben, die durch Wiederholung und Konzentration darauf vom Bewusstsein ins Unterbewusstsein gelangen, um dort die energetische und gedankliche Ausrichtung zum Guten zu beeinflussen. Siehe auch *Subliminals.*

Ahnen: Die verstorbenen Verwandten deiner aktuellen Blutlinie aus diesem Leben.

Akasha: Siehe *Äther.*

Altar: Heiliger Arbeitsbereich einer Hexe, der jederzeit energetisch rein gehalten wird.

Amulett: Ein Objekt jedweder Art, das Glück bringen soll. Amulette werden zum Schutz getragen und mit entsprechenden Zaubern belegt oder mit Energien geladen. Es ist ein defensiv wirkender magischer Gegenstand.

Anderswelt: Beschreibt die feinstoffliche Welt und hat in verschiedenen Kulturen unterschiedliche Namen, unter anderem Astralwelt oder astrale Ebene. Aber auch die Konzepte von Himmel, Hölle und Jenseits sind in den unterschiedlichsten Ausführungen dort mit inbegriffen.

Anrufung: Wird auf Englisch auch *Calling* oder *Summoning* genannt. Hierbei handelt es sich um eine Bitte an eine *Entität* aufzutauchen, zu kommunizieren oder Hilfestellung zu bieten. Siehe im Unterschied dazu *Beschwörung.*

Archetyp: Beschreibt eine Figur in einem klassischen Sinne, die in der Gesellschaft als Charaktertypus durch Geschichten, Filme, Erfahrungen und Normen geprägt wurde.

Artefakt: Ein Objekt, das mit einem Zauber belegt ist.

Asperging: Geheiligtes Wasser, das zur Tiefenreinigung *(Purification)* genutzt wird.

Astralkörper: Wird auch *Astralleib* oder *Astralhülle* genannt und beschreibt eine nicht sichtbare feinstoffliche Hülle, welche die Seele umgibt und zusammenhält. Durch ihn ist eine *Astralreise* möglich.

Astralreise: Beschreibt den Zustand, wenn die Seele den fleischlichen Körper verlässt, um mit dem *Astralkörper* in der astralen Ebene umherzureisen.
Athame: Ein geheiligter Ritualdolch.
Äther: Ein weiteres Wort für *Universum, Akasha* oder *Kosmos*, das auch das fünfte Element in der Hexenkunst beschreibt.
Auge machen: Siehe *böser Blick.*
Aura: Feinstoffliche, energetische Hülle, die jedes Lebewesen besitzt.
Aurawasser: *Mondwasser*, das mithilfe von *Kristallen* noch zusätzlich geladen wird.

B

Banishing: Zu Deutsch *Verbannung*, beschreibt das Verbannen und Entfernen von Entitäten. Kann aber auch auf Personen und Eigenschaften bezogen sein.
Bellarmine: Der Bartmannskrug, eine der Urformen der heutigen *Hexenflasche*, auch *Hexenglas* oder *Spell Jar* genannt. Schon seit Jahrhunderten nutzen Menschen Gefäße, um damit Zauber zu wirken, zu schützen, zu schaden oder eine schadhafte Entität darin gefangen zu nehmen.
Beschwörung: Auf Englisch auch *conjuring* genannt, bezeichnet den Zwang einer *Entität*, bei einem Ritual zu erscheinen, Kontakt aufzunehmen oder Hilfestellung zu leisten. Siehe im Unterschied dazu *Anrufung.*
Besom: Ein größerer Besen, der im Deutschen als Reisigbesen bekannt ist und aus verschiedensten Ästen gebunden sein kann, um Energien in Wohnräumen zu zerstreuen und aufzulockern.
Bezauberung: Der englische Begriff dafür ist *bewitched*, wobei dieser auch oft allgemein genutzt wird, um einen Zauber auf etwas oder jemanden zu beschreiben. Eine Bezauberung ist der Fachbegriff dafür, wenn Gegenstände mit einem Zauber belegt werden. Nicht zu verwechseln mit *Verzauberung.*
Big 3: Beschreibt in der Astrologie die drei großen Hauptzeichen deines *Geburtshoroskops*, die dein Sonnenzeichen, deinen Aszendenten und dein Mondzeichen beinhalten.
Boline: Eine kleine Sichel zum Schneiden von Kräutern, Pilzen und profanen Dingen, genutzt beim magischen Vorbereiten.
Book of Shadows: Siehe *Buch der Schatten.*
böser Blick: Energetisch starker, abschätziger Blick. Zumeist geprägt durch Missgunst, Neid, Wut oder Ekel. Wird auch als *Auge machen* oder *Evil Eye* bezeichnet. Kann bewusst oder unbewusst ausgesendet werden.
Brujería: Die spanische Bezeichnung der Hexerei, die von lateinamerikanischen und afrokaribischen Kulturen geprägt ist.
Buch der Schatten: Beschreibt ein Buch, das eine Hexe führt, um allerlei magische Dinge darin festzuhalten. Wird auch als *Grimoire* oder *Book of Shadows* bezeichnet.
Burin: Ein Grabstichel, der zum Gravieren von Gegenständen in der Magie genutzt werden kann.

C

Centering: Zu Deutsch »Zentrierung«, bezeichnet die Ausrichtung und Ordnung deiner Energien in dir selbst.
Chakra: Eine asiatisch geprägte Vorstellung von Energiezentren im Körper, die blockiert oder im Fluss sein können.

Chalice: Siehe *Kelch.*

Channeling: Beschreibt die Kontaktaufnahme zu einem Anderswesen aus der *Anderswelt*, um dann eine Botschaft zu empfangen. Diese wird dann gechannelt.

Channeln: Dies bedeutet zu Deutsch »ausrichten« oder »kanalisieren«. Wenn etwas gechannelt wird oder man channelt, dann kanalisiert man eine Nachricht einer *Entität* aus der *Anderswelt,* oder man richtet die Energien aus, die man zuvor erhöht *(Raising)* und zentriert *(Centering)* hat.

Chanting: Eine Form von Gesang, die als Zauber eingesetzt wird.

Charging: Zu Deutsch »aufladen«, beschreibt den Vorgang, wenn auf feinstofflicher Ebene etwas aufgeladen wird (»*to charge*«).

Cleansing: Beschreibt die einfachste Form der energetischen Reinigung.

D

Dämon: Eine negativ konnotierte Entität, die aus christlicher Sicht mit der Höllenwelt in Verbindung steht. Im Ursprung jedoch steht das Wort für eine mahnende Stimme.

Devine Femine: Beschreibt die vollumfängliche Weiblichkeit, mit der eine Frau ins Reine kommen sollte. Ein Teil davon ist die Dark Devine Femine, in der sich auch die weibliche Wut, das Generationstrauma der Frauen befindet und andere feminine *Schattenaspekte*, die aufgearbeitet werden sollten, um alle Teile in sich zusammenzuführen und im Ganzen nutzen zu können.

Divination: Siehe *Weissagung.*

Dreifaltigkeit: Beschreibt eine Triade, die in allem vorkommen kann. Wird auch als Trinity bezeichnet und findet sich in der dreifaltigen Göttin wieder, zum Beispiel in Hekate aus der griechischen Mythologie.

Drittes Auge: Ein Konzept, das bis ins alte Ägypten zurückzuverfolgen ist und von einem eigentlich imaginären, inneren dritten Auge spricht, das mehr sieht, als mit den physischen Augen möglich ist.

Druide: Höchster Stand der alten Kelten. Sie galten als Gelehrte, magisch Bewanderte und Priester in einem.

Dualität: Zwei Gegensätze, die einander ergänzen.

Dualseele: Siehe *Zwillingsseele.*

E

Elementarwesen: Auch als Elementargeister bezeichnet, es sind *Entitäten*, die den vier klassischen Elementen zugeordnet werden können.

Elemente: Dabei sind in der Magie oftmals vor allem Feuer, Wasser, Erde und Luft gemeint, es können aber auch andere Elemente eine Rolle spielen.

Elixier: Beschreibt in der Hexerei einen magischen Trank, ähnlich wie ein Zaubertrank, der aber in seiner Reinheit und Wirkung wesentlich stärker ist. Wie eine Essenz davon.

Energie: Wird auch oft mit anderen Begriffen wie Frequenz, Schwingung oder Vibration beschrieben. Gemeint ist eine feinstoffliche Ebene, die wissenschaftlich bisher nicht nachweisbar ist. Wenn wir von niedrigen Schwingungen, Vibrationen, Frequenzen oder negativer Energie reden, dann sind damit immer blockierte, festgefahrene oder erdrückend wirkende Strukturen gemeint – diese entstammen den miasmischen Anhaftungen oder Zuständen. Wird das *Miasma* behoben, fühlt sich alles ausgeglichen an. Geht man sogar einen Schritt weiter und erhöht die Energien, Frequenzen, Vibrationen oder Schwingungen, kann dies beflügelnd und energetisierend wirken. Manchmal kann es aber auch erschlagen oder müde machen. Dies nennt man dann einen *magischen Kater*.

Engelszahlen: Zahlenkombinationen, über die vor allem dein Geburts-Schutzgeist versucht, mit dir zu kommunizieren.

Entität: Ein Überbegriff für alle Wesen, die in der feinstofflichen Ebene existieren.

Epiphanie: Bezeichnet die Begegnung mit einer Gottheit oder anderen *Entität* in Kombination mit einer Selbstoffenbarung.

Enklave: Ein Gebäude oder Ort, der mit einem Zauber belegt ist.

Equinox: Tagundnachtgleiche, die es zum Herbst- und zum Frühlingsanfang gibt.

Erhaltungszauber: Sie sollen stärken und erhalten, was schon vorhanden ist, ziehen aber keine veränderlichen Energien an. Im Kontrast dazu stehen die *Wirkungszauber*.

Erhöhung: Siehe *Raising*.

Erleuchtung: Beschreibt eine Erfahrung, die über das alltägliche Verständnis hinausgeht und eine dauerhafte Wahrheit beinhaltet, die das Lebens stark verändert.

Erwachen: Siehe *spirituelles Erwachen*.

Esbat: Dies sind Vollmondrituale und eine Zeit, in der sich die *Hexenzirkel* treffen, um gemeinsam praktische Magie auszuüben.

F

Familiar: Kann zu Deutsch als Vertrauter bezeichnet werden, wird aber zumeist mit dem englischen Begriff benannt. Wenn Hexen von einem Familiar reden, beschreiben sie damit einen magischen Begleiter nicht menschlicher Natur. Bei einem tierischen Familiar kann dies unter anderem ein real existierendes Tier beschreiben, während es bei einem dämonischen wiederum ein feinstoffliches Wesen definiert.

Feenring: Diese werden auch als Hexenring, Albenring oder Elfenring bezeichnet und beschreiben einen natürlich gewachsenen Ring aus Pilzen in der Natur.

Feng-Shui: Ist eine chinesische Lehre der energetischen Anordnung von Mobiliar in Wohnräumen.

Fülle: Wenn von »in die Fülle kommen« gesprochen wird, ist damit zumeist gemeint, sein volles Potenzial zu entfalten und alte Lasten aufzuarbeiten und loszulassen. Siehe auch *Vollumfänglichkeit*.

Futhark: Germanische Runen, die einen magischen Kosmos in sich tragen.

G

Gabe: Beschreibt eine Prädestinierung, Fähigkeit oder ein Talent, das sich mit Liebe und Hingabe gut ausbauen lässt.

Ganzheit: Siehe *Vollumfänglichkeit*.

Geburtshoroskop: Ein Abbild der Planeten und Sterne, wie sie zum Zeitpunkt und Ort deiner Geburt standen.

Gegenzauber: Ein Gegenzauber ist eine Reaktion auf einen Zauber, der an einen Menschen gesandt wurde. Entweder neutralisierst du den Zauber und startest einen Gegenangriff, was dann aber unter schwarze Magie fallen würde, oder du lenkst den Angriff direkt zum Angreifer um. Dies nennt man dann einen Gegenzauber. Im Englischen als *Return-to-sender* bekannt.

geheiligter Raum: Ein heiliger Raum, Ort oder Bereich, der energetisch rein gehalten wird, damit man dort magisch arbeiten kann.

Geistführer: Ein geistiger Führer, der in der Astralwelt auf dich trifft, dich fortan durch diese Welt begleitet und Lernaufgaben für dich bereithält.

Gesetz der Anziehung: Auch als *LoA* oder *Law of Attraction* bekannt, beschreibt es das Konzept, dass man das anzieht, was man gedanklich und energetisch aussendet.

Glücksbringer: Im Englischen auch als *Charm* bekannt, was sich im Deutschen auch etwas eingebürgert hat. Hiermit werden Objekte jedweder Art beschrieben, denen eine glücksbringende Wirkung zugeschrieben wird. Natürlich können Objekte mit Magie auch aktiv zu Glücksbringern gemacht werden. Es handelt sich dann um einen aktiv wirkenden magischen Gegenstand.

Götze: Figuratives Abbild einer Gottheit oder Entität, auch Götzenfigur genannt.

graue Magie: Beschreibt jede Form von Magie, die weder selbstlos noch schädlich ist. Wird auch *Neutralmagie* genannt.

Grimoire: Siehe *Buch der Schatten.*

Grounding: Auch als Erden oder *Earthing* bezeichnet, beschreibt dies das Abgeben überschüssiger Energien an Mutter Natur oder wortwörtlich an die Erde.

H

Heidentum: Beschreibt aus der christlichen Sicht alle Religionen, die nicht monotheistisch sind, folglich also einen Vielgötterglauben haben. Dies nennt man auch Polytheismus. Der englische Begriff für das Heidentum ist *Paganism* und die Anhänger nennt man Heiden oder Pagan.

Heilsteine: Die bekannten und beliebten Kristalle, die eine magische Kraft entfalten können.

Herunterziehen: Beschreibt, dass die Energien von etwas von oben in den Zauber heruntergezogen werden. Am häufigsten wird der Begriff im Kontext des Mondes verwendet: »den Mond herunterziehen«, im Englischen bekannt als *drawing down the moon.*

Hexenzirkel: Beschreibt in der hexischen Community eine Zusammenkunft von Hexen, die sich auf gemeinsame Regeln in ihrer Gruppe geeignet haben und regelmäßig gemeinsam Magie wirken. Der englische Begriff lautet *Coven.*

Hieroglyphen: Sind die zeichnerischen Schriftzeichen der alten Ägypter.

High Magick: Wird im englischen Sprachgebrauch oftmals fälschlicherweise als Begriff zur Kategorisierung von weißer Magie verwendet, beschreibt aber eigentlich das Konzept der *Hochmagie*, da *High Magick* übersetzt auch genau dies bedeutet.

Hochmagie: Beschreibt die höchste und aufwendigste Form der Magie, welche die größte Macht in sich trägt, und auch mehrere Personen, welche die Energien für das Ritual zusammenbringen, voraussetzt. Weitere Begriffe dafür sind hohe Magie, High Magick, zeremonielle Magie, Zeremonialmagie, aber auch rituelle Magie und Ritualmagie. Die letzten beiden Begriffe sind sehr ungenau, da grundsätzlich fast jeder Zauber durch ein Ritual erwirkt wird.

Hoodoo: Beschreibt eine Lehre der magischen Praktik, die durch die afroamerikanische Bevölkerung geprägt wurde. Dabei handelt es sich jedoch um Volksmagie, die im Alltag ohne strikte Abläufe oder Dogmen vom normalen Volk durchgeführt wird. Siehe im Unterschied dazu *Voodoo*.

I

Ikone: Siehe *Götze*.

Impuls: Beschreibt eine Anregung oder einen (gedanklichen) Anstoß, den man wahrnehmen sollte, um ihm nachzugehen und so dorthin zu gelangen, wo man sein muss, um das zu erreichen, was man sich wünscht.

Inkarnation: Beschreibt das Konzept der Wiedergeburt in der spirituellen Szene, da die Seele als unzerstörbar angesehen werden kann. Der Begriff kann aber auch die Menschwerdung eines göttlichen Wesens beschreiben.

Intention: Beschreibt das finale Ziel einer Aktion, eines Wunsches, Zaubers oder einer Manifestation. Es ist auch das, wofür man einen Zauber wirkt.

Intuition: Beschreibt die Fähigkeit, Dinge zu erspüren und auch auf nicht rein evaluierten Fakten gut einschätzen zu können. Begriffe, die dafür ebenso gerne verwendet werden, sind Bauchgefühl, sechster Sinn, Vorahnung oder Instinkt. Wenn jemand Dinge gut vorausfühlen kann und meistens damit richtigliegt, nennt man dies Hellfühlen oder siebter Sinn. Wenn jemand im Hier und Jetzt überdurchschnittlich viel mitbekommt und dauerhaft sehr aufmerksam ist, ohne dies auf natürliche Weise ausblenden zu können, nennt man dies Hochsensibilität.

J

Jahresrad: Auch Rad des Jahres oder auf Englisch *Wheel oft he Year* genannt, bezeichnet die acht Feste, die von Heiden und magisch Praktizierenden klassischerweise über das Jahr hinweg gefeiert werden.

Jinn: Wird auch als Dschinn bezeichnet und ist je nach Kultur ein Dämon, eine Schutzgottheit oder eine Art Geist.

Justitia: Göttin der Gerechtigkeit. »Gerechtigkeit« heißt im Englischen *justice*, was eine Namensverwandtschaft nahelegt.

K

Kabbalah: Auch als Kabbala, Quabbalah, Qabalah bekannt, handelt es sich hierbei um eine mystische Lehre aus dem Judentum, die hauptsächlich durch Lehrer und in codierten Schriften weitergegeben wurde.

Karma: Karma wird oft missverstanden und beschreibt eigentlich, dass auf jede Aktion eine Reaktion folgt. Das sagt aber nicht, dass jede schlechte Aktion eine schlechte Reaktion als Konsequenz nach sich ziehen muss. Begriffe, die damit in Verbindung stehen, sind *karmische Verbindung* und karmischer Partner.

karmische Verbindung: Wird auch als karmische Partner bezeichnet und beschreibt eine Form von Verbindung, die durch eine zumeist schmerzhafte Lehre aufgelöst werden kann, sodass sie nicht mit ins nächste Leben genommen wird.

Kelch: Magisches Gefäß auf dem Altar, das Flüssigkeiten halten kann.

Kerzenmagie: Eine Form von Magie, bei der Kerzen, die man anzündet, das Hauptmedium sind.

Kismet: Ein anderes Wort für Schicksal.

Knotenmagie: Eine Form von Magie, bei der Bänder, die man knotet, das Hauptmedium sind.

Kraftbewegung: Auf Englisch *Power Move*, eine kraftvolle Bewegung, die du nutzt, um deinen Zauber zu aktivieren oder Tage später zu reaktivieren und dich an dessen Ausrichtung zu erinnern.

Kraftort: Auf Englisch *Power Place*, ein realer oder imaginärer Ort, an dem du Kraft tankst und dich ebenso für magische Praktiken zurückziehen kannst.

Krafttier: Auf Englisch auch als *Power Animal* bekannt, offenbart sich dieses Tier zumeist in schwierigen Situationen, wenn du an etwas erinnert werden sollst oder etwas lernen musst. Die Offenbarung kann durch Zeichen auf physischer oder imaginärer Ebene passieren.

Kraftwort: Auf Englisch *Power Word* genannt, ein starkes Wort, das du nutzt, um deinen Zauber zu aktivieren oder Tage später zu reaktivieren und dich an dessen Ausrichtung zu erinnern.

Kreis werfen: Auch als »Kreis ziehen« bezeichnet, zu Englisch als *to cast a circle* bekannt. Dabei handelt es sich um das Erstellen eines Schutzkreises für einen Zauber, ein Channeling, eine Kontaktaufnahme, eine Ouija-Board-Session und etwaige andere Rituale oder Zeremonien.

Kristalle: siehe *Heilsteine*.

kulturelle Aneignung: Im Englischen als *cultural appropriation* bekannt, beschreibt die unrechtmäßige Aneignung und respektlose Übernahme von kulturellen Merkmalen durch Dritte, die der entsprechenden Kultur nicht angehören.

L

Law of Attraction: Kurz LoA, siehe auch *Gesetz der Anziehung.*

linker Pfad: Wird oft verwendet, um damit schwarze Magie zu beschreiben, ist jedoch inkorrekt, da damit eigentlich alle mystischen, magischen oder okkulten Glaubensrichtungen bezeichnet werden. Diese stehen dem traditionellen und somit »rechten« Glauben gegenüber. Wird auch als Pfad zur linken Hand, *Left-Hand Path* oder kurz LHP bezeichnet. Siehe auch *rechter Pfad.*

Low Magick: Wird im englischen Sprachgebrauch oftmals fälschlicherweise als Begriff zur Kategorisierung von schwarzer Magie verwendet, beschreibt aber eigentlich das Konzept von *Volksmagie*, da *Low Magick* übersetzt »niedere Magie« bedeutet.

luzides Träumen: Bewusstes Träumen, bei dem du aktiv bestimmen kannst, was passiert.

M

magische Werkzeugkiste: Ein geflügeltes Wort für alle magischen Werkzeuge, die zur Vollausstattung eines Altars gehören.

magischer Kater: Wenn man viel mit Energien arbeitet, diese erhöht, zentriert und ausrichtet, fühlt man sich danach oder am Folgetag manchmal sehr schlaff. Oftmals fühlt man auch einen Druck in der Mitte der Stirn, wo das Dritte Auge verortet wird. Das ist dann ein magischer Kater. Keine Sorge, der geht wieder weg.

Manifestation: Die grundlegendste Form der energetischen Arbeit zur Ausrichtung der eigenen Energien.

Mantra: Eine stetige Wiederholung von Worten oder Sätzen. Im asiatischen Raum aber allgemein auch der Ausspruch einer magischen Formel. Oftmals ist ein Mantra nur einziges Wort, wie das »OM«.

Meister: Persönlich mag ich den Begriff überhaupt nicht, aber manche bezeichnen so ihre hexischen Lehrmeister oder Mentoren, die sie anweisen oder ausbilden. Ich finde es etwas albern und zu hierarchisch, vor allem weil wir hier über einen spirituellen Kontext reden.

Meridiane: Aus dem asiatischen Raum, beschreibt energetische Bahnen im Körper, welche die Energiezentren miteinander verbinden.

Miasma: Eine bestimmte Form der emotionalen, weltlichen oder spirituellen Verschmutzung, die sich auf negative Weise auswirkt und bemerkbar macht. Miasmische Anhaftungen und Zustände sind zwar normal, sollten aber regelmäßig bewusst entfernt werden, damit keine Blockaden oder Staus entstehen.

Mojo-Beutel: Sachets oder Zauberbeutel, die mit Zutaten zum magischen Wirken gefüllt werden.

Mondwasser: Das Laden von Wasser während einer bestimmten, selbst gewählten Mondphase, um die entsprechenden Attribute darin zu speichern.

Monotheismus: Eine Religion, in der man nur an einen Gott glaubt beziehungsweise nur einen bestimmten ehren darf.

Mystizismus: Beschreibt eine Weltanschauung aus dem Blickwinkel der feinstofflichen Annahme der Welt ohne rationale Begründungen.

N

Naturgeister: Werden auch als Fabelwesen, mythische Kreaturen oder *Entitäten* bezeichnet.

Nazar: Stammt aus der arabischen Kultur und ist ein Auge, das den *bösen Blick* fernhalten soll.

Nekromantie: Im Englischen unter *Necromancy* bekannt, es ist die Praxis, mit den Toten zu arbeiten. Sie umfasst den ganzen Bereich der Arbeit mit Seelen, dem Tod, der Aufarbeitung und Heilung. Nekromanten sind Schattenarbeiter und leisten einen wichtigen Beitrag zum kosmischen Gleichgewicht.

Neopaganismus: Wird auch als Neuheidentum bezeichnet und beschreibt die massiven neuen Ströme der alten Religionen *(Heidentum)* im modernen Kontext seit dem 19. Jahrhundert.

Neutralmagie: Siehe *graue Magie*.

New Age: Damit werden seit dem 20. Jahrhundert diverse neue Strömungen in der Esoterik bezeichnet, die oft nicht so positiv betrachtet werden.

Nirwana: Beschreibt im Buddhismus das erstrebenswerte Endziel der ewigen Ruhe.

O

Ogham: Auch Ogam genannt, ist der Name einer irländischen Schrift, die vom 5. bis zum 7. Jahrhundert genutzt wurde, um kurze Texte zu schreiben und Grabsteine zu beschriften.

Okkultismus: Beschreibt die allgemeine Lehre von unerklärlichen und übernatürlichen Konzepten und Erscheinungen.

Omen: Beschreibt ein Vorzeichen für eine aufkommende Situation, ein Omen kann positiv oder negativ sein.

Opfergabe: Wird auch als Opfergericht bezeichnet und beschreibt eine bestimmte Sache, die man einer Entität oder Gottheit opfert. Dies sind zumeist Speis oder Trank, es kann aber grundsätzlich alles sein, das passt oder gefordert wird.

Quija Board: Wird auch als Hexenbrett, Geisterbrett oder Gläserrücken bezeichnet. Dient als Kommunikationsmittel zur Anderswelt, bei der ein Portal geöffnet wird, weswegen ohne Vorerfahrung davon oftmals abgeraten wird.

P

Polytheismus: Alle Religionen, bei denen an mehr als einen Gott geglaubt wird.

profan: Beschreibt etwas Weltliches, Alltägliches, nicht Heiliges und steht im Gegensatz zum Sakralen. Siehe *sakral*.

Prophezeiung: Ist ein anderer Begriff für *Weissagung* und bezieht sich auf die Voraussicht zukünftiger Ereignisse.

Purification: Beschreibt eine Form der Tiefenreinigung, die wesentlich intensiver und stärker ist als einfaches *Cleansing*.

Q

Qabalah: Siehe *Kabbalah*.

Qi: Wird auch als Chi, Ki oder Qi bezeichnet. Der Begriff stammt aus dem Daoismus und ist ein wichtiges Konzept in der Traditionellen Chinesischen Medizin (TCM). Dabei ist Qi die natürliche Kraft, die das Universum füllt. Ähnlich unserem *Äther* also.

R

Raising: Ins Deutsche als »Erhöhung« übersetzbar. Es geht darum, Energien in eine höhere, hilfreiche Stufe zu ziehen, indem wir uns auf sie konzentrieren, genau das visualisieren und gern mit entsprechenden Bewegungen nachahmen.

rechter Pfad: Wird oft verwendet, um weiße Magie zu beschreiben, das ist jedoch inkorrekt, da damit eigentlich alle traditionellen und somit »rechten« Glauben gemeint sind. Dem gegenüber steht der »linke« Glauben mit allen mystischen, magischen oder okkulten Traditionen. Wird auch als Pfad zur rechten Hand, *Right-Hand Path* oder kurz RHP bezeichnet. Siehe auch *linker Pfad*.

Relikt: Beschreibt im deutschen Sprachgebrauch ein Überbleibsel aus vergangener Zeit. Im magischen Kontext jedwedes Objekt, das bezaubert wurde.

Resonanz: Wenn man mit etwas in Resonanz geht, ist damit gemeint, dass man energetisch auf dem gleichen Level schwingt. Wenn davon gesprochen wird, eine Resonanz zu erhalten, ist damit eine Wirkung oder Reaktion auf die eigene Aktionsenergie gemeint.

Return-to-sender: Zu Deutsch »Zurück-an-den-Absender«. Beschreibt Zauber, bei denen man Angriffe zurücksendet. Siehe *Gegenzauber*.

Ritual: Beschreibt einen festen Ablauf von Tätigkeiten.

Runen: Siehe *Futhark*.

S

Sabbat: Der Wicca-Jahreskreis, der auch als *Jahresrad* bezeichnet wird, hat acht jahreszeitliche Festtage geprägt, die als Sabbat zelebriert werden. Diese können ohne Religionszugehörigkeit der Wicca gefeiert werden und haben so für fast alle Hexen eine wichtige Bedeutung.

sakral: Beschreibt etwas Heiliges, Geheiligtes oder Göttliches und steht im Gegensatz zum Profanen. Siehe *profan*.

Santería: Hierbei handelt es sich um eine synkretistische, afroamerikanische Vielgötterreligion. Diese beinhaltet magische Praktiken.

Schadensmagie: Siehe *schwarze Magie*.

Schamane: Der Begriff kommt aus der tungusischen Kultur und beschreibt einen Menschen, der Heiler, Priester und magisch Praktizierender ist und mit der Anderswelt in Kontakt steht. Der Begriff ist in der nordischen und der afrikanischen Magie am stärksten bekannt.

Schamanismus: Beschreibt alle Glaubensrichtungen, in denen Schamanen eine tragende Rolle spielen.

Schattenarbeit: Ist nach C. G Jung die Arbeit an deinen Schattenaspekten, um dir deiner selbst im Vollspektrum bewusst zu werden und so Selbstsabotage zu minimieren und dich zu optimieren.

Schattenaspekte: Bezieht sich auf alle Anteile einer Person, Gesellschaft oder eines Konzepts, die sich negativ auswirken können und möglichst im Dunkeln gelassen werden.

Schleier: Der energetische Wall, der unsere weltliche Ebene von der Anderswelt trennt.

Schrein: Heiliger Ort zur Ehrung von Gottheiten oder anderen *Entitäten*.

Schutzfluch: Ein Schutzfluch ist vergleichbar mit einer Falle, in die jemand nur tritt, wenn er vorhat, dir zu schaden. Es fällt also unter die Kategorie *graue Magie*. Der Fluch wird nur aktiviert, wenn eine Person dich angreift und dabei versucht, deinen Schutz zu durchbrechen.

Schutzkreis: Dient als Schutz, um bei einem Ritual nicht von äußeren Energien beeinflusst zu werden. Gleichermaßen ist er auch ein Auffangbecken, um die Energie beisammenzuhalten. Wird etwas darin beschworen oder angerufen, wird es in dem Schutzkreis gehalten. Siehe auch *Siegel*.

schwarze Magie: Definiert jede Form von Magie, deren Intention schadhaft, manipulativ, moralisch verwerflich und selbstsüchtig auf Kosten von anderen ist. Wird auch *Schadensmagie* genannt.

Seele: Jeder von uns hat eine Seele, sie ist der spirituelle feinstoffliche Kern deiner selbst. Sie wird im *Astralkörper* gehalten.

Seelenanteil: siehe *Seelenaspekt*.

Seelenaspekt: Von diesen ist oft die Rede, wenn ein Trauma stattgefunden hat, bei dem sich Seelenaspekte, auch Seelenanteile genannt, abgespalten haben, die wieder in die Ganzheit der Seele zurückgeführt werden müssen.

Seelenpartner: Beschreibt die Ähnlichkeit einer Seele zu deiner eigenen, die du in einem anderen Menschen erkennst, wodurch ihr euch auf Anhieb super versteht.

Seelentier: Ist die animalische Form deiner Seele auf feinstofflicher Ebene.

Seelenvertrag: Ist in der spirituellen Szene die Annahme, dass jedes Lebewesen vor seiner *Wiedergeburt* einen festen Fahrplan für sein darauffolgendes Leben hat, mit bestimmten Geschehnissen, die passieren müssen, da sie zuvor so geplant wurden.

Shielding: zu Deutsch »Abschirmung«, beschreibt das magische Konzept, einen energetischen Schutzschild um deine Aura herum zu errichten.

Shifting: Dieser Begriff bezieht sich auf die Fähigkeit des Shiftens, ein Konzept, in dem angenommen wird, dass man durch bestimmte Abläufe zwischen den einzelnen Ebenen des Multiversums wechseln kann.

sich selbst erfüllende Prophezeiung: Wenn man sich so sehr auf etwas konzentriert oder etwas so sehr fürchtet, dass man es dadurch erst auslöst oder geschehen lässt.

Siegel: Beschreibt eigentlich ein Zeichen, das beim Auftragen etwas versiegelt und einen Wiedererkennungswert des Absenders darstellt. Im magischen Aspekt sind damit aber auch Symbole gemeint, die oftmals von einem Kreis umrandet sind und einen magischen Mehrwert haben. Es gibt auch Siegel, die Entitäten anrufen (siehe *Anrufung*) oder beschwören (siehe *Beschwörung*) können. Ein *Schutzkreis* kann auch als Siegel betrachtet werden, da er einen energetischen Container darstellt.

Sigille: Sigillen, die durch Sigillenmagie entstehen, sind eine bestimmte Form von symbolischer Magie, die mit der Abstrahierung von geschriebenen Wörtern oder Sätzen arbeitet. Diese werden dann in Zeichen umgewandelt und müssen schließlich noch aktiviert werden, um ihre magische Wirkung zu entfalten.

Smudging: Eine spezielle Form der Tiefenreinigung, die von den Ureinwohnern Amerikas praktiziert wird.

Spell Jar: siehe *Bellarmine.*

Spell: Englisches Wort für *Zauber.*

Spirit Guide: Im Deutschen bekannt als Schutzgeist, wobei in der Regel der Geburts-Schutzgeist einer Person gemeint ist. Oft auch als Schutzengel bezeichnet.

Spirits: Anderes Wort für Geister.

Spiritualität: Der Begriff beschreibt eine geistige Ebene, auf der man sich von materiellen und dogmatischen Glaubenssätzen löst. Zudem beschreibt es die Erfahrung und das Erleben einer nicht fassbaren, nicht rein rationalen Realität. Somit ist der Begriff ein großer Überbegriff für alle möglichen Pfade, einschließlich der Hexerei.

spirituelles Erwachen: Beschreibt eine tiefergehende Erweckung, die einen über den Tellerrand hinausblicken lässt. Ähnlich der Erleuchtung, was im Buddhismus die Endform darstellt. Das erste Erwachen ist meistens das prägendste, du kannst aber mehrere erleben.

Subliminals: Akustisch aufgenommene positive Affirmationen, die so leise abgespielt werden, dass du sie kaum wahrnimmst, sodass sie in deinem Unterbewusstsein wirken können.

Symbol: Ein magisches Zeichen jedweder Art.

T

Talisman: Ein tragbares Objekt jeder Art, das schützt, heilt, Glück bringt oder den Träger vor Schaden bewahren soll. Es ist entsprechend mit einem Zauber belegt. Es kann sich dabei um einen aktiv oder auch defensiv wirkenden magischen Gegenstand handeln.

Three-fold Law: Wird auch die *Law of Three*, *Rule of Three*, *Law of Return* oder Dreierregel genannt. Basiert auf einem Grundsatz aus der Religion der Wicca, der so viel sagt wie: Alles, was du aussendest, kehrt dreimal zu dir zurück. Damit sollen gerade Junghexen vor schwarzer Magie gewarnt werden.

Tiergeistführer: Gleicht einem *Geistführer*, aber in einer tierischen Version.

Totemtier: Diese stammen aus der Kultur der Ureinwohner Amerikas und werden bei der Geburt und durch die Ahnen und den Clan bestimmt.

Trance: Damit wird ein veränderter Bewusstseinszustand beschrieben, der mit Drogen oder körperlichen Aktivitäten erzeugt werden kann.

U

Universum: Kann das physikalische Universum beschreiben, das um uns herum existiert, beschreibt in der Spiritualität aber die *Vollumfänglichkeit* von allem. Wird auch als *Akasha* oder Kosmos bezeichnet. Siehe *Äther*.

V

Verbannung: Siehe *Banishing*.

Verfluchung: Ist im Englischen als *Curse* bekannt und wird auch als Fluch bezeichnet. Dies ist nach der Verwünschung und Verhexung die härteste Form der schwarzen Magie. Sie erzeugt massiven Schaden und löst sich nicht von selbst auf, sondern muss gelöst werden. Sie kann auch an weitere Generationen übertragen werden. Siehe auch *Verwünschung* und *Verhexung*.

Verhexung: Ist im Englischen als *Hex* bekannt und beschreibt die nächsthärtere Form der schwarzen Magie nach einer *Verwünschung*. Verhexungen werden genutzt, um das Opfer in eine brenzliche Situation zu bringen. Eine Verhexung hält nicht ewig an, sondern verschwindet, wenn sie ihren Sinn erfüllt hat. Siehe *Verwünschung* und *Verfluchung*.

Vertrauter: Siehe *Familiar*.

Verwünschung: Ist im Englischen als *Jinx* bekannt und beschreibt eine Form der schwarzen Magie, die als die harmloseste Stufe angesehen werden kann. Sie wird auf das Opfer angewendet, damit es sich unwohl oder unangenehm berührt führt oder in eine entsprechende Situation kommt. Sollte das erfolgreich sein, löst sich die Wirkung der Verwünschung danach von selbst. Siehe auch *Verhexung* und *Verfluchung*.

Verzauberung: Auf Englisch wird dafür der Begriff *Enchantment* genutzt. Er definiert die Belegung einer Person mit einem Zauber. Sie wurde dann wortwörtlich verzaubert. Dies sollte nicht mit einer *Bezauberung* verwechselt werden.

Visualisierung: Die bildliche Vorstellung von Zielen, Wünschen und erhofften Ereignissen vor dem inneren Auge.

Volksmagie: Wird auch als traditionelle Magie, heimische Magie oder *Low Magick* bezeichnet und beschreibt die üblichste Form der Magie.

Vollumfänglichkeit: Dieses Wort wird gern verwendet, um das große Ganze, die Einheit und das gesamte energetische Zusammenspiel zu beschreiben.

Völva: Bezeichnet eine Seherin oder magisch Praktizierende der nordischen Kultur.

Voodoo: Wird auch als Vodun, Voudou, Wudu oder Wodu bezeichnet. Voodoo ist eine Religion, der eine organisierte Institution mit etablierten Praktiken zugrunde liegt, es gibt entsprechende religiöse Vertreter. Nicht zu verwechseln mit *Hoodoo*.

W

Walhalla: Wird auch als Walhall oder Valhalla bezeichnet und ist eine prächtige Halle, in die alle gefallenen Krieger von den Walküren gebracht werden. Dieses Konzept stammt aus der nordischen Mythologie.

Warding: zu Deutsch »Abwehr«, beschreibt das magische Konzept, einen energetischen Schutzschild zu errichten. Eine Unterkategorie davon ist *Shielding*.

Weihung: Die Weihung ist eine Tätigkeit oder ein Ritual, das etwas heiligt oder heiligspricht.

Weissagung: Wird auch als Wahrsagen bezeichnet, was so viel wie vorhersagen, prophezeien oder »von Gott inspiriert sein« bedeutet. Es gibt mittlerweile etliche Weissagungsmethoden, die alle auf dem Konzept basieren, dass kein *Zeichen* zufällig ist.

weiße Magie: Jedwede Form der Magie, die aufopfernd, altruistisch und heilender Natur ist. Wird auch *Schutzmagie* genannt.

Wicca: Die bekannteste Religion der Hexerei. Sie entstand 1954 durch Gerald Gardner und ist in Amerika als Religionsform anerkannt.

Wiedergeburt: Siehe *Inkarnation*.

Wirkungszauber: Dies beschreibt als Oberkategorie alle Zauber, die eine Wirkung haben sollen und folglich also ein bestimmtes Ergebnis provozieren. Sie stehen im Kontrast zu *Erhaltungszaubern*, die schon Vorhandenes nur erhalten oder stärken sollen, grundlegend aber nichts verändern.

Witches Whisk: Ein handlicher, kleiner Besen für den Altar, um dort aufgestaute Energien aufzubrechen. Seine größere Version heißt *Besom*.

Z

Zauber: Für Hexen die Oberkategorie allen bewussten magischen Wirkens.

Zauberspruch: Kann ein Gedicht sein, ein Reim, ein Gesang (siehe *Chanting*) oder eine andere Form des gesprochenen Zaubers, der das magische Wirken aktiviert. Siehe auch *Kraftwort*.

Zauberwort: Siehe *Kraftwort*.

Zeichen: Dies sind alle möglichen physischen, surrealen, astralen und imaginären Mitteilungen, die vom Universum selbst oder von Entitäten gesendet werden, um dich auf etwas aufmerksam zu machen. Sie können in jedweder Form auftreten.

Zensor: Gefäß, in dem Räucherstäbchen oder andere Räuchermittel verbrannt werden.

Zentrierung: Siehe *Centering*.

Zeremonialmagie: Siehe *Hochmagie*.

Zeremonie: Ist per Definition eine bestimmte und feste Form von Abläufen *(Ritual)* in einem zumeist feierlichen Kontext und bei Anwesenheit mehrerer Personen, die einer vorgegebenen hierarchischen Struktur unterliegen. Gehört aufgrund der Komplexität der *Hochmagie* an.

Zwillingsseele: Konzept, das annimmt, dass Seelen paarweise inkarnieren und sich dann auf der Erde wiederfinden können. Wird im Englischen auch als *Twinflame* bezeichnet.

DANKE

Dieses Buch widme ich meinen Zauberlöffeln, die nun hoffentlich viel Wissen aus dem Kessel der Weisheit geschöpft haben. Auch hier ein großes Dankeschön an Thomas, den Helferfuchs, der mir im Nacken saß und immer wieder zugeflüstert hat, ich solle doch ein Grundlagenbuch schreiben. Ohne dich hätte ich den ersten Schritt nie unternommen.

Dann widme ich dieses Buch noch meinem Papa, der immer stolz auf mich ist, auch wenn er das nie so recht auszudrücken wusste. Und ebenso meiner Mama, der solche Worte noch schwererfallen. Ich hoffe, ihr seid jetzt wirklich stolz auf mich, eure Tochter ist nun offiziell Autorin und wird mit diesem Werk und den noch kommenden die neusten Generationen der magisch Interessierten hoffentlich im positivsten Sinne beeinflussen und inspirieren. Ohne euch als Vorbilder, ohne eure Erziehung und ohne eure Ecken und Kanten wäre das nicht möglich gewesen, weil ich nie zu diesem feurigen, rebellischen Wesen geworden wäre, das einfach ihr Ding durchzieht, egal, was die Welt dazu zu sagen hat. Danke, dass ihr meinen Tatendrang immer unterstützt habt. Ich liebe euch.

ABSCHLUSS

Ich denke, dieses Buch konnte dir alle wichtigen Grundlagen und Werte zur Hexerei vermitteln. Falls du jetzt also so richtig durchstarten willst und dir meine Ansätze und Erklärungsweise gefallen, kannst du dir folgenden Inhalte anschauen:

1. **shisha-rainbow.com/kurse**
   Auf meiner Homepage findest du etwas ganz Besonderes: eine vollumfängliche Hexenausbildung. Diese wurde von mir in liebevoller Arbeit binnen zwei Jahren zusammengestellt. Spannende Themen wie das Erlernen von Astralreisen, luzidem Träumen, Aura lesen und das Öffnen des Dritten Auges warten dort auf dich. Aber auch altmagische Techniken, wie die Kunst des Pendelns, des Handlesens oder des Knochen-Werfens kannst du dir dort zu eigen machen. Mit dem Promocode WITCHPOWER bekommst du 10% Rabatt auf die Ausbildung sowie auf alle Einzelkurse und Kurspakete. Es lohnt sich!

2. **shisha-rainbow.com/hexenschule**
   Meine Hexenschule bietet dir jeden Monat neue und spannende Inhalte zu Themen der Hexerei, Spiritualität und Heidentum. Zusammen mit vielen anderen Schülern studierst du die alten und neuen Lehren der Magie mit spielender Leichtigkeit. Alle Themen werden dir verständlich erklärt, sodass du ein Maximum an Wissen mitnehmen kannst.

3. **shisha-rainbow.com/hexentalkshow**
   Sei dabei, wenn ich jede Woche neue und interessante Stargäste in meine Talkshow einlade. Schnupper in die verschiedensten spirituellen Themen rein und lass dich dabei von Profis ihres Fachs aufklären. Im Chat kannst du dich zudem mit Gleichgesinnten austauschen und Teil der Community werden.

Instagram.com/shisharainbow

Youtube.com/modernehexerei

ABBILDUNGSVERZEICHNIS

Seiten 10, 16, 24/25, 27, 33, 36, 39, 42, 46, 49, 53, 56, 61, 76, 84, 92-94, 96/97, 103, 115, 135, 143, 146/147, 158, 176, 320: © Shisha Rainbow
Seite 98: © kolonko /Adobe Stock
Seite 99: © TotemArt/Shutterstock, Bildnr.: 339525791
Seite 100: © AURA_HYSTERICA/Adobe Stock, Bildnr.: 140251049
Seite 101: © Tsuzuki26/ https://de.wikipedia.org/wiki/Datei:Inverted_Pentagram_without_circle.svg (invertiertes Pentagram) und © DizTikhonov/ Adobe Stock, Bildnr.: 140742142 (invertiertes Pentakel)
Seite 102: © Mi Ha, Guter Punkt GmbH & Co. KG, München
Seite 144: © Amelie/ Adobe Stock
Seite 162: © MicrovOne/istockphoto, Bildnr.: 843174022
Seite 184: © BineMaja/ https://commons.wikimedia.org/wiki/File:Persona-Schatten-Grafik_BineMaja.jpg
Seite 197: © VectorMine/Adobe Stock
Seite 198: © olania/Adobe Stock
Seite 235: © Maria Gniloskurenko/Adobe Stock
Seite 260: © Adobe Stock, Bildno:11914849
Seite 261: © Mi Ha, Guter Punkt GmbH & Co. KG, München (Hexagram), © ABUELNAGA/Adobe Stock, Bildnr.: 517800230 (Horusauge)
Seite 262: © Ra/Adobe Stock, Bildnr.: 406980906 (Re), © drutska/Adobe Stock, Bildnr.: 233004256 (Fatimas Hand)
Seite 263: © Andrey Ship/Adobe Stock, Bildnr.: 315609178 (Nazar), © robin_ph/ Adobe Stock, Bildnr.: 395957622 (Dreifache Göttin)
Seite 264: © natalyon/Adobe Stock, Bildnr.: 255872747 (Keltischer Knoten und Hexenknoten)
Seite 265: © Peter Hermes Furian/Adobe Stock, Bildnr.: 213524735 (Triskele), © Людмила Мельник/Adobe Stock, Bildnr.: 254893596 (Gehörnter Gott)
Seite 266: © newbeginner/Adobe Stock, Bildnr.: 39087695 (Ying-Yang)
Seite 267: https://kryptografie.de/kryptografie/chiffre/images/theban.png
Seite 290: © Mi Ha, Guter Punkt GmbH & Co. KG, München

Wir haben uns bemüht, alle Rechteinhaber ausfindig zu machen, verlagsüblich zu nennen und zu honorieren. Sollte uns dies im Einzelfall aufgrund des Zeitablaufs und der schlechten Quellenlage bedauerlicherweise einmal nicht möglich gewesen sein, werden wir begründete Ansprüche selbstverständlich erfüllen.